高等学校经济管理类基础课系列教材

商务礼仪

第三版·融媒体版

主　审◎崔海潮
主　编◎唐蜀湘　陈　宁

扫一扫　看资源

Business Etiquette

北京师范大学出版集团
BEIJING NORMAL UNIVERSITY PUBLISHING GROUP
北京师范大学出版社

图书在版编目(CIP)数据

商务礼仪：融媒体版 / 唐蜀湘，陈宁主编. —3 版. —北京：北京师范大学出版社，2024.8(2025.8 重印)

高等学校经济管理类基础课系列教材

ISBN 978-7-303-28760-4

Ⅰ. ①商… Ⅱ. ①唐… ②陈… Ⅲ. ①商务—礼仪—高等学校—教材 Ⅳ. ①F718

中国国家版本馆 CIP 数据核字(2023)第 022118 号

SHANGWU LIYI

出版发行：北京师范大学出版社 https://www.bnupg.com
　　　　　北京市西城区新街口外大街 12-3 号
　　　　　邮政编码：100088

印　　刷：天津中印联印务有限公司

经　　销：全国新华书店

开　　本：787 mm×1092 mm　1/16

印　　张：16.25

字　　数：409 千字

版　　次：2024 年 8 月第 3 版

印　　次：2025 年 8 月第 11 次印刷

定　　价：42.80 元

策划编辑：陈仕云　　　　责任编辑：陈仕云

美术编辑：焦　丽　　　　装帧设计：焦　丽

责任校对：陈　民　　　　责任印制：马　洁

前　言
PREFACE

礼，塑造了中华民族性格和精神的文化原型，是中国古代教育家、思想家孔子创立的儒家思想体系的核心价值观念，也是中国传统文化的核心内容。礼仪是社会约定俗成的用于律己敬人的行为规范体系，现代商务礼仪更是商务从业人员在商务活动中约定俗成的礼仪规则。与一般的人际交往礼仪相比，商务礼仪具有更强的规范性和可操作性，它不仅有利于协调人际关系，促进商务交往活动的顺利进行，而且有利于塑造良好的个人形象和企业形象，提高企业的经济效益。

随着互联网的产生和发展，人们的生活无时无刻不受到网络的影响和渗透。与此同时，网络中"礼"的缺失或漠视，对促进人类文明的发展造成了难以估量的冲击，特别是随着新媒体的发展和自媒体的兴起，不文明的现象也层出不穷。因此，在这样的背景下，了解"礼仪"、认识"礼仪"、弘扬"礼仪"，提升个人和集体的道德标准和文明素养迫在眉睫，这是构建互联网文明的迫切需求，也是构建和谐社会的途径之一。

基于此，《商务礼仪(第三版・融媒体版)》以商务领域的工作流程为线索，有针对性地分析和解答了商务交往中的礼仪礼节，系统、详细地介绍了现代企业商务人员应该具备的礼仪知识和技能技巧。本书在《商务礼仪(第2版)》的基础上修订而成，本次修订本着"贴近时代、贴近现实、贴近学习"的原则，主要在以下几个方面进行了修改：

第一，增加了教学演示和教学微课视频、完善了与教材相配套的教学大纲、电子课件、课后习题等教学资源，便于学生更形象、更有乐趣地学习及教师有针对性、多样化地教学。

第二，每章增加了思政元素，用中国传统文化中的名言警句体现章节主题。

第三，对有关章节的礼仪示范图片进行更换，使展示更规范、更直观。

第四，更新教材中部分案例，对个别章节的文字、内容进行修正，力求紧跟时代、表述严谨。

本次修订的具体分工如下：第一章至第五章由唐蜀湘修改；第六章至第十章由陈宁修改。本书所用图片中的礼仪示范人员为延安大学西安创新学院商学院学生张鑫、徐昊林、李岚琦、沈宁一。

本书的修订得到了北京师范大学出版社的大力支持，在此表示诚挚的谢意！希望读者对本书的不足之处多提宝贵意见，以便我们今后不断修订完善。

唐蜀湘

2024年5月

目　录
CONTENTS

第一章　商务礼仪概述 …… 1
技能目标 …… 1
知识目标 …… 1
导入案例 …… 1
第一节　礼仪和商务礼仪的内涵 …… 2
一、礼仪的内涵 …… 2
二、商务礼仪的内涵 …… 3
第二节　商务礼仪的功能 …… 4
一、沟通与协调的功能 …… 4
二、传递信息、展示价值的功能 …… 5
三、塑造良好形象的功能 …… 5
第三节　商务礼仪的基本原则 …… 6
一、相互尊重原则 …… 6
二、诚实守信原则 …… 6
三、平等原则 …… 7
四、适度原则 …… 7
五、宽容原则 …… 7
六、自律原则 …… 8
第四节　商务人员的礼仪修养 …… 8
一、礼仪修养的内涵 …… 8
二、商务人员礼仪修养的提高 …… 9
三、IMPACT 黄金规则 …… 9
第五节　商务礼仪培训的教学方法 …… 10
一、讲授法 …… 10
二、演示法 …… 10
三、研讨法 …… 11
四、角色扮演法 …… 11
五、案例分析法 …… 12
六、行为矫正训练法 …… 12
七、游戏训练法 …… 12
习题与实训 …… 12

第二章　商务仪容仪态礼仪 …… 15
技能目标 …… 15
知识目标 …… 15
导入案例 …… 15
第一节　形象设计的理论与原则 …… 16
一、个人形象设计的社会心理学基础 …… 16
二、商务人员形象设计原则 …… 19
第二节　仪容礼仪 …… 20
一、美发 …… 20
二、化妆 …… 23
三、身体其他部位的修饰 …… 28
第三节　表情礼仪 …… 28
一、目光 …… 29
二、微笑 …… 31
三、其他表情 …… 32
第四节　仪态礼仪 …… 34
一、站姿 …… 34
二、坐姿 …… 36
三、行姿 …… 39
四、蹲姿 …… 41
五、手势 …… 42
六、商务人员仪态禁忌 …… 44
习题与实训 …… 46
第三章　商务服饰礼仪 …… 49
技能目标 …… 49
知识目标 …… 49
导入案例 …… 49
第一节　商务人员着装的基本原则 …… 50
一、服饰的 TPO 原则 …… 50
二、协调性原则 …… 51
三、整洁性原则 …… 53
四、个性化原则 …… 54
第二节　西　装 …… 54
一、西装的选择 …… 55
二、西装的穿法 …… 56
三、与衬衫的搭配 …… 58
四、与领带的搭配 …… 59
五、与鞋袜的搭配 …… 61
六、与公文包的搭配 …… 62

第三节 职业套裙 …… 62
一、套裙的选择 …… 63
二、职业套裙的穿着 …… 64
三、职业套裙的搭配 …… 66
第四节 饰 品 …… 68
一、佩戴饰品时需要考虑的因素 …… 68
二、不同饰品的佩戴 …… 69
习题与实训 …… 72
第四章 商务会面礼仪 …… 75
技能目标 …… 75
知识目标 …… 75
导入案例 …… 75
第一节 称谓礼仪 …… 76
一、得体称谓的基本要求 …… 76
二、不同场合的称谓 …… 77
三、称谓禁忌 …… 81
第二节 介绍礼仪 …… 81
一、自我介绍 …… 82
二、介绍他人 …… 82
三、介绍集体 …… 85
四、记住别人名字的方法 …… 86
第三节 名片的使用礼仪 …… 87
一、名片的作用 …… 87
二、名片的分类 …… 88
三、名片的礼仪 …… 88
四、名片的制作 …… 90
第四节 见面问候礼节 …… 92
一、握手礼 …… 92
二、致意礼仪 …… 95
三、其他见面问候礼节 …… 96
习题与实训 …… 97
第五章 商务往来礼仪 …… 101
技能目标 …… 101
知识目标 …… 101
导入案例 …… 101
第一节 乘车礼仪 …… 102
一、乘坐汽车礼仪 …… 102
二、乘坐火车与轮船礼仪 …… 105
三、乘坐飞机礼仪 …… 106
四、乘坐电梯礼仪 …… 106

第二节 拜访礼仪 …… 107
一、拜访前的预约礼仪 …… 108
二、拜访中的举止礼仪 …… 109
第三节 邀约礼仪 …… 111
一、邀约的发出 …… 111
二、邀约的回复 …… 113
第四节 接待礼仪 …… 115
一、接待的原则 …… 116
二、接待的种类 …… 117
三、接待的准备 …… 117
四、正式接待的程序 …… 118
五、来访接待的礼仪要求 …… 119
第五节 馈赠礼仪 …… 120
一、馈赠的目的 …… 121
二、馈赠的原则 …… 122
三、馈赠的注意事项 …… 122
四、受礼礼仪 …… 124
五、拒礼礼仪 …… 125
习题与实训 …… 127
第六章 商务办公礼仪 …… 129
技能目标 …… 129
知识目标 …… 129
导入案例 …… 129
第一节 办公室礼仪 …… 130
一、办公室布置礼仪 …… 130
二、办公室举止礼仪 …… 131
三、办公室交往礼仪 …… 132
四、办公室接待礼仪 …… 135
第二节 电话礼仪 …… 135
一、拨打电话的礼仪 …… 136
二、接听电话的礼仪 …… 137
三、挂电话的礼仪 …… 138
四、手机使用的礼仪 …… 138
第三节 电子邮件礼仪 …… 139
一、撰写与发送 …… 139
二、接收与回复 …… 141
第四节 交谈礼仪 …… 141
一、交谈中应遵循的原则 …… 141
二、交谈的态度 …… 143
三、交谈的语言 …… 144

四、交谈的内容 …… 145
五、交谈的方式 …… 146
习题与实训 …… 148
第七章　商务宴请礼仪 …… 151
技能目标 …… 151
知识目标 …… 151
导入案例 …… 151
第一节　商务邀宴、赴宴礼仪 …… 151
一、常见的宴请形式 …… 152
二、商务邀宴 …… 154
三、赴宴礼仪 …… 156
第二节　商务中餐礼仪 …… 157
一、菜肴的选择 …… 157
二、中餐席位排列 …… 158
三、中餐用餐礼仪 …… 160
四、告辞礼仪 …… 165
第三节　商务西餐礼仪 …… 165
一、西餐简介 …… 165
二、西餐席位排列 …… 168
三、西餐的菜序 …… 169
四、西餐用餐礼仪 …… 171
五、告辞礼仪 …… 175
第四节　自助餐礼仪 …… 176
一、自助餐简介 …… 176
二、自助餐的享用 …… 178
习题与实训 …… 179
第八章　商务仪式礼仪 …… 181
技能目标 …… 181
知识目标 …… 181
导入案例 …… 181
第一节　商务开业礼仪 …… 182
一、开业仪式的准备工作 …… 182
二、开业仪式的程序 …… 184
三、参加开业仪式的礼仪 …… 188
第二节　商务剪彩仪式礼仪 …… 190
一、剪彩仪式的准备 …… 190
二、剪彩的程序 …… 192
三、剪彩人员的礼仪要求 …… 193
第三节　商务谈判礼仪 …… 195
一、商务谈判的准备礼仪 …… 195

二、商务谈判的基本原则 …… 198
三、商务谈判过程中的礼仪 …… 199
第四节 商务签约仪式礼仪 …… 203
一、签约仪式的准备礼仪 …… 203
二、签约仪式的就座礼仪 …… 204
三、签约仪式的正式程序 …… 204
习题与实训 …… 206
第九章 商务聚会礼仪 …… 209
技能目标 …… 209
知识目标 …… 209
导入案例 …… 209
第一节 一般会议礼仪 …… 210
一、会议准备 …… 210
二、会场的布置 …… 211
三、会议中的礼仪 …… 212
四、会议后的礼仪 …… 214
第二节 专题会议礼仪 …… 214
一、新闻发布会礼仪 …… 214
二、赞助会礼仪 …… 215
三、展览会礼仪 …… 216
第三节 舞会礼仪 …… 217
一、筹办舞会的要点 …… 218
二、舞会的一般礼仪 …… 218
第四节 沙龙礼仪 …… 222
一、交际沙龙礼仪 …… 222
二、休闲沙龙礼仪 …… 224
习题与实训 …… 225
第十章 商务涉外礼仪 …… 227
技能目标 …… 227
知识目标 …… 227
导入案例 …… 227
第一节 涉外礼仪的原则 …… 228
一、维护国家利益 …… 228
二、信守约定 …… 228
三、女士优先 …… 228
四、尊重隐私 …… 229
五、不卑不亢 …… 229
六、入乡随俗 …… 230
七、着装得体 …… 230

第二节　涉外活动礼仪 …… 231
一、涉外迎送的安排 …… 231
二、涉外迎宾礼仪 …… 232
三、迎送中的注意事项 …… 233
四、涉外馈赠技巧 …… 233
第三节　世界各国的礼仪原则 …… 235
一、亚洲国家 …… 235
二、欧美国家 …… 238
三、其他国家 …… 243
习题与实训 …… 245
参考文献 …… 247

第一章

商务礼仪概述

人无礼则不生，事无礼则不成，国家无礼则不宁。

——《荀子·修身》

技能目标

◆ 在商务活动中能够遵循商务礼仪的基本原则
◆ 掌握商务人员提高自身礼仪修养的方法

知识目标

◆ 理解礼仪及商务礼仪的内涵
◆ 明确商务礼仪的功能
◆ 掌握商务礼仪的基本原则
◆ 了解商务礼仪培训的教学方法

导入案例

卖地风波

日本的木村事务所想扩建厂房，他们看中了近郊的一块土地，意欲购买。同时还有几家商社也想购买这块土地。董事长木村半年来多次登门劝说，费尽口舌，但该块土地的所有者——一位倔强的老太太，说什么也不卖。

一个下雪天，老太太进城购物顺便来到木村事务所，她想告诉木村先生死了这条心。老太太推开门刚要进去，突然又犹豫起来，因为她发现办公室里整洁干净，而自己脚上的木屐沾满了污渍。正当老人欲退出时，一位年轻的女职员出现在老人面前："欢迎光临！"女职员看到老太太的窘态，马上回屋想为她找一双拖鞋，不巧正好没有了。女职员便毫不犹豫地把自己的拖鞋脱下来整齐地放在老人脚前，笑着说："很抱歉，请穿这个好吗？"老太太犹豫了，心想："她不在乎脚冷？""别客气，请穿吧！我没有关系。"等老人换好鞋，女职员才问道："老太太，请问我能为您做些什么？""哦，我要找木村先生。""他在楼上，我带您去。”女职员就像女儿扶母亲那样，小心翼翼地把老太太扶上楼。

于是，老太太就在要踏进木村办公室的一瞬间改变了主意，决定把地卖给木村事务所。那位老太太后来告诉木村先生说：“在我漫长的一生里，遇到的人大多是冷酷的。我也去过其他几家想买我地的公司，他们的接待人员没有一个像你这里的员工一样对我这么好，你公司的女职员这么年轻，就对人这么善良、体贴，真令我感动。真的，我不缺钱花，我不是为了钱才卖地的。”就这样，一个大企业家倾其全力交涉半年也徒劳无功的事情，竟然因为一个女职员有礼而亲切的举动无意间促成了。

思考：

1. 上述案例体现了商务人员应具备哪些修养？
2. 商务礼仪有哪些作用？

第一节　礼仪和商务礼仪的内涵

中国是世界四大文明古国之一，自古以来就是一个讲究礼仪的国度，素以“礼仪之邦”著称于世。礼仪是中华传统文化中非常重要的一部分。《荀子·修身篇》中提到：“人无礼则不生，事无礼则不成，国家无礼则不宁”，足见礼仪的重要性。当今社会更是一个注重礼仪的时代，礼仪不仅体现出一个人的基本素质，而且影响着一个人的社会交往与人际关系，在人的一生中有着举足轻重的作用。那么，什么是礼仪呢？

一、礼仪的内涵

在我国，最早的“礼”和“仪”是分开使用的。古代典籍中，“礼”主要有三层意思：一是政治制度；二是礼貌、礼节；三是礼物。“仪”也有三层意思：一是容貌和外表；二是仪式和礼节；三是准则和法度。而将“礼”和“仪”连用始于《诗经·小雅·楚茨》：“为宾为客，献酬交错，礼仪卒度。”

中国古代的礼仪从本质上更偏重政治体制上的道德教化。

在西方，“礼仪”一词源于法语 Etiquette，原意是一种长方形的纸板，标明了进入法庭应遵守的规矩、秩序，这种纸板实际上就具有“法庭通行证”的性质和作用。后来，“礼仪”一词进入英语，演变成“人际交往的通行证”，同样，它有三种含义：一是谦恭有礼的言谈举止；二是教养和规矩；三是仪式、典礼、习俗等。

纵观中外对“礼仪”含义的理解，我们认为，礼仪是社会约定俗成、用来律己敬人的行为规范体系。礼仪包含“礼”和“仪”两种形式，礼者敬人也，要知礼、懂礼、讲礼，要尊重他人。“仪”即仪式，是人际交往活动的表现形式，要求人们将所掌握的礼仪知识准确、恰当地表现出来。礼仪的内涵包括以下几点。

第一，礼仪是一种行为规范或行为模式。它是一种程序，有一定的套路，表现为一种准则，只有遵守这种规范，人们之间的有序交往才能实现，和谐融洽的氛围才能够营造。

第二，礼仪作为行为规范体系，必须是约定俗成的，大家共同认可和遵守的。当然，礼仪往往会因为对象的不同、环境的不同以及时代的不同而表现出一定的差异，但相对于偶然性的行为，礼仪却是普遍的。

第三，礼仪以表达对他人的尊重和恭敬为出发点，以构建人与人之间和谐美好的环境为宗旨。礼仪的本质就是尊重人、体贴人。

我们也可以从不同的角度来认识礼仪。从个人修养的角度来看，礼仪是一个人内在修养和素质的外在表现，个人的素质体现于对礼仪的掌握和应用。从交际的角度来看，礼仪是人与人之间交际的一种实用艺术，是一种交际方式和交际方法，是人际交往中约定俗成的表示尊重、友好的规范做法。从道德的角度来看，我们可以将礼仪理解成为人处世的行为规范、行为准则、标准做法。从民俗的角度来看，“礼出于俗，俗化为礼”，不少礼仪和民俗有着十分紧密的联系。例如，春节是中华民族最悠久、最隆重的传统佳节，节前扫尘、除夕守岁、晚辈给长辈拜年、大人给小孩压岁钱等，这些过年的习俗和我们的节日礼仪紧紧结合在一起。

教学微课：礼仪和商务礼仪的内涵

二、商务礼仪的内涵

根据适用的对象和范围，礼仪大致可分为政务礼仪、商务礼仪、服务礼仪、社交礼仪、涉外礼仪五大类。本书所讲的是商务礼仪。

所谓商务礼仪，是指人们在从事商品流通的各种经济行为中应当遵循的一系列礼仪规范和准则。它是一般礼仪在商务活动中的运用和体现，在内容上比一般的人际交往礼仪更为丰富。同一般的人际交往礼仪相比，商务礼仪具有很强的规范性和可操作性，并且与商务组织的经济效益密切相关。商务礼仪具体表现在以下几个方面。

(一)礼貌

礼貌是指人们在商务活动中展现出来的得体的风度和风范。礼貌是礼的行为规范，是言语和动作谦虚、恭敬、文明的表现。它是一个人文化层次和文明程度的体现，分为礼貌语言和礼貌动作两个部分。“请”“谢谢”“对不起”等都是礼貌的语言，而“习惯的微笑”“善意的问候”“让尊者先行”“为女士开门”等都属于礼貌的行为。良好的教养和道德品质是礼貌的基础，我们可以通过自觉的培养和必要的训练，养成良好的礼貌习惯。

(二)礼节

礼节是指人们在社会交往过程中表现出来的尊重、祝颂、问候、哀悼等惯用的形式和规范。礼节是礼的惯用形式，是礼貌的具体表现方式。例如，在现代商务交往中，人们初次见面时要行握手礼、交换名片等礼节。从形式上看，礼节具有严格规定的仪式；从内容上看，礼节反映了某种道德原则，代表着对人的尊重和友善。在行握手礼时，长辈、上级、女士先伸手，晚辈、下级、男士才能伸手相握；交换名片时，一般是由职位低的先向职位高的递名片，这些都是礼节。在国际交往中，由于各国的风俗习惯和文化不同，礼节的具体表现具有明显差异。如握手、点头、拥抱、鞠躬、合十、碰鼻子等，都是礼节的表现形式，但是不同国家、地区和民族的表达形式不同，对礼节的认识、理解和掌握各不相同，这时很容易造成偏差，我们必须慎重对待。

(三)仪容、仪表、仪态

仪容、仪表和仪态都是指人的外表，但“仪容”重在人的容貌，“仪表”重在人的服饰、风度，“仪态”重在人的姿态。仪容、仪表、仪态综合起来，构成了一个人展示给其他人的外在形象。“爱美之心，人皆有之”，将良好的形象展示给他人，令他人心情愉悦，是尊重他人的具体表现。恰当的穿着、优雅的举止会提升一个人的身份，树立良好的形象，从而为进一步的人际交往和商务活动打下良好的基础。能否根据自身的条件，结合自己的身份，注意色彩调配，考虑出席场合，是评判仪表礼仪是否得体的主要依据。

(四)仪式

仪式是指在一定场合举行的、具有专门程序和规范的活动形式。仪式常用在较大和较隆重的场合中，如开业庆典、签字仪式、剪彩仪式等。仪式是企业宣扬企业文化、展示企业风采、增强组织凝聚力的重要手段，对企业发展起着不可忽视的作用。在商务活动中，商务人员经常会组织或参加各类商务仪式，这些仪式均有规范的做法，因此要认真对待、精心准备、注重细节，不能出错。

在商务场合中，礼节、礼貌都是人际关系的“润滑剂”，能够非常有效地减少人与人之间的摩擦，最大限度地避免人际冲突，使商务场合的人际交往成为一件非常愉快的事情。

在商务场合中，商务人员个人的形象并不仅仅代表自己，还代表着企业，这一点与社交场合是有很大区别的。因此，在商务场合中，商务人员的仪容、仪表、仪态，一切的言行举止都格外重要，每个员工的良好形象在商务交往对象眼里都代表着企业的良好形象，而任何一位员工的不良行为，都会破坏整个企业的形象。

第二节　商务礼仪的功能

商务礼仪的应用对促进商务活动蓬勃发展所起的巨大作用，已越来越引起人们的重视。它不仅有利于促进商务活动中的沟通与协调，还有利于塑造良好的个人形象和企业形象。比尔·盖茨说过：对企业来讲，企业竞争是形象取胜。一个具有良好信誉和形象的商务组织，更可能赢得社会各方的信任和支持，取得事业的发展，进而在激烈的市场竞争中处于不败之地。所以，商务人员要时刻注重礼仪，这既是个人和组织良好素质的体现，也是树立和巩固企业良好形象以增强竞争力的需要。

从现代企业的要求来看，商务礼仪已经成为企业文化和现代企业制度的重要组成部分。它主要具有以下功能。

一、沟通与协调的功能

商务活动是双向交往的活动，交往成功与否，首先要看双方是否能够沟通，或者说，是否能够取得对方的理解。从心理学的角度讲，人际交往之初，由于交往的双方相互之间还不是十分了解，因此彼此之间不可避免地会产生某种戒备心理或距离感。在商务交往中，如果人们能够自觉地遵守商务礼仪的规范和准则，双方就容易沟通感情，达到关系融洽、相互理解、建立友谊的目的，有助于商务交往的成功，便于实现双方的商务目标。反之，如果在商务交往中不注意商务礼仪，就容易产生感情排斥，给对方留下不良印象，造成人际关系紧张，进而影响商务活动的顺利进行。

在现代社会，人际关系日益复杂，商务交往中发生一些矛盾和纷争是不可避免的。如果处理不当，不但会影响商务人员的形象，还可能影响企业的形象。而商务礼仪可能起到化解矛盾、消除分歧的作用，使商务活动的双方能够相互理解，达成谅解，从而为妥善解决商务纠纷创造有利条件。

所以，从某种程度上来说，商务礼仪是商务交往和谐发展的调节器，遵循商务礼仪有助于加强人们之间的相互尊重，建立友好合作的关系，也可以消除某些不必要的障碍。

二、传递信息、展示价值的功能

良好的商务礼仪可以很好地向对方展示商务形象，也有助于商业机会的把握。例如，在接听电话时，恰当的用语会给对方留下美好的印象；在商务接待中，语言礼仪的娴熟运用、接待礼仪的细节到位会让对方感受到温暖与尊重，从而为后期的合作带来极大的帮助。礼仪是一种信息，可表达出尊敬、友善、真诚的情感，同时还能展示自身的价值。所以，在商务活动中，恰当的礼仪可以获得对方的好感和信任，并有助于事业的发展。

三、塑造良好形象的功能

一位公共关系大师曾经说过："在世人眼里，每一名商务人员的个人形象与他所在企业生产的产品、提供的服务一样重要。它不仅真实地反映了每一名商务人员本人的修养、阅历以及是否训练有素，而且还准确地体现出他所在企业的管理水平与服务质量。"个人形象对于商务人员十分重要，因为它体现着个人的精神风貌与工作态度。商务人员在日常工作和生活中，要塑造好、维护好自身形象，就必须懂得商务礼仪。一个商务人员即使知识再多，专业能力再强，如果不懂得商务礼仪，那么在商务活动中也难以树立良好的个人形象。

商务礼仪将企业的规章制度、规范和道德标准具体化为一些固定的行为模式。企业的各项规章制度既体现了企业的道德标准和管理风格，也体现了礼仪的要求。员工根据企业制度规范调整自己的行为，实际上就是在固定的商务礼仪中自觉塑造和维护企业的良好形象。商务人员在工作中，代表着自己以及为之服务的组织的利益。在消费者及公众心目中，公司员工的职业形象自然也代表了公司形象。假如一名商务人员在商务交往中对个人形象掉以轻心，就会直接影响其所在企业的形象，直接关系到组织利益的得失。

【应用案例 1-1】

一口痰引发的思考

国内有一家生产医疗设备的厂家，准备和国外客商签订长期合作协议。在双方的业务洽谈中，厂长通晓生产线行情，考虑问题缜密，给外商留下了精明强干的良好印象。双方决定第二天正式签约。由于时间充裕，厂长请外商到车间参观。车间秩序井然，外商也感到比较满意。不料，就在这时，厂长突然感到喉咙不适，本能地咳了一声，到车间的墙角吐了一口痰，然后连忙用鞋擦去，地上留下一片痰迹。第二天一早，翻译送来了外商写的一封信，信中写道："尊敬的厂长先生，我十分佩服您的才智和精明，但是您在车间里吐痰的一幕让我彻夜难眠。恕我直言，一个厂长的卫生习惯可以反映一个工厂的管理水平。况且，我们今后将生产的是用于治病的输液管。贵国的成语说得好：人命关天！请原谅我的不辞而别……"

因此，企业中的每一位工作人员，在与他人接触的过程中，其一言一行、一举一动、一颦一笑，都有着塑造企业形象的作用。良好的企业形象，意味着较高的知名度和美誉度，不仅可以为企业赢得广大客户的信赖，使企业销售渠道畅通，不断地开拓市场，更可以赢得工商、财税、金融、政府及新闻传播媒介等部门的理解、信任和支持。

总而言之，对于商务人员来说，商务礼仪是其道德水平、文化修养、交际能力的外在表现；对于企业来说，商务礼仪是企业价值观、员工整体素质的集中体现，是企业精神风貌的重要标志。因此，商务礼仪成为直接塑造商务人员个人形象、间接塑造企业形象的重要工具。

第三节　商务礼仪的基本原则

礼仪的原则，是指行礼致意时应遵循的一些基本要求。具体的礼仪规范内容庞杂，又因地域、民族的不同而存在很大的差异，但无论何人、何时、何地，在人际交往过程中都有一些需要共同遵循的基本原则。在商务场合，不合乎某民族、某地域风俗习惯的行为能够被人们谅解，但如果违反了商务礼仪的基本原则，则可能会引起对方的不满甚至抗议，导致双方关系恶化。因此，商务礼仪的原则是礼仪学习中的一项重要内容。

一、相互尊重原则

孟子有云："爱人者，人恒爱之；敬人者，人恒敬之。"在人际交往过程中，敬人之心常存，处处尊敬重视他人，处处维护他人的自尊心，是构建美好和谐关系的基石，更是为自身赢得尊重的必要条件。

美国心理学家亚伯拉罕·哈罗德·马斯洛(Abraham H. Maslow)认为，人们对尊重的需要分为两类，即自尊和来自他人的尊重。自尊包括对获得信心、能力、本领、成就、独立和自由等的愿望。来自他人的尊重包括威望、承认、接受、关心、地位、名誉和赏识。一个具有足够自尊的人总是更有信心、更有能力，也更有效率。反之，这一需要一旦受到挫折，就会产生自卑、弱小及无能的感觉，甚至可能导致绝望和精神失常。马斯洛认为，最稳定和最健康的自尊是建立在当之无愧的来自他人的尊敬之上，而不是建立在外在的名声、声望以及无根据的奉承之上。

商务活动中，礼仪主体与礼仪对象之间相互尊重是商务礼仪的重要原则。商务人员与人交往，不论对方职务高低、才能大小、身份贵贱，只要与之打交道，首先就应尊重他人的人格。人格作为一个人的主体灵魂，是个人在社会生活中主体地位与价值的表征，所以，尊重他人的人格为尊重原则的第一要义。相互尊重还包含尊重彼此的人身自由及其他各项权利，例如，要尊重他人的隐私权，允许他人表达思想、表现自己等。此外，善于肯定他人、欣赏他人和赞美他人，也是尊重的具体表现。商务礼仪中的尊重还包括了解与尊重不同国家及地区的不同礼节方式和风俗习惯。

二、诚实守信原则

诚信原则是指遵时守信，"言必信，行必果"。具体地说，诚实是指待人真实不欺、说话做事客观公正，守信是指说话算数、言行一致。商务礼仪强调诚实、守信，一定要用行为去实践，确确实实用行动去做。"以诚感人者，人亦诚而应"，只有诚心地对待他人，才能得到别人的真诚对待。信誉是交往的基础，商务交往更应诚实守信，才能获得他人的信赖。古人云：守礼者，定知廉耻，讲道义。礼仪绝不是外表的伪饰，真正掌握商务礼仪精髓的人是发自内心地表现出对他人的尊重、友好，表里如一。待人真诚的礼仪言行，展示出商务人员在商务交往中的品德修养，有助于建立和谐、融洽的人际关系。

三、平等原则

平等原则是指与他人交往时以礼待人，不因对方的相貌、学历、财富、地位等的不同而区别对待，应当对所有的交往对象一视同仁，给予同等程度的礼遇。平等原则是现代礼仪的基础，也是现代礼仪区别于传统礼仪的最主要原则。

在商务活动中，交往的各方在道德和人格上是平等的，要实现和谐融洽的关系，必须给予各方充分的尊重，既不能盛气凌人，也不能卑躬屈膝。商务礼仪的平等原则，常常表现为商务礼仪的主体和客体在相互往来中使用的礼仪、礼节、仪式的对等，双方给予彼此同等的礼遇。平等原则要求商务人员在交往中不要骄狂、不要我行我素、不要自以为是、不要厚此薄彼，更不要以貌取人或以职业、地位和权势压人，而是应该时时刻刻平等、谦虚待人，只有这样才能在人与人、企业与企业的交往中建立良好的人际关系。

四、适度原则

适度原则是指商务交往中要把握与特定环境相适应的感情尺度，即在施行礼仪的过程中，不仅要掌握普遍规律，也要针对具体情况。在不同的交往背景下，人们必须掌握交往的各种尺度，不得随意逾越。在商务交往中对人要热情友善，但要有一定的分寸，恰到好处，使人感到舒适自然，同时还要注意言行适度。言行适度要求人们在交往中为了取得交往效果，必须注意语言、行为技巧，即语言的使用要合乎规范，行动要做到大方得体。在交往中，要针对不同场合、不同对象，正确地表达自己的敬意。例如，在行握手礼时，老朋友或多年未见的熟人往往会加大握手力度甚至双手相握；但对于初次见面的女士，男士若是力度控制不当，不但不能传递热情，反而会引起对方的反感。在商务交往中，适度的热情能使人感受到春天般的温暖，可是过度的热情往往会适得其反。

五、宽容原则

宽即宽待，容即包容。宽容就是心胸宽广地待人。“海纳百川，有容乃大”，能设身处地地为别人着想，能原谅别人的过失，是一种美德，既被视为现代人的一种礼仪素养，也是商务礼仪必须遵循的基本原则。

商务人员在商务交往中要保持豁达大度的品格或态度，善解人意、宽容和体谅他人，不能总以自己的标准去衡量一切、求全责备、锱铢必较；一定要善于换位思考，容纳别人的礼仪不周之处，不要斤斤计较，不要为别人的礼仪不周而耿耿于怀。《汉书》有云：“水至清则无鱼，人至察则无徒。”只要不是原则性的过错，许多现实中的小过失都可以一笑了之。

宽容是一种美德，宽容意味着交往主体要有容人的雅量和主动为他人考虑的品德，要对交往对象的人生观、价值观和个性差异等给予充分的理解和尊重。由于各地的文化背景差异、个人个性差异、受教育程度差异、礼仪修养差异等，在商务交往中，礼仪、礼节、礼貌不周之处常有之，只要不是有意而为，受礼者就要有容纳别人过错的胸襟，不可得理不饶人、苛责对方。有人认为以宽容的态度待人处事是懦弱的表现，其实不然，宽容是一种有气度的行为，往往具有强大的感召力。宽容别人不但能缓和气氛，改善交往环境，显示出自己良好的礼仪修养，而且能在相当程度上潜移默化地影响对方，使其受到感化。

六、自律原则

宽以待人是对待他人的态度，严于律己则是对待自己的要求。“己欲立而立人，己欲达而达人。”商务礼仪的自律原则是指在商务交往中，商务人员能自觉依据礼仪规范要求自我约束、自我对照，并通过不断地自我反省、自我监督，逐渐提高自我约束、自我控制的能力。

商务人员在交往中应做到言语不失礼、行动不出格、仪表不失态，要善于自我约束，真正做到“非礼勿视，非礼勿听，非礼勿言，非礼勿动”。要在内心树立一种道德信念和行为准则，无须外界监督，自觉约束自己的行为。商务人员不能把礼仪看作一种客套、多余的工作，而应该认识到礼仪实质上是人们自我意识的道德要求，是自我素质的自然流露，是自我修养的自觉行为，是一种自律行为。因此，商务人员应该在了解和掌握具体礼仪规范的基础上，逐步在内心树立道德信念和行为准则，将礼仪内化为礼仪修养，形成礼仪的自律，使自己真正成为一个有道德、有修养、受欢迎的人。

第四节　商务人员的礼仪修养

修养是一个人在某一方面所具备的品质和能力，是通过长期的学习、磨炼和环境的熏陶而逐步形成的。礼仪是人与人之间相处的规范，是伦理道德的组成部分，是个人行为的准则，礼仪修养属于道德体系中社会公德的内容。

一、礼仪修养的内涵

礼仪修养是指人们为了达到社交目的，按照一定的礼仪规范要求，结合自己的实际情况，在礼仪品质、礼仪意识、礼仪实践等方面进行的自我锻炼和自我改造。礼仪不是简单的学习或效仿，也不是一种讲究形式的例行公事，礼仪体现了个人的道德情操和文化修养，也有助于个体的自我完善和修身养性。

礼仪修养的目的是礼仪主体通过修养，使自己的言行在社会交往中，与自己的身份、地位、社会角色相适应，容易被人理解和接受。在社会交往中，每一个人均有多种社会角色，社会角色不同，所遵循的礼仪要求也不同，即使是同一角色，在不同场合，礼仪要求也不同。在商务交往中需要认清自己的交往角色，把自己的角色扮演得恰到好处，处处得体、事事有礼。因此，我们每一个人都要增强自己的角色意识，明确自己的社交定位，加强自身的礼仪修养，以适应个体在多种社会角色中对不同礼仪的要求。

二、商务人员礼仪修养的提高

(一)加强个人道德修养

道德是调整人与人之间以及个人与社会之间关系的行为规范的总和，是做人的规矩和行为准则。道德是礼仪的基础，是礼仪的内在灵魂；礼仪是道德的表现形式，是道德的外在表现；礼仪与道德是互为表里、相得益彰的辩证统一关系，礼仪与道德二者具体地统一在一个人的思想和行为之中，如要提高商务人员的礼仪修养就必须加强个人的道德修养。个人道德修养的内容比较广泛，包括道德认识、道德情感、道德意识、道德信念、道德行为和习惯等，其中最主要的是道德意识修养和道德行为修养。道德意识修养是通过道德知识学习，形成正确的道德观念，遵守社会公德，创造良好的社会秩序，同时加强对职业道德和良好家庭伦理道德的修养。道德行为修养，就是努力把自己的道德意识转化为具体的行为，从小事做起，“勿以恶小而为之，勿以善小而不为”，要能够识大体、顾大局，坚持原则，不为一时之利而放弃原则；善于关心、尊重别人，乐于助人，在职场中表现出敬人、诚信、友善的品质。只有加强道德知识的学习和实践，才能真正提升个人的道德修养。

(二)提高个人礼仪修养

个人礼仪修养源于良好的文化修养和内涵。因此，提高个人礼仪修养，首先，要加强科学文化知识的学习。良好的文化修养是人们精神活动的基础，丰富的文化知识会使商务人员在人际交往中展现出良好的礼仪素养，显现出个人的魅力。其次，要加强礼仪知识的学习，通过全面系统地学习礼仪知识和礼仪规范，商务人员能够准确把握在不同场合、与不同对象交往时应该遵循的礼仪规范和形式，掌握日常交往礼仪，特别是商务礼仪知识。再次，要坚持“躬行实践”的修养方法，即在日常生活和工作中要自觉实践、恰当运用。商务人员要在理论指导下有意识地训练各种礼仪动作，掌握礼仪运用的技巧，能够在不同场合娴熟自然地展示自己的礼仪行为，使各种礼仪行为成为一种习惯做法。最后，要培养良好的心理素质。商务人员所从事的工作往往具有开放性、挑战性、不确定性，这就要求其具有坚强的意志力、自信心以及追求卓越的心理，具有乐观、开朗、大方的性格，为人热情诚恳、善解人意、兴趣广泛、宽宏大量，既乐于接受别人，又善于被别人所接受，且具有强烈的进取心，只有这样的心理品质才容易被大多数交往对象所接受，并产生较大的社交吸引力。

三、IMPACT 黄金规则

英国学者大卫·罗宾逊(David Robinson)总结出了从事商务活动的黄金规则。这些规则也可以看作商务人员必备的礼仪修养，具体表述可用“IMPACT”来概括，即正直(Integrity)、礼貌(Manner)、个性(Personality)、仪表(Appearance)、善解人意(Consideration)、机智(Tact)。其中，正直是指通过言行表现出诚实、可靠、值得信赖的品质。礼貌是指人的举止模式。在与他人进行商务交往时，你的风度可以向对方表明你是否可靠，行事是否正确、公正。个性是指在商务活动中人们所表现出来的独到之处。仪表是指人们精神面貌的外观体现。衣着整洁得体、举止落落大方，是给商务伙伴留下良好印象至关重要的因素。善解人意是指商务人员事先预想过交谈、写信或电话联系时对方可能有的反应，表现出更谨慎、更敏锐地与对方打交道的商务举止。机智是指商务人员在商务活动中面对挑衅时，不可凭一时冲动行事，而要用智慧随机应变，利用某些显而易见的优势来妥善处理。

“冰冻三尺，非一日之寒”，商务人员礼仪素养的提高绝非一朝一夕之功，而是一个长期的系统过程。商务人员需要在掌握礼仪知识的同时，在实践中不断琢磨、推敲，从自身做起，从现在做起，持之以恒，才能养成习惯；才能使商务人员的一言一行、一举一动都彬彬有礼；才能让自己的心灵得到净化，个人的修养和素质得到提高，从而促进整个社会文明的发展。

第五节　商务礼仪培训的教学方法

所谓“教学方法”，是指在教学过程中，教师和学生为实现教学目的、完成教学任务而采取的教与学相互作用的活动方式的总称。教学活动是教师的教与学生的学密切结合、相互作用的双边活动。因此，教学方法既应包括教师的教法，也应包括学生的学法，还应包括特定背景条件下师生之间的协调一致。商务礼仪培训可以采用以下几种教学方法。

一、讲授法

讲授法是一种传统的培训方式，是指教师通过简明、生动的口头语言向学生系统地传授知识的教学方法。讲授法的优点是运用比较方便、整个教学进程容易控制、教学主题不易偏离，因而课堂效率比较高。教师如果掌握了良好的讲授方法，则可以让很多抽象的知识变得具体、形象、浅显易懂，使学生更容易接受这些知识，还能够让学生避免理解过程中的许多不必要的曲折，在短时间内获得大量系统的知识。这种方法常被用于一些理论性知识的讲解。商务礼仪的概念、功能、历史发展、文化差异等内容，都可以采用讲授法，这种方法使受教育者能够了解比较广泛的礼仪知识背景，形成较为扎实的理论基础，为礼仪实践做好铺垫。

二、演示法

演示法是指在教学过程中，教师运用直观性的教具配合讲授进行示范性的操作表演，使学生从观察中获得感性认识或验证理论知识的一种教学方法。演示法的基本特点是：直观性强，能使学生得到具体、生动、真实、鲜明的观念和直接经验；能提高学生的学习兴趣，集中学生的注意力；有利于理论联系实际，提高学生的观察力、想象力和思维能力。

演示法按照演示器材可分为实物、模型的演示，图片、图画的演示，实物操作演示，幻灯片、投影、录音、录像、教学电影的演示等类型。

商务礼仪培训课程中有很多内容都是实际操作性的内容，例如，怎样系领带、怎样化妆、怎样吃西餐等，只局限于理论学习是不能完全掌握商务礼仪精髓的。使用实物教具进行操作演示，可以使学生清晰地感知到演示的对象，效果非常直观、显著。在条件不具备的情况下，也应当尽量多地准备相关的图片、图画进行演示。在讲解有关人际沟通的礼仪时，如果能够播放相关录像、电影，充分利用视觉与听觉的感知方式，则可以给学生留下更为清晰和深刻的印象，取得良好的教学效果。

演示法的缺点是学生的反馈和实践少；演示器材成本较高；与课程内容相关的视听资料比较少，不易收集。在具体教学过程中，刺激学生视觉、听觉的同时，可结合讲授法、研讨法、角色扮演法的技巧，克服视听教学的呆板，让学生亲自做一做，亲口说一说，会取得更好的学习效果。

三、研讨法

研讨法是一种由教师有效地组织学生以团体的方式对某个课题或问题进行研究和讨论并得出共同结论的教学方法。学生在研讨的过程中互相交流、启发，可以达到增长知识、提高能力的目的。研讨法是一种常用的培训方法，可分为小组讨论与研讨会两种方式。研讨会通常以专题演讲为主，中途或会后组织学生进行深入讨论和交流，以达成共同结论。在商务礼仪课堂中常用的是小组讨论法，其特点是信息交流方式为多向传递，学生的参与性高，多用于巩固知识，训练学生分析、解决问题的能力与人际交往的能力。

小组讨论法的方式有多种，最常用的有课题讨论法、对立式讨论法和民主讨论法。

(一)课题讨论法

课题讨论法是指教师让学生讨论、研究某个课题或需要解决的问题，在此过程中可以提高学生的知识水平和解决问题的能力。

(二)对立式讨论法

对立式讨论法是指将学生分为意见对立的两组，针对某一命题进行讨论的一种方法，一般要求对立的两组人数相等，发表意见的时间相同。这种讨论法让保持对立意见的双方进行辩论，可使学生在针锋相对的辩论中锻炼自己的洞察力、分析能力和说服能力。商务礼仪培训中的对立式讨论法一般不需要判定胜负，只需对双方的观点进行评论。

(三)民主讨论法

民主讨论法是指在讨论中，教师与学生地位平等，学生可自由发表自己的看法，最后由学生或教师共同得出团体认可的结论。

四、角色扮演法

角色扮演法是一种由教师或学生对某个与课程内容有关的场景(剧本)进行设计，由部分学生扮演其中的角色，其他学生与教师进行观摩并做出适当点评的教学方法。表演与观摩的过程能够有效开发“演员”与“观众”的行为能力，这种方法能够进一步改变学生的学习态度，提高学生观察和解决问题的能力。

在商务礼仪教学中，角色扮演法可以用于接待客人、电话礼仪、谈判会谈等技能的学习和提高，这种方法的优点是信息传递多向化、反馈效果好、实践性强。

角色扮演法对时间、演出场地、道具、剧本或场景设计等要求较高，因此，课前的充分准备十分必要。角色扮演法可与讲授法、研讨法、案例分析法等结合使用，以取得更好的教学效果。如果条件允许，还可以使用摄像机将表演过程拍摄下来，供全体学生反复研讨。

五、案例分析法

案例分析法是指把实际工作中出现的问题作为案例交给学生研究分析，培养学生的分析能力、判断能力、解决问题能力及行动能力的教学方法。这种方法反馈效果好，但是对教师的案例选择能力和引导学生分析问题的能力要求较高。

任课教师应从平时收集的案例中选择恰当的案例作为讨论的个案，并应熟悉与案例相关的背景及具体内容，从而指导学生了解案例及其在实际应用中应注意的问题。

六、行为矫正训练法

行为矫正训练法是指使用心理学的原理，特别是遵循条件反射的规律，如强化、消退、示范等，帮助学生改变不良行为，形成新的适应性行为的一种方法。通过这种训练，学生的不良行为可以得到矫正，并尽快形成良好的行为习惯。

在商务礼仪教学中，可由教师演示适用于某种场合的行为、动作、语言等，然后由学生进行模仿演练。教师对学生提出标准，要求其做出某种动作或用某些语言进行表达。学生演练完毕之后，教师对正确动作予以强化，并给予适当的鼓励，以激发学生参加活动的兴趣；对错误的行为予以指正，使其不再发生。

在应用行为矫正训练法时，教师应当特别注意：在对学生进行强化训练时，开始时要求不能过高，以免学生由于目标难以达到而产生焦躁心理。同时，还要鼓励学生多进行自我强化、自我评估，以便及时发现问题并改进，增强矫正不良行为的信心。行为矫正训练法在进行礼仪仪态训练、语音训练时是一种非常有效的方法。

七、游戏训练法

游戏训练法是在商务礼仪培训过程中经常用到的一种辅助方法。由于游戏本身具有趣味性，因此可以活跃现场气氛，提高参加者的好奇心、兴趣及参与意识，同时可改善人际关系。

使用这种培训方法时应当注意：游戏本身不是教学的目的，而是为教学服务的，因此应当慎重选择游戏内容，使之更好地为教学内容服务。除此之外，教师还应当谨慎考虑游戏在整个课程中的插入位置，避免游戏与授课内容毫无关联，成了“为游戏而游戏”。教师应当熟悉游戏的方法和规则，并且控制游戏的过程，以保证学生的安全，避免学生在游戏时发生意外。

习题与实训

一、判断题

1. 礼仪是一种行为规范或行为模式，作为行为规范体系，必须是约定俗成的。（ ）
2. 一位刚毕业的女大学生去应聘秘书职位，倘若面试官有男有女宜选择高亮配色的

衣物。同时应着浓妆，凸显自己的气质。 ( )

3. 讲授法是一种传统的培训方式，是指教师运用直观性的教具配合讲授进行示范性的操作表演。 ( )

4. 通过强化、消退、示范等，帮助学生改变不良行为，形成新的适应性行为这一方法是行为矫正训练法。 ( )

5. 孟子云："爱人者，人恒爱之；敬人者，人恒敬之。"这句话体现的是商务礼仪基本原则中的相互尊重原则。 ( )

二、简答题

1. 如何理解商务礼仪的基本内涵？

2. 举例说明商务礼仪的功能。

3. 商务礼仪的基本原则有哪些？谈一谈你对这些原则的理解。

4. 商务人员如何提高自身的礼仪修养？

5. 本课程可以采用哪些教学方法？你对哪几种教学方法比较感兴趣？

三、案例分析

1. 结合以下两个案例，谈一谈你对礼仪原则的理解。

(1)一位教授在回忆延安见到毛主席的情景时说："我去见主席，主席拿出纸烟招待我，可是不巧纸烟只剩下一支了。我想，主席会怎么办？他自己吸，不请客人吸，当然不好；请客人吸，自己不吸，客人肯定不同意。这时，只见主席将这支烟分成了两半，给我半支，他自己半支。从这件事可以看出主席的随和、诚恳、平等和亲切，这让我很感动，终生难忘。"

(2)某公司领导在主持会议时，下属的手机铃声此起彼伏，这位领导非常生气，于是大声说："以后请各位注意，在开会时把手机关机，或者设置成静音状态。相信各位也都是学习过商务礼仪的，礼仪的学习不只是说说而已，一定要付诸实际行动。如果下次开会的时候，谁的手机再响，我……"领导的话还没有说完，自己的手机却响了起来。领导的脸一下子就红了，尴尬得不知道说什么好。

2. 请你结合以下案例，谈一谈在现实生活中不符合礼仪规范的行为，以及符合礼仪规范的正确做法。

(1)在一场芭蕾舞演出中，人们沉浸在美好的艺术氛围里，欣赏着台上洁白美丽的"白天鹅"优美的舞蹈表演。为了留住这精彩的瞬间，一个年轻人拿出相机"咔嚓……咔嚓……咔嚓"不停地拍照，拍完照，他又和身边的女朋友开始吃爆米花，他们俩吃着、说着，真是开心极了。

(2)在一次涉外宴请中，主人为了表示对客人的欢迎与热情，不停地劝酒、夹菜。客人实在喝不下了，可主人还在继续劝酒。最后这位客人喝醉了，发起了酒疯，宴请的场面一度陷入尴尬。

(3)在一次涉外馈赠中，中方主人将菊花和荷花作为礼物送给了日本客人。

第二章

商务仪容仪态礼仪

子曰："君子有九思：视思明，听思聪，色思温，貌思恭，言思忠，事思敬，疑思问，忿思难，见得思义。"

——《论语·季氏》

技能目标

◆ 能够在商务活动中遵循基本原则设计个人形象
◆ 学会塑造良好的仪容、仪态
◆ 熟悉和掌握美化头发、清洁化妆的技巧，灵活运用表情、体态语言

知识目标

◆ 了解商务人员形象设计的社会心理学基础
◆ 掌握商务人员个人形象设计的原则
◆ 理解商务人员仪容、表情、仪态的礼仪规范

导入案例

如此面试

美国某汽车公司招聘新雇员的做法可谓独具匠心。该公司招聘的最后一道程序是面试，但面试的方法和内容与其他公司相比却大不相同。面试房间很大，应试者需要走一段距离才能来到面试官面前。而一排六位面试官拿着应试者的情况介绍表并不提任何问题，只是注视两分钟后即示意应试者出去，面试就结束了。应试者们都感到莫名其妙，觉得十分诧异，怎么没有提任何问题面试就结束了呢？

思考：

请就以上案例谈谈面试官对应聘人员进行面试的依据。

第一节　形象设计的理论与原则

何谓形象？形象就是一个人的容貌、表情、服饰、谈吐、仪态、性格等给他人留下的总体印象。个人形象是内在素质和外在素质综合起来形成的。

在商务交往中，商务人员的个人形象特别重要。它不仅反映了商务人员的个人品位与教养，还能体现单位、公司、企业的服务质量和管理水平。一个自信的、令人满意的、富有竞争力的商务人员形象，不仅是尊重自己和交往对象的体现，也是开启成功接洽之门的钥匙，是通往合作之路的桥梁，其作用和意义值得我们好好研究。

一、个人形象设计的社会心理学基础

【应用案例 2-1】

孔子的错误

《史记・仲尼弟子列传》中记载，孔子曾因以貌取人而犯错误。孔子说："吾以言取人，失之宰予，以貌取人，失之子羽。"孔子有很多弟子，其中有一个名叫宰予，能说会道，能言善辩。他一开始就给孔子留下了不错的印象，但后来渐渐露出了真面目：既无仁德又十分懒惰；大白天不读书、不听讲，躺在床上睡大觉。为此，孔子骂他"朽木不可雕"。孔子的另一个弟子，叫澹台灭明，字子羽，是鲁国人，比孔子小 39 岁。子羽的体态和相貌很丑陋，想要侍奉孔子。孔子一开始认为他资质低下，不会成才。但他从师学习之后，就致力于修身实践。后来，子羽游历到长江，跟随他的弟子有 300 余人，声誉很高，各诸侯国都传诵他的名字。孔子听说了这件事，感慨地说："我只凭言辞判断人的品质和能力的好坏，结果对宰予的判断就错了；我只凭相貌判断人的品质和能力的好坏，结果对子羽的判断又错了。"

在商务场合中，那些主要与人打交道的岗位，如销售、公关、前台接待等职位，对外在形象的要求比较高，但依然强调优秀的专业素质、工作态度和个人能力。这些是一个商务人员的"内在美"，需要下更多的功夫去修炼。

既然我们在"看别人"的时候应当尽量避免"以貌取人"，那我们为什么还要学习如何提升自己的外在职业形象呢？从社会心理学角度，主要有下面这几个基本效应。

(一)晕轮效应

当我们观察别人时，对对方的认知和判断往往只从局部出发，由局部扩散而得出整体印象，即常常以偏概全。如果一个人被标明是好的，他就会被一种积极肯定的光环所笼罩，并被赋予一切好的品质；如果一个人被标明是坏的，他就会被一种消极否定的光环所笼罩，并被认为具有一切坏品质，这就好像刮风天前夜月亮周围出现的圆环(月晕)，但其实圆环不过是月亮光的扩大化而已。美国心理学家桑代克把这一心理现象称为"晕轮效应"，也称作"光环作用"。

心理学家做过这样一个实验：首先让被试者看一些照片，照片上的人有的很有魅力，有的毫无魅力，有的中等魅力。然后让被试者从与魅力无关的特点方面评定这些人。结果表明，被试者对有魅力的人比对毫无魅力的人赋予了更多理想的人格特征，如沉着、和蔼、善于交际等。除了容貌之外，服装、言谈等都可以产生"晕轮效应"，前面所说的孔子的故事就是一个体现晕轮效应的典型事例。当我们对不太熟悉的人进行评价时，这种晕轮效应会体现得尤其明显。

因此，在商务交往中，我们应该注意提醒自己，在看待别人时不要受晕轮效应影响，即不要仅根据事物的部分特征而对事物的本质或全部特征下结论，这样容易被局部和表面现象所迷惑，得出的结论往往也很片面。

同样，我们也要尽量防止别人看待我们时受到晕轮效应的影响。比如，当我们的衣着打扮看上去非常邋遢时，客户或老板可能会认为我们的工作也做得马马虎虎。因此，我们需要防止“扫帚星效应”，即假如对方认为我们的某个品质存在不足，可能会错误地推断我们的其他品质也存在问题。这是消极品质的晕轮效应的表现。在这个过程中，外在的形象是人们最容易看到的，因而成了别人判断我们时最常使用的“证据”。在快节奏的现代商务场合中，外在形象已经变得非常重要。在商务交往中，一副好嗓音、一手好字、一身得体的面试服装、富有特色的名片等都可以为我们增添美丽的光环。

（二）首因效应

【应用案例 2-2】

张华的迷茫

张华是一家物流公司的业务员，对公司的业务流程很熟悉，尤其善于介绍产品，不仅口才好、人勤快，而且在众多的业务人员中，张华的学历也是最高的。可是，他的业绩却总是上不去。

张华自己非常着急，却不知道问题出在哪里。张华从小大大咧咧的，不修边幅，头发经常是乱蓬蓬的，长长的指甲也不修剪，身上的白衬衣经常皱巴巴的且已经泛黄。而且，张华喜欢吃大饼卷大葱，吃完后也不去除口腔异味。在日常生活中，张华的形象被朋友所包容，但在业务接洽中，却常常过不了客户的“第一印象”。

张华与客户接触的第一时间已经给客户留下了不好的印象，客户仅凭外表特征就推断他是一个工作态度不认真、没有责任感的人，这种将局部特征等同于整体属性的错误判断导致客户不愿与他进一步交往或接洽业务。

首因是指当人们第一次认知客体时，在大脑中留下的第一印象。首因效应是指个体在社会认知过程中，通过第一印象最先输入的信息对客体以后的认知产生的影响作用，也叫首轮效应。

在商务交往中，我们主要通过容貌、表情、姿态、身材、服装等外部信息获得对对方的第一印象，这些首次获得的信息往往会成为以后认知与评价对方的重要依据。

美国心理学家洛钦斯（A. S. Lochins）于 1957 年首次采用实验方法对首因效应进行研究。他用文字来描述一个叫吉姆的人。第一段把他描述成一个开朗、外向、喜欢交际的人。第二段把他描述成一个害羞、内向、不喜欢交际的人。然后，他将描述交给四个小组的人阅读。第一组按第一段到第二段的顺序阅读，第二组按第二段到第一段的顺序阅读，第三组只读第一段，第四组只读第二段。结果，洛钦斯发现各小组的人对吉姆的评价都是基于先读的那一段描述：第一组有 78％的人认为吉姆比较开朗，第二组有 18％的人这么认为，第三组有 95％的人持同样的观点，第四组有 3％的人对此观点没有异议。这个实验表明，产生首因效应的关键是信息输入的先后顺序——“先入为主”。

人们在日常的社会交往中，如果第一次接触时留下了好印象，那么在彼此分开后的很长一段时间里，此印象仍会留在脑海中；当双方再次相遇时，则会不由自主地按第一次形成的良好评价的视角来认知和评价对方。

另外，首因效应也会让我们在第一次交往过程中获取对方少量的信息，之后运用我们以往的知识、经验来对这些信息进行加工处理，从而自觉或不自觉地分析、综合、比较，推测对方的特点，形成总体评价。例如，我们说“这个人看上去像个经理”，就是动用了我们以往的经验——很多经理看上去都是这个样子，所以这个人看上去像个经理。

总之，当我们第一次接触交往对象时，我们的仪容、仪表、仪态、谈吐等都会给对方留下好的或不好的第一印象，这种印象会影响对方对我们的总体评价。商务人员随时都有可能和陌生人打交道，因此，保持完美的职业形象非常重要。

(三)近因效应

所谓近因效应，是指在交往过程中最近一次接触给人留下的印象对社会知觉者的影响作用。心理学研究表明，最先输入大脑的信息作用最大，而最后输入的信息也起着较大的作用。在人的知觉中，如果前后两次所得到的信息不同，但中间有一个无关事件把它们分隔开，那么后面的信息在形成总印象中所起的作用更大，这种现象就是近因效应在发挥作用。前后两次信息之间的间隔时间越长，近因效应越明显。原因在于前面的信息在记忆中逐渐模糊，从而使近期信息在短时记忆中更为突出。

多年不见的朋友在对方脑海中留下的最深刻的画面，常常是临别时的情景；一个同事总是让你生气，可是让你具体说说是怎么回事，你却说不出多少原因，这些都是近因效应的表现。在与客户分别时，你给予对方良好的关怀和祝福，因为近因效应，你的形象就会在他的心中变得完美，并且容易长久留存。

(四)定型效应

生活中，人们都会不自觉地把人按年龄、性别、外貌、衣着、言谈举止、职业等外部特征归为各种类型，并认为同一类型的人有着共同特点。在交往中，若观察到对象属于同一类型，便会用这一类人的共同特点去理解他们，这种现象叫定型效应，亦称社会刻板印象。

心理学家曾做过这样一个实验：把被试者分成两组，看同一张照片。实验者对甲组说，这是一位屡教不改的罪犯；对乙组说，这是一位著名的科学家。看完后让被试者根据这个人的外貌来分析其性格特征。结果甲组说：深陷的眼睛藏着险恶，高耸的额头表明他死不悔改的决心；乙组说：深沉的目光表明他思想深邃，高耸的额头表明他探索的意志。

这个实验表明，人们在见到其他人时，常常会根据所见者的外表和行为特征，结合自己头脑中的定型进行归类，以此来评价一个人。所谓“定型”，是指人们头脑中存在的关于某一类人的固定形象。人们头脑中的定型数不胜数：不同年龄、不同职业、不同籍贯、不同民族、不同性别、不同社会地位的人，在人们头脑中都有一个固定形象。例如，软件开发人员通常是瘦瘦的、戴着眼镜的“白面书生”形象，金融行业的人员则通常是穿着深色西服的保守形象等。

在商务交往中，商务人员要注意这种定型效应，应尽量塑造与自身职位在大众心目中的固有印象相符合的职业形象，即保持职业形象与大众认知的匹配性，避免因个人形象与职业固有印象相悖而影响专业可信度。

当然，定型效应也是一种容易让人产生偏见的社会心理效应，所以我们在观察别人时，应当尽量克服这一效应给我们带来的消极影响，力求全面、准确地认识周围的人和事，减少判断、决策的失误。

俗话说，“爱美之心，人皆有之。”可见爱美是人的本性，是一种普遍的社会心理。企业在挑选人才时，不仅希望应聘者在知识、能力等方面可以充分胜任本职工作，而且希望其外表也能获取外界的青睐，以凸显本单位的良好形象，这本身无可厚非。尽管说“人不可貌相”，但是，毕竟整洁的人要比邋遢的人看起来舒服得多。外表如果让人不舒服，多少都会影响他人与之交往的意愿。塑造良好的职业形象，是为了让每天都能“看”到我们的客户和同事们产生良好的感觉，这也是尊重对方的方式之一。

二、商务人员形象设计原则

商务人员要塑造良好的个人形象，常常会受到诸多因素的影响，例如，个人的受教育程度、艺术方面的鉴赏能力、情操上的志趣品位等，但是这些都可以通过一定程度的训练和培养来改善和提高。商务人员只要加强学习，并严格遵照一定的规定和原则处理，就一定可以使自己在他人心目中的个人形象更加趋于完美。通常来说，塑造良好的个人形象应当遵循以下五个原则。

(一)内外兼修

很多人认为，个人形象设计不过就是穿着打扮而已，主要表现为发型、化妆、服饰等外在的美观，实际上这是一种错误的理解。虽然外在美也是个人形象的构成要素，一定程度上确实能给人以美的享受和满足。但是，如果缺乏知识文化、文明礼貌、人格修养等内在素质作为本质，再好的先天条件、再精心的打扮也不过是一种虚假的粉饰，一个徒有其表、虚有其名的“花瓶”而已，甚至还可能是“金玉其外，败絮其中”，这样又何来美感可言？因此，商务人员要塑造良好的个人形象，必须从提高个人的内在素质入手。只有丰富自己的各种知识，培养高尚的道德情操，提高个人的品格修养，外在的美才能更加光彩动人，也只有达到内外兼修的境界，个人形象才会焕然一新，给人留下深刻而美好的印象。

(二)整洁卫生

整洁卫生是塑造良好个人形象的前提和基础。商务人员平时应勤洗理、勤修饰，使自己的仪容永远显得清爽、利索。如果一个人衣冠不整、邋里邋遢，不管他穿着多么名贵的衣服，佩戴多么精美的饰品，都不能改变人们对他的厌恶和鄙弃。商务人员尤其要注意遵照这一原则来进行形象设计，因为在商务交往中，第一印象至关重要。根据首因效应，第一印象往往在见面后的 3 秒内形成，而且一旦形成，就会长久而稳定地在对方脑海中保留下来，对双方日后的交往影响重大。在最初见面的短短 3 秒里，你的穿着是否整洁得体可以决定对方对你的整体评价和看法。由此可见，遵循整洁卫生的原则对于商务人员塑造良好的个人形象非常重要。一般来说，主要包括两方面的内容：一是注重清洁卫生，即做到身体各个部位整洁干净；二是注意树立整齐的形象，避免给人凌乱、懒散的感觉。

(三)适应场合

在现代商务活动中，商务人员必须善于根据不同的场合来塑造得体的形象。例如，一个优秀的女助理，在商务洽谈中，必须穿着干净、整洁、利落的职业套装，给人以精明强干的印象;在庆功宴会或鸡尾酒会上,则应该选择晚礼服或是有浓郁东方特色的旗袍,以展现自己端庄优雅的女性形象。此外,商务人员按常规修饰个人仪容时,应该避开公共场合。在他人面前“当窗理云鬓,对镜帖花黄”,既有失端庄稳重,又有可能被人误解。所以,商务人员要修饰、整理仪容,一定要注意回避他人,一般可以选择在更衣室或洗手间进行。

(四)符合自身个性

符合自身个性是指商务人员应根据自己所从事的具体行业、个性特征、气质类型进行仪容仪表的精心修饰,塑造属于自己的个人形象。若是一味地模仿他人,只会适得其反,甚至沦为笑柄,如“东施效颦”“邯郸学步”,不仅完全没有美感,反而让人耻笑不已。

(五)遵循约定俗成的各种规范

虽然商务人员可以根据自己的独特个性来塑造个人形象,但是在整个大的背景环境下,仍然需要遵守各种约定俗成的规范。由于文化、种族、宗教等方面的差异,不同的国家、民族往往具有不同的礼仪规范。例如,在文莱,皇帝的服装是专门定制的,不仅配有特定的图案,而且在面料里还可加入真正的金丝,其他人则是不允许这样穿着的;在英国,传统的苏格兰格子裙也以格子的大小和不同配色分别代表不同的家族,千万不可乱学乱穿。因此,在商务交往中,既要遵循本民族的规范,又要尊重其他民族的风俗习惯。

第二节 仪容礼仪

仪容主要指一个人的容貌,包括一个人的头部和手部,如头发、脸庞、眼睛、鼻子、嘴巴、耳朵和手指等。仪容是每个人生来就有的,具有一定的先天性,但是也可以通过后天的改变来实现追求美的目的。在商务人员的整体形象设计中,仪容居于首要位置。它反映了一个人的精神面貌、朝气和活力,是人们接收到的最直接、最生动的第一信息。

一、美发

所谓美发,即有关头发的护理及修饰的规范。整洁的头发配以大方的发型,往往能给人留下神清气爽的良好印象。在美发方面,对商务人员的基本礼仪要求是干净、整齐、长短适中、发型恰当。

从可操作的角度来讲,美发礼仪可分为护发礼仪与发型礼仪两部分。前者主要与头发的护理有关,后者则重点关注头发的修饰。

【应用案例 2-3】

“洗心革面”的刘桓

刘桓是某服装厂的业务员,论口才和业务能力,都让老板“一百个放心”。可在一次国际性的订货会上,当他风尘仆仆找到一家商场后,接待人员看他胡子拉碴,头发也油腻腻的,没有看他带的样品,就把他打发走了。事后他无意中听到该商场员工的议论:“就这样一副尊容,能做好业务推广吗?”刘桓好窝火,这不是以貌取人吗?可连续跑了好几家商场,费尽口舌也没能如愿。一气之下,他来到美发店做了造型,然后换上了干净、整洁的服装，气宇轩昂地找到一家商场的总经理介绍产品。对方见到刘桓气度不凡，且其产品质量上乘，当即签订了价值 60 万元的购货合同。

(一)护发

商务人员的头发要时刻保持健康、洁净、清爽的状态。要真正达到以上要求，可就必须在头发的洗涤、梳理、养护等方面做好工作。

1. 定期清洗

头发暴露在空气中，容易沾染脏东西，而且头皮皮脂腺不断分泌油脂，头皮细胞角化形成头皮屑，因而养护头发的根本方法是定期洗头，以清除头皮污垢，保持头发清洁。头发清洗频率可根据发质、季节及生活习惯灵活调整，一般以每周清洗 2～3 次为宜。

洗头发之前，为了除去灰尘和头屑，应先把头发梳通梳顺，然后用 40℃左右的热水打湿，抹上适合自己发质的洗发水后，轻轻揉搓，切忌用力抓挠头皮，最后用清水将头发上的洗发水漂洗干净。如有需要，可再擦一些护发素，使头发柔软、光亮、有弹性。洗头之后，最好令头发自然晾干，这种做法最有益于保护头发。若想让头发迅速变干，可以用吹风机吹干，但温度不宜过高，否则会损伤发质。

2. 认真梳理

梳头能起到按摩的作用，而按摩对改善发质效果显著。经常梳头还可以加速头皮的血液循环和皮脂分泌，促进头部皮肤呼吸，既能除污去屑，又可以改善发质。因此，商务人员出门上班前、换装上岗前、摘下帽子时、下班回家时以及其他任何有必要的场合，都必须认真梳理头发，以确保其线条分明、层次清晰、一丝不乱。

首先，梳理头发时不宜直接用手指抓挠。外出或上班时，商务人员最好随身携带一把发梳，以备不时之需。其次，梳头要讲究一定的方法和技巧，用力要适度，不宜过重过猛；梳子与头发可形成一定的角度，以促使头发的形状起伏变化。最后，梳理头发是一种私人性质的活动，不宜在公共场合进行。在公共场合梳理头发，是对他人极不礼貌的行为。

3. 重视养护

每个人的头发都是一种有生命的纤维质，一般来说，健康头发的主要特征是有很好的弹性、韧性和光泽，柔顺易梳理，不分叉不打结，梳理时无静电，不容易折断。商务人员想要做到这几点，就必须重视头发的养护。

“护”，指的是对头发的保护。要保护好头发，就要有意识地使之避免接触强碱或强酸性物质，并尽量避免长时间暴晒。洗头发时使用洗发剂，会使头发的养分受到一定的损失，致使头发干燥、分叉、断裂甚至脱落。为此，可在洗头之后，酌情使用适量的护发素。有头皮屑或头发状况很差的还应使用专业的头发保养品，条件许可的话还可定期去美发店为头发焗油。

“养”，指的是头发的营养。如果说“护”是治标之法，“养”则重在治本。真正要养护好头发，关键还要从营养的调理与补充等方面入手。一般认为，若食用过量的辛辣刺激食物，将有损于头发；烟、酒对头发的危害也较为严重。欲使头发乌黑发亮，宜多吃蛋白质和富含维生素、微量元素的食物，尤其要多吃核桃一类的坚果或黑芝麻一类的黑色食品。

(二)发型

发型是指头发的整体造型，它是个人形象设计的重要组成部分，被称为“第二张脸”。发型可以反映一个人的生活品位，同时良好美观的发型还可以让人显得朝气蓬勃、容光焕发。当今社会，虽然发型日趋复杂、种类繁多，但是商务人员在为自己设计和选择发型时，仍要遵循一定的规范。

1. 女士发型选择

在商务活动中，女士的发型种类较多，主要有长发、短发、盘发、卷发等，具体可依脸型、身材、服饰、发质等来决定。

(1)发型与脸型相协调

圆脸形又叫娃娃脸，双颊较宽，可选择头前部或顶部略为隆起的发式，两侧略向后梳，将双颊及两耳稍微露出，拉长脸形。或是选择盘发，可以使人显得挺拔而秀气。

长脸形因额前的发际线较高，额、腮成一条直线或宽度差不多，宜选择优雅可爱的发型来冲淡原本给人的老成感。发端应比顶部低，适当遮额，两侧的头发适当蓬松，可以留长发，也可以留齐耳短发，发尾松散流畅，以发型的宽度缩短脸的视觉长度。若将头发做成自然成型的柔曲状，会更理想。

方脸形额角宽，两腮突出，显得脸形短阔。适宜选择自然的大波纹状发型，使头发柔和地将脸包起来，并使两颊头发略显蓬松，则可在视觉上缩小脸的宽度，冲淡脸部方正刚直的感觉。

大脸形宜选择用头发包住脸廓，使脸庞看起来集中、紧凑的发型，如剪短发，要把两侧头发压低，如留长发，应当把头发收拢向后。

三角脸形头顶部分的头发宜具有蓬松感，两侧的头发要紧贴脸部。

(2)发型与身材相协调

身材高瘦者，适合留长发，可以增加发型的装饰性；但不要盘高发髻或把头发剪得太短，以免使人显得更加瘦长。

身材娇小者，适宜留短发或盘发，发型以秀气、精致为主；避免过于粗犷、蓬松的发型，过长的直发可能不利于突出身材比例。

身材较胖者，如果剪成运动式发型，会给人以俏丽、健康的美感；但若留长波浪，两侧蓬松，则会使体型显得更为丰满。

(3)发型与服饰相协调

服装与相应的发型相配，才会显得和谐大方、适宜得体。例如，出席正式场合时，女性身着套装，可将头发绾在颈后，低发髻显得端庄、干练。着运动服时，可将头发扎成高高束起的马尾，显得青春、活泼、潇洒。着晚礼服时，可将头发盘起，化个晚妆，显得高雅、华丽。

(4)发型与发质相协调

头发细软的人，不宜留过长的直发，可选择中长发或俏丽的短发，还可将头发烫成卷发，显得蓬松自然。发质较硬的人不宜选择太短的发型，宜采用简单的披肩长发，给人一种飘逸秀美的悬垂美感，也可梳成发髻，给人以雍容典雅的高贵气质。

2. 男士发型选择

男士的发型变化较少，多以短发为主，短发能够体现出男士的阳刚之气。例如，寸头式发型可以突出男士坚强刚毅的气质，背头式发型可使男士显得儒雅大气，平头式发型可以表现男士的朴实无华。商界男士发型的一般要求是：前发不覆额，侧发不掩耳，后发不及领，并且面不留须。

二、化妆

【背景知识 2-1】

化妆的渊源

人类文明已经发展了几千年。从我们祖先留下的丰富资料中可知，从人类站起来的那一天起，人们就知道用树叶兽皮等来遮挡自己，用吃剩的鱼骨头和彩色的小石头作为挂饰装饰自身。在人类进入文明社会以后，人们还学会了用天然的材料制造一些日用品来装点自己，如擦脸粉、胭脂、肥皂等。

进入唐朝以后，从平民百姓到达官贵人，对穿着打扮都非常讲究。人们开始佩戴各种金银首饰，衣服面料以丝、麻、棉为主，色彩也很鲜艳。有些女性还将头发高高盘起，在上面点缀一些花朵，并且懂得了如何化妆才能使自己更加出众。化妆成为女性必修的课程，化妆技术已较为成熟。那时的人们以胖为美，服饰以色样繁杂为佳，象征着富贵。最典型的要数杨贵妃了，她尤其讲究化妆修眉，特别喜欢画黛眉。

到了十七八世纪，化妆品在欧洲社会的各个阶层中得到了广泛使用，法国的很多朝臣甚至平民都使用红色的口红和胭脂，这种装扮展现了他们愉快的精神和健康的生活。20 世纪，工业的大发展也带来了化妆品行业的异常繁荣。这个时期出现了很多化妆品的第一，如第一支睫毛膏、第一盒彩色眼影等。由此可见，随着人类文明的发展，在不同的历史时期，由于经济和文化的差异，化妆从内容到形式都在不断发展，化妆的目的和意义都是美化自己。

人类社会发展到今天，化妆已经成为一门大众化的艺术，作为礼仪规范的一部分已经被越来越多的人所认同。化妆不仅可以帮助我们增强自信、展现个性和加深对美的理解，更可以为我们的生活增添生机，使生活变得更加美好！

化妆，是一种使用美容用品来修饰自己的仪容、美化自我形象的行为。简单地说，化妆就是有意识、有步骤地为自己美容。对女性商务人员而言，化妆除了可以让人自尊、自信、自爱外，还可以塑造良好的单位形象，对商界的交往对象表示尊重。

(一)面部基本护理

做好面部的护理工作是做好美容化妆的先决条件，因此，了解自己的肤质，选择适宜的护肤品，掌握正确的护肤方法是非常重要的。

1. 面部的清洁

洗脸的正确顺序是先从多油垢的 T 区地带洗起，接着是鼻子和下巴，然后再洗面颊和眼部四周，最后清洗耳部、颈部及发际、眉间等。洗脸时要注意以下几点：一是要让洗面乳充分起泡，泡沫越细腻越不会刺激肌肤；二是不要用力揉搓肌肤，以免给肌肤带来不必要的负担；三是要将包括发际线和脖子在内的每个部位都清洗干净；四是要用流水冲洗去沫；五是冲洗完毕后将毛巾轻贴脸颊自然吸干水分。

2. 面部的护理

洗脸去除污垢后，要及时补充化妆水，这样可以收缩毛孔，软化角质，平衡 pH，增加肌肤的柔软感；接着涂抹营养霜或乳液护理，给肌肤补充必需的水分和养分，充分滋润肌肤，包括脸部和眼部的滋润；最后，使用粉底或隔离霜保护皮肤，避免环境中有害物质对肌肤的伤害，隔离紫外线，均匀肤色和遮盖小瑕疵。此外，一星期使用一次至两次的面膜，可帮助剥除肌肤表面的干燥细胞，调整皮肤纹理，使皮肤光滑细腻，呈现清新光彩的容貌。

(二)化妆的基本步骤

1. 施粉

根据人的皮肤类型应选择合适的粉底种类及颜色，用手指肚或细软的海绵在脸上及脖颈周围抹匀，注意要轻柔地向上向外涂抹；用干粉或粉饼定妆，扑粉时要轻柔而均匀。

2. 修饰眉毛

眉是眼睛的门户，眉的修饰应与眼形和脸形相匹配。选择适合自己的眉形，先将目标眉形范围之外的多余眉毛剔除，然后用眉剪将过长的眉毛剪短，最后用眉笔画好轮廓。

3. 修饰眼睛

选择与自己的肤色及服装颜色相协调的眼影，先扫上眼影，然后描眼线，最后再夹弯睫毛、涂上睫毛膏。

4. 刷腮红

面对镜子，找到脸颊的最高处，或者对着镜子微笑，从最凸起的地方开始刷腮红。腮红可使人显得健康精神，并可弥补脸形的不足，腮红的颜色应与口红、眼影色相协调。

5. 画唇

先用唇线笔或羊毛唇笔描画唇部轮廓，再涂抹与妆色相协调的口红。

6. 修妆

在整体妆面完成后，看妆型、妆色是否协调；左右是否对称；底色是否均匀；如有不足应加以修改。

(三)化妆的技巧

1. 不同脸型的化妆方法及发型搭配

对于不同的脸型，只有采用不同的化妆方法，才能展现其独特的魅力，增添其美丽之感。

(1)三角形脸型

三角形脸型给人的印象是性格温和、不拘小节。化妆时可运用暖色调强调本身的沉着、大方、亲切。

修饰方法如下：

①可在两腮较宽部位，刷上深色粉底，显得有收缩效果，以掩饰下脸部宽大的缺点。

②可在狭窄的额头和下巴处加上白色粉底，让其看起来更饱满。

③眉毛宜保持原状态。

④涂抹胭脂时，向眼尾外方向涂抹，对于两腮可用较深的粉底来修饰。

⑤唇角稍向上翘，可描丰满些，下嘴唇不宜画成圆形。

⑥头发要梳理成七比三的偏分，这样可以使前额看起来更宽一些。发型可以选择卷发，用发卷增加上部分的分量，切忌将刘海往上梳。

(2)倒三角形脸型

倒三角形脸型即人们所说的瓜子脸、心形脸，它的特点是上阔下尖，脸庞的下半部比较纤细，少女大多喜欢这类脸型。倒三角形脸型给人的印象是纯洁、清朗，少女形象突出，带有理智性，但也会给人留下纤弱和不稳定的印象。

修饰方法如下：

①可在颧骨、下巴和额头两边，涂抹深色粉底以造成暗影效果，在脸颊较瘦的两腮处使用白色或浅色粉底来修饰，使整个脸形看起来比较丰满、明朗。

②眉形应顺着眼睛的位置进行修饰，不可向上倾斜。

③胭脂应涂在颧骨最高处，然后向上、向后晕开。

④嘴唇用与皮肤颜色相近的口红涂抹为宜。

⑤头发应整理为四比六的偏分以使前额显得窄小一些，要有大量蓬松的发卷，并遮掩部分前额。

(3)方形脸型

方形脸型线条较直，方方正正，额头宽，面颊也宽，下巴稍显狭小，缺乏温柔感，脸的宽度接近脸的长度，轮廓清晰、硬朗。给人以健康、积极，有坚强的意志感和稳定感。化妆时对五官的描绘要有分量感。

修饰方法如下：

①可在宽大的两腮和额头两边涂抹深色粉底，额头中间和下巴涂抹白色粉底，另外，眉和唇等部分选用彩妆，这样方形脸会显得修长，表现出温和的特质。

②眉毛要稍阔而微弯，但不可有角。

③可用暗色粉底来改变面部轮廓。在腮红的使用上，须以圆弧线条来增加脸部的柔和感，将腮红以画圆的方式，由颧骨往鼻子的方向刷。

④头发梳理为四比六分或中分都可，偏分能制造不对称感，使脸部线条更柔和。

(4)长形脸型

长形脸型的特点是面形狭长、棱角分明，往往给人以沉着、冷静、成熟的感觉。这种脸型的人应利用化妆减弱面形狭长的感觉，增加面部宽阔感，使之显得圆润丰满。

修饰方法如下：

①眉毛的位置不可太高而有角，尤其不应高挑。

②胭脂抹在颧骨最高处与太阳穴下方所构成的曲线部位，然后向上、向外抹出，距离鼻子要远些。

③嘴唇可稍微涂得厚些。两颊下陷者，宜敷淡色粉底呈光影，使其显得较为丰满。发型可采用七比三或更偏分的头路，这样可使脸看起来宽些。发型以下垂的长发及两边有细软发卷为宜。

(5)圆形脸型

圆形脸型的特点是脸短，脸颊圆润，显得可爱、年轻、活泼、健康，看起来有点稚气，缺乏成熟感。化妆时可减弱圆润感，使脸形显长，突出眼睛、鼻子、嘴唇等局部魅力。

修饰方法如下：

①眉毛不可平直或起角，也不可太弯，可为自然的弧形，带少许弯曲为宜。

②胭脂从颧骨一直延伸到下颌，必要时可利用暗色粉底做成阴影。

③画腮红时，可用直线条来增加脸部的修长感，将腮红以斜线的画法，由颧骨往脸中央刷，可以创造脸部的角度。

④嘴唇部分，上唇应画成阔而浅的弓形，下唇建议画成饱满的圆形。

⑤发型要注意表现脸部的轮廓，前额应显得清爽简单，又不能完全露出前额。可采用中分或三七开的发型，让头发自然垂下遮住脸颊侧面过宽的部分，使脸形显得长一些。蓬松的卷发不适合圆脸。

(6)椭圆形脸型

椭圆形脸型的特点是棱角不分明，给人圆润的感觉，属于可爱与妩媚之间的百变脸型。椭圆形脸俗称“鹅蛋脸”，是公认的理想的脸型。这一脸型的化妆要着重自然，不必刻意掩饰。

修饰方法如下：

①按照眼睛的位置把眉毛修成正弧形，眉头与内眼角对齐。

②胭脂抹在颧骨最高处，逐渐向上打圈抹开。刷腮红时，将腮红由颧骨上方顺着颧骨的曲线向脸中央刷。

③涂嘴唇时，应依自己的唇形涂成最自然的样子，修改不宜过大。

④发型采用中分、左右均衡的样式最为理想。

(7)菱形脸型

菱形脸型的特点是面颊消瘦，颧骨突出，下巴过尖。容易给人留下机敏、精明的印象。化妆时应重点减弱中部的宽度感，使面部轮廓显得饱满。

修饰方法如下：

①将提亮色粉底涂于太阳穴和颧骨以下的凹陷部位，以减弱凹陷感。

②眉毛以平直略长为宜，不适合角度大的眉形。

③颧骨部位宜涂阴影色粉底，要衔接自然，减弱骨骼棱角的生硬感。颧骨和颧弓高凸部位不宜使用鲜红的腮红色，可使用棕红色，也可不涂。

2. 不同肤色的化妆方法

(1)肤色较白

皮肤较白的人宜采用中间色彩，最好选用透明的液体粉底，用海绵擦匀后，从颧骨的中央向太阳穴轻扫淡粉色胭脂。避免使用鲜红色或棕红色，这两种颜色对白色皮肤来说都过于强烈。

眼影以中间色为佳，比较流行的是灰色、淡棕色及浅棕黄色。眼线应该柔细，以棕色、深灰色勾画。可采用无色睫毛膏，配合无色彩的眼部化妆，更显得清秀端庄。口红应以红色、朱红色为宜。

(2)肤色较黑

皮肤较黑的人，应略施暗色粉底，眼影宜用冷色调的紫色，下眼睑宜用蓝色，以强调肤色的和谐。腮红和口红用大红色相衬，使人看起来更富有青春气息。

(3)肤色较红

皮肤较红的人，粉底、腮红、口红宜用粉红色，眼影宜用蓝色，以求自然柔和的效果。如果要突出脸部，腮红可先用橙色，然后再配以粉红，以凸显活泼可爱的气质。粉底也可以用粉红色加上赭色，以凸显成熟高雅的气质。

(4)肤色较黄

皮肤偏棕黄色的人，口红可用橙色，然后再配橙色颊红，使人显得生动。眼影用绿色再加粉红或棕褐色，眉毛用棕色或浅黑色，这样更能突出人的智慧和个性。

3. 几种常见的化妆方式

现代生活中的社交活动频繁，好的妆容不仅要结合脸型、气质、个性进行设计，还须根据场合有所侧重，以取得最佳效果。

(1)工作妆

工作妆的主要特点是简约、清丽、素雅，具有鲜明的立体感，它既要给人以深刻的印象，又不能显得脂粉气十足。总的来说，工作妆须格外注意妆容的明朗和淡雅，自然的淡妆就非常得体。

(2)宴会妆

宴会妆应高雅大方，妆容最重要的是要与衣服相配，但妆不宜过浓。为了不妨碍享受美食，商务人员在化宴会唇妆时需格外费心，千万不要为了避免口红掉色而选择色素过重的唇膏，否则可能对唇部肌肤造成负担。

(3)舞会妆

参加舞会时，不仅可以妆容浓艳，也可在发型上标新立异。这样，一张充满个性、热烈、奔放的脸就呈现出来了。

4. 化妆的注意事项

对于女性商务人员，需要注意的是：第一，化妆的浓淡要视时间、场合而定；第二，不要在公共场合或当众化妆、补妆；第三，力戒妆面出现残缺；第四，不要借用他人的化妆品及化妆工具；第五，避免过量使用芳香型化妆品。

对于职场男性，妆容技巧有：勤洗脸，保持面部皮肤的清洁与卫生；修整眉毛不规则的形状，去除杂眉；经常修剪和处理鼻毛与胡须；勤刷牙，保持口腔清洁，尤其是有抽烟习惯的男士；保持双手和指甲的洁净，并经常进行修理；适当使用淡雅、清爽的香水。

【小思考 2-1】

大学毕业刚参加工作的小丽要参加一次商务宴会，她精心化了一个宴会妆。由于怕自己的妆容会花，小丽频频掏出镜子补妆。然而，正是这样的举动，令许多想与之攀谈的男士望而却步。

思考：

小丽的举动有何不妥之处？

(四)使用香水的礼仪

随着时代的发展，香水已经成为化妆品的重要组成部分。在商务场合，正确选用香水可以体现商务人员的个性与品位。相反，香水使用不当会对周围环境造成“空气污染”。

1. 使用方法

香水应喷在不易出汗、脉搏跳动明显的部位，如手腕、耳根、颈侧、膝部、踝部等处。香水还可喷在衣服的某些部位，如内衣、衣领、口袋、裙摆的内侧，或西装上衣插巾袋的下端。喷在这些地方既不会污损面料，又容易使香味扩散。

使用香水时一次不要喷得过多，少量而多处喷洒效果最佳。

将香水先喷于空气中，然后在充满香水的空气中旋转一周，令香水均匀地落于身上，可营造若有若无的香气。

沐浴后身体湿气较重时，将香水喷于身上，香味会释放得更明显。

2. 注意事项

①不要把香水喷到浅色衣服上，以免留下污渍。

②紫外线会使香水中的有机成分产生化学反应，造成皮肤过敏，故不可将香水喷在阳光能直接照射到的地方。

③在一些重要场合，如第一次会见大客户或应聘时，如果不了解对方的香味喜好，最好少用或不用香水。

④使用香水时切忌过量，香水味不宜太浓。一般以 1 米之内能够闻到淡淡的香味为宜，若在 3 米之外还可闻到香味，那就表示过量了。

⑤不要同时使用几种不同香型的香水。

⑥与他人品茶时、去医院看病或探视病人时、参加丧葬活动时，均不可使用香水。

三、身体其他部位的修饰

（一）手部修饰

在商务活动中，手与人和物的接触十分频繁，如送文件、打手势、握手、接电话等。一双干净、光洁的手往往能给交往对象留下良好的印象。因此，手是商务人员修饰仪容的重要部位。

勤洗手，时刻保持手部干净清爽。洗手后最好涂抹护手霜，这样既保持了卫生，又起到了手部保养的作用。

勤剪指甲，保持手指甲平滑光洁，指甲缝中绝不能有污垢，更不得在公共场所修剪指甲或是用牙齿啃咬指甲。商务人员一般不宜使用色彩夸张的指甲油或美甲饰品。

手臂上汗毛过浓、过长时，可采取适当的方法进行脱毛。女士穿无袖衣服时应褪去腋毛。

（二）脚部和腿部的修饰

中国有句俗语：“远看头，近看脚，不远不近看中腰。”由此可见，脚部的保养和修饰也是很重要的。

保持脚部卫生，鞋袜要勤洗勤换，保证无异味。

脚指甲要勤于修剪，还要注意去除脚部死皮。

在正式场合中，男士不允许穿短裤或是挽起长裤的裤脚，露出腿部；女士如果腿部汗毛过长过密，须注意剃除或穿丝袜遮住腿毛。

第三节　表情礼仪

表情，是指一个人的喜怒哀乐等内心情感通过面部肌肉的运动，在面部所呈现出来的情绪。脸部是人体中最能传情达意的部位，可表现出喜、怒、哀、乐等各种复杂的情感。美国心理学家艾伯特·梅拉比安(Albert Mehrabian)的研究表明，在人际交往的过程中，55%的信息是靠身体语言(表情和动作)传递的，38%的信息是靠语气(语速、语调、音量等)传达的，只有7%的信息是靠语言传达的。商务人员在与人沟通交流时，不仅要用嘴去说、用耳朵去听，还要学会用自己的表情动作去“说”，用眼睛去“听”。商务活动对表情礼仪的总体要求是热情、友好、轻松、自然。

一、目光

眼睛是心灵的窗户，是展示心理活动、传递信息和思想的媒介。眼睛有极强的表现力，蕴含的内容也极其丰富，几乎能够反映出人们内心世界的一切感情波澜，能表达出某种信息最细微、最精妙的差异。在与人面对面的交往中，信息的交流常常以目光的交流作为起点。目光运用是否得当，直接影响信息的传递和交流的效果。因此，学会在不同场合、不同情况下应用不同的目光，是商务人员必不可少的素质。

(一)注视的方式

在社交场合，注视交往对象有多种方式。

1. 直视

直视即直接地注视对方，表示认真、尊重，适用于各种情况。若直视他人双眼，即为对视。对视表明自己大方、坦诚或关注对方的态度。

2. 凝视

凝视是直视的一种特殊情况，即全神贯注地注视。它多用以表示专注、恭敬的态度。

3. 虚视

虚视是相对于凝视而言的一种直视，其特点是目光不聚焦于某处，眼神不集中。它可能表示胆怯、走神、疑虑、疲乏，或是失意、无聊。

4. 盯视

盯视即目不转睛，长时间地凝视某人的某一个部位。它表示出神或挑衅，故不宜多用。

5. 扫视

扫视即目光左顾右盼，注视时上下左右反复打量。它表示好奇、吃惊。商务人员应谨慎使用，避免造成对方不适。

6. 睨视

睨视又叫睥视，即斜着眼睛注视。它多表示怀疑、轻视，一般应当忌用。与初识之人交往时，尤其应当忌用。

7. 眯视

眯视即眯着眼睛注视。它可能表示惊奇、看不清楚。长时间眯视易使对方产生误解，因此需注意使用场合。

8. 环视

环视即有节奏地注视不同的人或事物。它表示认真、重视。适用于同时与多人打交道，表示自己“一视同仁”。

9. 他视

他视即与某人交往时不注视对方，反而看向别处。它表示胆怯、害羞、心虚、反感、心不在焉，是不宜采用的一种眼神。

10. 无视

无视即在人际交往中闭上双眼不看对方，又叫闭视。它表示疲惫、反感、生气、无聊或是没有兴趣，给人的感觉往往是不友好，甚至会被理解为厌烦、拒绝。

(二)注视的区域

1. 公务注视区(额头至双眼)

公务注视区适用于洽谈公务的正式场合，如磋商、谈判等。这个区域是以两眼为底边、额中为顶角形成的一个三角区。公务交谈时，注视对方这个区域会给人以严肃、认真、有诚意的感觉。

2. 社交注视区(双眼至下颌)

社交注视区适用于各种社交场合，如茶话会、舞会和友谊聚会等。注视时，目光停留的区域为对方下颌到双眼之间的三角区。谈话时注视对方这个区域会使人感到轻松自然，能营造良好的社交氛围。

3. 亲密注视区(双眼至前胸)

亲密注视区适用于亲人之间、恋人之间、家庭成员之间的交流。注视的目光停留区域为对方的双眼到胸部之间。这种注视往往带有亲昵和爱恋的感情色彩，如果非亲密关系却凝视亲密注视区域，对方可能会觉得受到了冒犯，甚至侮辱，是很不礼貌的行为。

(三)注视的时间与含义

1. 表示友好

向对方表示友好时，应不时地注视对方，注视对方的时间约占全部相处时间的1/3。

2. 表示重视

向对方表示重视时，应常常把目光投向对方，注视对方的时间约占全部相处时间的2/3。

3. 表示轻视

向对方表示轻视时，目光常常游离对方，注视对方的时间不到全部相处时间的1/3。

4. 表示敌意

目光始终放在对方身上，注视对方的时间占全部相处时间的2/3以上，被视为有敌意或有寻衅滋事的嫌疑。

5. 表示感兴趣

目光始终放在对方身上，偶尔离开一下，注视对方的时间占全部相处时间的2/3以上，也可以表示对对方感兴趣。

(四)眼神的运用

眼睛是人体传递信息最有效的器官，对不同的人，眼神展现不同的内容：长辈面前，目光应略微向下，显得恭敬虔诚；晚辈面前，目光应和善、慈爱；朋友面前，目光应当热情坦荡，表现出真诚和友爱；对于初次见面或不太熟识的人，注视的时间不可太长，否则会让对方感到紧张、难堪；面对熟人、朋友或同事，可以用从容的目光表达问候、征求意见，此时目光可以多停留一些时间。与人对视时，切忌迅速移开目光，容易给人留下冷漠、傲慢的印象；对方缄默或失语时，不应再凝视对方。

在与人交谈时，应当注意通过与对方的目光交流调整交谈气氛。例如，始终保持目光接触，这是表示对话题很感兴趣；长时间回避对方的目光而左顾右盼，这是不感兴趣的表示；紧紧盯住对方的眼睛逼视对方，则会让对方感到尴尬。交谈时正确的做法是目光始终注视对方的面部，同时辅以真挚、热情的面部表情。并随着话题、内容的变换，作出恰当及时的反应，使整场交谈融洽、和谐、生动、有趣。交谈和会见结束时，目光要抬起，表示谈话结束。道别时，仍用目光注视对方的眼睛，面部表现出惜别的表情。

二、微笑

【背景知识 2-2】

世界微笑日

每年的 5 月 8 日是“世界微笑日”。这是 1948 年由国际精神卫生组织确立的，意在鼓励世人用微笑面对生活，面对周围的一切，让世界变得更和谐、更温馨。微笑是人生最好的名片，它象征着友好、亲切、宽慰和乐观。请记得对自己微笑，对别人微笑。

在脸部表情这一动态体语中，微笑是最重要的一种表情语言。微笑是一种全世界通用的语言，被公认为是最富有吸引力、最能促进和谐关系的表情。在商务活动中，微笑是商务人员的常规表情，它不仅能在外表上给人以美感，还可以最真实地表达自己的热情与友善之意，甚至还能够打破僵局，产生巨大的感染力，以影响交往对象。因此，微笑是自信的象征，是礼貌的表示，是心理健康的标志。拥有真诚友好的微笑是对商务人员面部表情的基本要求。

微笑看似简单，但要把握得恰到好处却不是轻而易举可以做到的。

(一)微笑应发自内心

微笑是发自内心的快乐的体现。微笑应是一个人心情愉快、对人友好时内心情感的自然流露，而不是故作笑颜、假意奉承。发自内心的微笑既是一个人自信、真诚、友善、愉快的心态表露，同时又有助于形成明朗而融洽的交往氛围。

(二)微笑要适度得体

微笑虽然是人际交往中最有吸引力、最有价值的面部表情，但也不能随心所欲，想怎么笑就怎么笑，不加节制。微笑的基本动作要领是，齿不露、声不出，眼睛略眯、眉毛上扬、鼻翼张开、面肌收拢、嘴角上翘，既不要故意掩盖笑意、压抑喜悦影响美感，也不要咧着嘴哈哈大笑。此外，微笑的最佳时间以不超过 3 秒为宜，时间过长会给人假笑或不礼貌的感觉。注意微笑的开始和结束动作要自然，切忌突然开始和突然结束。

(三)把握微笑的时机

微笑是世界通用的语言，但也不能不分场合、不顾时机，例如，在特别严肃的场合，不宜微笑；当别人做错了事、说错了话时，不宜微笑；当别人遭受打击，心情悲痛或痛苦时，不宜微笑。

【应用案例 2-4】

价值百万美元的微笑

世界上最伟大的推销员乔·吉拉德曾经说过：“当你笑时，整个世界都在笑。一脸苦相没人理睬你。”

原一平在日本被誉为“推销之神”，1949—1963 年，他连续 15 年保持全国寿险业绩第一。身高只有 1.53 米的他，在最初当保险推销员的半年里，没有为公司拉到一份保单。没有钱租房，他就睡在公园的长椅上；没有钱吃饭，他就去吃饭店专供流浪者的剩饭；没有钱坐车，他就每天步行去他要去的地方。可是，他从来不觉得自己是个失败的人，而且从表面上看也没有人觉得他是一个失败者。每天清晨自长椅上醒来开始，他就向每一个他碰到的人微笑，不管对方是否在意或者是否会报以微笑，他都不在乎。他的微笑永远是那么由衷和真诚，总是给人留下精神抖擞、充满信心的印象。

终于有一天，一个常去公园的企业家对这个小个子的微笑产生了兴趣。企业家不明白一个吃不上饭的人为什么总是如此快乐，于是他提出请原一平吃早餐。尽管原一平饿得要命，但他还是委婉地谢绝了。他请求这位企业家买一份保险，于是，他有了自己的第一单业绩。这位企业家又把原一平介绍给许多商场上的朋友。就这样，原一平凭借自信和微笑感染了越来越多的人，最终成为日本历史上签下保单金额最多的推销员。

帮助别人，往往就是帮助自己。原一平成功了，他的微笑被称为“全日本最自信的微笑”“价值百万美元的微笑”，这样的微笑并非天生，而是长期苦练的结果。原一平曾经假设各种场合与心理，自己面对镜子，练习各种笑容。因为笑必须发自内心，才会产生强大的感染力，所以他找了一个能照出全身的特大号镜子，每天利用空闲时间，不分昼夜地练习。经过一段时间的练习，他发现嘴唇的闭与合，眉毛的上扬与下垂，皱纹的伸与缩，都会有不同的“笑”的含义，甚至双手的起落与两腿的进退，都会影响到“笑”的效果。

曾经有一段时间，原一平因为在路上练习大笑，而被路人误认为神经有问题，也因为练习得太过入迷，半夜常在梦中笑醒。经过长期苦练，他的笑达到了炉火纯青的地步。原一平把“笑”分为 38 种，针对不同的客户，有不同的笑容；并且深深体会到，世界上最美的笑就是婴儿的笑容，那种天真无邪的笑，散发出诱人的魅力，能令人如沐春风，无法抗拒。

资料来源：覃常员、张幸花：《现代商务礼仪》，北京，中国农业大学出版社、北京大学出版社，2009。

三、其他表情

(一)眉毛

每当我们的心情改变时，眉毛的形状也会跟着改变，从而释放出许多不同的重要信号。例如，眉头紧锁，表示内心忧虑或犹豫不决；眉头斜挑，表示怀疑；眉毛闪动，是看到其他人时的友善表示；单眉上扬，表示不理解、有疑问；双眉上扬，表示非常欣喜或极度惊讶；眉毛迅速上扬，则说明心情愉快、内心赞同或表示亲切。

（二）嘴部

嘴唇闭拢，表示和谐宁静、端庄自然；嘴角向上，表示善意、礼貌、喜悦之意；嘴角噘着，一般表示生气、不满意，是不尊重对方的表现；嘴唇紧绷，经常表示愤怒、对抗或决心已定；若故意发出咳嗽声并借势用手掩住嘴，则表示“心里有鬼”，有说谎之嫌。

【扩展阅读 2-1】

眉形矫正修饰

离心眉、向心眉、下垂眉、吊眉、短眉等均不是理想的眉形，需要矫正修饰。

1. 离心眉

两眉头间距过远的离心眉，给人以五官分散的感觉，虽显得和气，但也给人一种迟钝的印象。修饰离心眉时，可在眉头前顺着眉毛的生长方向一根一根地描画，画出一个“人工”眉头，将两眉拉近些，眉峰要略向前移，眉梢则不宜拉长。

2. 向心眉

两眉头间距过近的向心眉使五官显得过于紧凑、不舒展，给人不愉快的感觉。修饰向心眉时，可除去眉头过近的眉毛，加大两眉的距离，再用眉笔描画，眉峰位置要略向后移，眉梢要向外拉长些。

3. 下垂眉

眉头高、眉梢低的下垂眉虽然使人显得亲切慈祥，但也给人忧郁愁苦的感觉，还会使人的年龄显得大一些。修饰下垂眉时，应除去眉头上面的眉毛和眉梢下面的眉毛。描眉时可侧重在眉头下面与眉梢上面描补，使眉头和眉尾在同一水平线上或眉尾高于眉头。如果眉毛生长方向朝下，在眉形修画完成后应剪去下垂的眉毛。

4. 吊眉

眉头低、眉梢上扬的吊眉，虽然会使人显得精神，但也会使脸形显长，又会使人觉得缺乏亲切感。修饰吊眉时，可除去眉头下面的眉毛和眉梢上面的眉毛。描眉时宜侧重在眉头上面和眉梢下面描补，使眉头和眉尾基本在同一水平线上。

5. 其他眉形

眉毛过短或过少，需要进行描眉或绣眉，要顺着眉毛的生长方向一根一根地画或绣，在眉头下侧及眉峰与眉的上侧，颜色要描深些，以突出立体感。

眉毛过长或杂乱，可先用修眉、剪眉、拔眉、剃眉等方法修好眉形后，再进行描画，也可用透明睫毛膏顺着眉毛生长的方向涂抹以加深眉色。

眉毛过淡或过细，可用眉粉或眼影粉刷在眉毛上，确定眉形。

短而粗的眉形，可根据标准眉形的要求将多余的部分修掉，然后用眉笔补画出缺少的部分。这种眉形修正的重点是描画。

资料来源：陈福义：《礼仪实训教程》，北京，中国旅游出版社，2008。

【扩展阅读 2-2】

唇线具体画法

内描法：将轮廓线画在唇形内侧，适合于双唇大而厚的嘴唇。

外描法：在唇形外侧描轮廓线，使唇部更丰满，适合于薄而小的嘴唇。

直线法：按照唇形轮廓描出带锐角的直线，适合于双唇大小适中的嘴唇。

1/3 唇线法：这种唇形起伏深，可以给人以感情丰富的感觉。

1/2 唇线法：上唇峰最高处恰在口角和中心线中间，其高度与相应位置的下唇厚度相同，上下唇轮廓线匀称，是大众化的唇形。

2/3 唇线法：上唇峰最高处在唇中央到口角 2/3 的地方，给人以宽广优美的感觉。

资料来源：蔡践：《礼仪大全》，北京，当代世界出版社，2007。

第四节 仪态礼仪

仪态是指人的身体姿态，主要包括站姿、坐姿、走姿等各种动作。中国古代讲究“站如松、坐如钟、行如风”，这是力求从优雅的仪态上表达一种洒脱的气质和翩翩的风度。体态语言专家的研究成果表明，在人与人的沟通中，感情信息的表达和交流在很大程度上是借助体态语言来进行的。当体态语言和言辞相互矛盾时，人们往往更相信体态语言的真实性。

良好的体态不仅体现了一个人的礼仪修养、文化水平和自制能力，而且还能表现人的思想感情以及对外界的反应。但良好的仪态不是一日之功，需要长时间刻苦练习。行为学家通过研究发现，人的某种行为演变成一种习惯，平均需要 21 天的反复练习。所以，无论是练习站姿还是练习坐姿，至少都要坚持 21 天。即使在开始时感觉不自然、不适应或者看上去似乎没什么效果，也不要过早放弃，一定要坚持不懈地练习，21 天后，你就会看到明显的变化——你的一举一动都更加符合礼仪规范了。

一、站姿

站姿是商务人员在商务活动中最重要的姿势，其他姿势都是在基本站姿的基础上演化出来的。因此，一个人想要表现出得体雅致的姿态，首先要从规范站姿开始。

(一)基本站姿

基本站姿的要求：头正、颈直、双目平视、下颌微收、面带微笑；手臂自然下垂，中指贴于裤缝(或女士裙子侧缝)；身躯直立、提臀、立腰、收腹、挺胸、双肩舒展并略下沉；双脚并拢、两脚踝并拢、双腿直立、双膝并拢，如图 2-1 所示。将一本书置于头顶，保持上述姿势，书不可摇晃，如图 2-2 所示。

教学演示：站姿

图 2-1 基本站姿

图 2-2 基本站姿的训练方法

练习站姿时，最好对着一面全身镜“自我监督”并“自我欣赏”。开始时，只要求坚持5分钟(如果你做得很到位，你的腿部、腹部、肩部等肌肉都处于紧绷状态，那么5分钟后很可能你会全身发热)，以后逐渐加长时间至20分钟以上。同时，配上优美的音乐有利于保持愉快的心境，塑造自然的笑容，减少单调、疲劳之感。

基本站姿训练可以使身体协调、自然挺拔，体现活力和朝气，也可塑造自然愉快的表情，增加亲和力。

(二)男性商务人员的站姿

1. 肃立

肃立时脚尖分开15°、30°、45°，其他部位要领与基本站姿相同。这三种站姿适合长时间在正式场合站立，练习时要求变换脚尖角度时身体不能晃动，头上的书不会掉下来。

2. 直立

直立时双脚平行分开，宽度不超过肩宽；双手自然下垂，其他部位要领与基本站姿相同，如图2-3所示。采用这种站姿显得自信、自然。

图2-3 男士站姿：直立

3. 后背手式直立

后背手式直立是双脚平行分开，与肩同宽；左手握虚拳自然置于身后尾骨处，右手握住左手手背。其他部位要领与基本站姿相同，如图2-4所示。

4. 前搭手式直立

前搭手式直立是双脚平行分开，与肩同宽；双手相握，自然垂放于腹前。注意双肩打开，保持后背挺直，如图2-5所示。此种站姿显得比较保守，如果与自然微笑的表情相配合，则显得比较亲切。

图2-4 男士站姿：后背手式直立

图2-5 男士站姿：前搭手式直立

(三)女性商务人员的站姿

女性商务人员要想使自己的站姿优雅迷人，关键要让自己的双脚、双膝、双手、胸部和下颌五个部位都处于最佳位置。

1. 双脚

双脚的脚跟靠拢，脚尖相距 10 厘米左右，呈 45°角，即“V”字形。两脚最好一前一后，前脚的脚跟轻轻靠近后脚的脚弓，将重心集中于后脚上，切勿两脚分开，甚至呈平行状，也不要将重心均匀地分配在两只脚上。

2. 双膝

在正式场合，双膝应挺直；而在非正式场合，伸在前面的那一条腿的膝部可以略为弯曲，以示“稍息”。但是不论处于哪一种场合，双膝都应当有意识地靠拢。这样才能确保双腿自上而下地全方位并拢，并使髋部自然上提，避免双腿“分裂”、臀部撅起等难看的姿势出现。

3. 双手

左手握虚拳，右手握住左手手背，双臂自然下垂置于腹前，同时应注意放松双肩，不要耸肩、斜肩或是弯臂、端肩。在非正式场合，双手可以自然下垂并贴放在身体两侧，但在正式场合则不宜如此。

4. 胸部

胸部在站立时应略向前方挺出，同时要注意收紧小腹，并挺直后背，使整个身体的重心集中于双腿中间，不偏不斜。这样不仅能使自己看起来精神抖擞、线条优美，而且也不会出现含胸、挺腹、弓背等不雅姿势。

5. 下颌

下颌要微收，脖颈要挺直，双眼要平视前方，身体自然放松。下颌既不能太低，也不要高扬，因为前者会给人以羞于抬头正视人的感觉，后者则容易给人以目空一切之感。此外，还要避免探头的恶习。

总之，女性商务人员在正式场合最优雅动人的标准站姿应当是：全身直立，双腿并拢，双脚微分，双手搭放在腹前，抬头、挺胸、收腹、目视前方、面带微笑，如图 2-6 所示。

图 2-6　女士标准站姿

（四）商务人员站姿禁忌

在正式场合，站立时不可两腿交叉。两腿交叉站立是一种轻浮的姿态。

不可双手插在裤兜里，这样显得过于随意；也不可双手交叉抱在胸前，这种姿势容易给人留下傲慢的印象。

不可歪倚斜靠，容易给人站不直、十分懒惰、散漫的感觉。

站立谈话时，不宜扭动身体、东张西望。

二、坐姿

商务人员在办公室工作、会见客人、参加会议等商务活动时，都需要保持良好的坐姿。其基本要求是腰背挺直、手臂放松、双腿并拢、目视于人。端庄优美的坐姿，不仅能给人以文雅、稳重、自然大方的美感，而且能够使人感觉舒适、不易疲劳，消除膝关节后面血管和神经的压迫感。

(一)入座时的方法

入座时要保持稳、轻、慢。慌慌张张拉过椅子,“扑通”一下“跌落”到座位上,或落座时响声大作,是没有教养的表现。正确的入座方法是:以轻盈和缓的步履,从容自如地走到座位前,如果椅子的位置不合适,应当先将椅子挪到合适的位置,然后再转身,控制身体轻而稳地坐下。坐在椅子上挪动椅子是有失风度的行为。如果周围有尊者或女士需要入座,应当先帮助他们将椅子挪到合适的位置,待其坐定后自己再坐下;若是走向他人对面的座位落座,应采用后退步接近属于自己的座椅,尽量不要背对将要交谈的人。女性商务人员如果穿的是裙装,在入座时应当顺势整理一下裙子,使裙子后面保持平整状态,然后再落座。如果落座以后再整理裙子,会显得很不优雅。

(二)男性商务人员的坐姿

男士可采用的坐姿有以下几种。

1. 标准式

男性商务人员入座后,立腰、收腹、挺胸、双肩舒展并略下沉;颈直、头正、双目平视、下颌微收;大腿与小腿基本成直角,两膝并拢或微微分开;两脚平放于地面,双脚分开与肩同宽,双手自然放在双膝上,如图 2-7 所示。标准式坐姿最为常见。

2. 前伸式

前伸式是在标准式的基础上,右脚前伸一脚的距离,左脚向前半脚,脚尖不要翘起,如图 2-8 所示。

3. 后点式

后点式是在标准式的基础上,左脚在前,右脚脚尖抵在左脚跟处抬起,双手自然放至两腿上,目视前方,如图 2-9 所示。

图 2-7　男士坐姿:标准式

图 2-8　男士坐姿:前伸式

图 2-9　男士坐姿:后点式

4. 开关式

开关式是身体右转或左转 45°,两腿与地面呈 90°,双手自然放在两腿上,目视前方,如图 2-10 所示。

5. 重叠式

重叠式是左腿与地面呈 90°,右腿搭在左腿上,右脚尖往下压,双手自然放至双腿上,目视前方,如图 2-11 所示。注意,在社交场合不要首先使用这种姿势,因为可能会被解读为展示地位和优势的姿态。

图 2-10 男士坐姿：开关式

图 2-11 男士坐姿：重叠式

(三)女性商务人员的坐姿

女性商务人员的坐姿是否优美，是影响其形象的重要因素。通常，女士可采用的坐姿有如下几种。

1. 标准式

标准式是立腰、收腹、挺胸、双肩舒展并略下沉；颈直、头正、双目平视、下颌微收；双膝并拢、脚踝并拢、双脚并拢，小腿垂直于地面成 90°，两脚脚尖朝正前方，坐整个椅子的 2/3；两臂自然弯曲，两手交叉放在两腿中部，并靠近小腹，如图 2-12 所示。

2. 双腿斜放式

双腿斜放式是双腿并拢，双脚同时向右侧或左侧斜放，与地面形成 45°左右的夹角。在坐比较矮的椅子或沙发时，这种姿势最为优美，能让就座者的身体呈现优雅的“S”形，如图 2-13 所示。但必须注意，两膝不能分开，小腿间不要有距离。

图 2-12 女士坐姿：标准式

图 2-13 女士坐姿：双腿斜放式

3. 双腿交叉式

双腿交叉式是双腿并拢，双脚在脚踝处交叉之后略向左侧或右侧斜放，如图 2-14 所示。在主席台上、办公桌后或是公共汽车上就座时，比较适合采用这种坐姿，给人比较自然的感觉。应当注意的是，采用这种坐姿时，膝部不能打开，也不宜将交叉的双脚大幅度地分开。

4. 双腿叠放式

在非正式场合可采用双腿叠放式，将一条腿放在另一条腿上(俗称“二郎腿”)，上下交叠的膝盖不能分开，两小腿靠拢，尽量呈一条直线，脚尖向下压，如图 2-15 所示。双脚放置的方法可视座椅的高低而定，既可以垂直，也可与地面呈 45°斜放。采用这种坐姿时，要注意悬空的脚尖不能翘起，更不能上下抖动或摆动。女性穿超短裙时慎用这种坐姿。

图 2-14　女士坐姿：双腿交叉式

图 2-15　女士坐姿：双腿叠放式

教学演示：坐姿

(四)商务人员坐姿禁忌

①双腿叉开过大。双腿如果叉开太大，无论是大腿叉开还是小腿叉开，都非常不雅观。身穿裙装的女性更不能忽视这一点。

②架腿方式欠妥。忌把一条小腿架在另一条大腿上，两腿之间留出大的空隙，既不美观又显得过于无礼。

③双腿直伸出去。身前如果有桌子，双腿尽量不要伸到前面来，那样既不雅观又妨碍别人。

④将腿架在高处。为图舒服，把腿架在椅子、茶几或沙发扶手上，甚至抬到身前的桌子上，这样的行为显得素质低下。

⑤抖腿。坐时，不停地抖动或摇晃腿部，不仅让人心烦意乱，也给人留下不成熟稳重的印象。

⑥脚蹬踏他物。坐下后，双脚要放在地上，忌用双脚乱蹬乱踩。

⑦双手乱放乱动。就座后，双手应自然交叠放置于双腿之上。单手或者双手摆弄东西、双手抱膝、双手抱在胸前、双手抱在脑后、双手垫在臀部下面、双手夹在两腿间、用手抚摸小腿或脚部、不时拉衣服、整头发、抠鼻子、掏耳朵、双肘支在面前的桌子上等动作，在正式场合都是不雅观的，也是非常失礼的。

⑧上身乱趴。坐定后，上身不要前倾、后仰或歪向一边等。

⑨倚靠椅背，跷起并抖动二郎腿，会给人以傲慢和随意的印象。

三、行姿

教学演示：行姿

行姿是站姿的延续动作，是在站姿的基础上展示人的动态美。协调稳健、轻松敏捷的行姿能够展现出商务人员朝气蓬勃、积极向上的精神风貌和职业素养。

(一)基本行姿礼仪

商务人员行姿礼仪的基本要求是正确而自然、优雅有风度、轻捷有节奏。起步时，上身略向前倾，身体重心落在前脚掌上。行走时，身体直立，昂首挺胸，收腹立腰，目光平视，下颌微收，表情自然平和，双肩平稳，手臂伸直放松，手指自然弯曲。摆动时，手臂以身体为中心前后自然摆动，摆幅一般在30°～45°。腿部伸直，重心稍前倾，脚尖微向外或向正前方伸出，两腿有节奏地向前交替迈出，脚步要轻并且富有弹性和节奏感。标准步幅为一脚至一脚半，即前脚脚跟与后脚脚尖之间的距离为本人脚长度的1～1.5倍。男士行走时，两只脚踩出的是两条平行线，且步履要雄健有力、不慌不忙，展现雄姿英发、英武刚健的阳刚之美；女士行走时，两脚的脚后跟尽可能踩在同一条线上，且跨步要轻捷优雅、步伐适中，以展现出温柔、矫健的阴柔之美，如图2-16所示。

图 2-16　女士行姿

(二)变向行姿礼仪

变向行姿礼仪是指在行走中，当需改变方向时，应注意要让身体先转，头随后再转，并同时向他人告别、祝愿、提醒、寒暄的行走姿态礼仪，具体包括以下几种形式。

1. 后退步

与客户告辞或退出上司的办公室时，不宜立即扭头就走，给人以后背，应采用后退步。标准的做法是：目视他人，双脚轻擦地面，向后小步幅地退三四步，然后先扭头，后转身，轻轻地离去。

2. 侧行步

在楼道、走廊等道路狭窄的地方需要为他人让行时，应采用侧行步，即面向对方，双肩一前一后，侧身慢行。这样做既可以体现“礼让三先”，也可以避免与人争抢道路，发生身体碰撞或将自己的背部正对着对方。

3. 引导步

引导步是走在前面给宾客带路的步态。引导时，要尽量走在宾客的左侧前方，整个身体半转向宾客方向，左肩稍前，右肩稍后，保持两三步的距离。遇到上下楼梯、拐弯、进门时，要伸出左手示意，提示客人先上。

4. 前行转身步

前行中要拐弯时要采用前行转身步，即要在距所转方向远侧的一脚落地后，立即以该脚掌为轴，转过全身，然后迈出另一脚。向左拐时，要右脚在前转身；向右拐时，要左脚在前转身。

(三)行姿注意事项

①走路时，两脚的脚尖均要朝向正前方，“内八字”和“外八字”都是不美观的行姿。

②步幅适当，既不宜过大，也不宜过小。男女同行时，女士步幅较小，男士步幅较大，男士应适当调整步幅，尽量与女士同步行走。

③行进的速度应当保持均匀、平稳，不要忽快忽慢。

④步高要合适。行走时脚抬得过高则给人以不够稳健的感觉，抬得过低则给人以缺乏朝气的感觉。

⑤行走时，应克服不雅的走姿，如低头驼背、歪肩晃膀、扭腰摆臀、左顾右盼、步履蹒跚、背手、插兜、抱肘、叉腰及趿着鞋走出嚓嚓声响等。

⑥多人一起行走时不要排成横队，要尽量靠右行走，以便有急事的人从左边通过。

四、蹲姿

教学演示：蹲姿

日常生活中，当人们捡起掉落在地上的东西或取存放于低处的物品时，大多采取弯腰捡拾的姿势，这种姿势在正式场合中不宜采用。女士着裙装时采取这种弯腰拾物的姿势尤其不雅。正确的方式是采用蹲姿。

(一)基本蹲姿

下蹲拾物时的蹲姿，应迅速、美观、大方、自然、得体，不遮遮掩掩，两腿合力支撑身体，避免滑倒。若用右手捡东西，可以先走到东西的左边，右脚向后退半步后再蹲下来，下蹲时注意保持脊背挺直，两腿靠近，臀部始终向下。如果旁边站着其他人，应尽量使身体的侧面对着他人，保持头、胸和膝关节在一个角度上，动作尽量自然、优雅。男士两腿间可留有适当的缝隙，女士则要两腿并紧，穿旗袍或短裙时需更加留意，以免尴尬。

(二)常见的下蹲姿势

1. 高低式

高低式下蹲时左脚在前，右脚稍后，两腿靠紧向下蹲。左脚全脚掌着地，小腿基本垂直于地面，右脚脚跟提起，脚前掌着地。右膝低于左膝，右膝内侧靠于左小腿内侧，形成左膝高、右膝低的姿态，臀部向下，基本上以右腿支撑身体，如图 2-17 所示。

2. 交叉式

交叉式下蹲时一脚在前，一脚在后，女士应大腿靠紧向下蹲，男士下蹲时两腿之间可有适当距离。前脚小腿垂直于地面，后脚脚跟提起，前脚掌着地。后脚膝盖由后面伸出与前脚交叉。上身稍前倾，臀部向下，基本上以后腿支撑身体，如图 2-18 所示。这种交叉式蹲姿难度较大，较少采用，偶尔用于舞台演出完毕拍摄照片时。

图 2-17　女士蹲姿：高低式

图 2-18　女士蹲姿：交叉式

(三)蹲姿禁忌

①采取蹲姿时，低头、弯背、翘臀部，皆是不雅的姿态。

②两腿展开平行下蹲，这一姿态也不优雅。

③下蹲时注意内衣“不可以露，不可以透”。

五、手势

在商务交往中，手势作为一种交流符号，具有十分重要的意义。了解和熟悉某些常见的手势，有助于更准确地相互理解和交流。在许多情况下，手势还会自然流露出个人的心情和想法。例如，焦急的人会搓着手不停地看表，兴奋的人会振臂欢呼，紧张的人会不由自主地握紧拳头……

(一)手势的礼仪规范

1. 垂放

垂放有两种形式，一是双手自然下垂，置于体侧；二是双手自然下垂，掌心向内，叠放于腹前。

2. 背手

背手是指双手相握，置于身后。

3. 持物

持物时手指要并拢，用力均匀，动作自然，不要翘起无名指和小指。

4. 鼓掌

鼓掌是表示祝贺、欢迎、支持的一种手势。其做法：双手掌心相对，自然、有节奏地拍击。鼓掌时不应戴手套。鼓掌要热烈，但不要“忘形”，一旦忘形，鼓掌的意义就会发生质的变化而成了“喝倒彩”“鼓倒掌”，有起哄之嫌。此外，注意鼓掌时尽量不要用语言配合，那是修养欠缺的表现。

5. 夸奖

夸奖主要用以表扬他人。其做法：伸出右手，翘起拇指，指尖向上，指腹面向被夸奖的人。而将右手拇指竖起来反指向别人，通常表示自大或藐视。

6. 指示

指示是用以指示方向、引导来宾的手势。其做法：将右手或左手抬至一定高度，五指轻轻并拢，掌心向上略倾斜，以肘部为轴，朝指示方向伸出手臂。一般认为，掌心向上表达的是诚实、谦逊，而掌心向下表达的是命令、强制。攥紧拳头暗示进攻和自卫，也表示愤怒。伸出手指来指点，是要引起他人的注意，含有教训人的意味。因此，在介绍某人、为某人引路指示方向、请人做某事时，应该掌心向上，以肘关节为轴，上身稍向前倾，以示尊敬。这种手势被认为是诚恳、恭敬、有礼貌的表现。

(二)使用手势的注意事项

与人谈话时，手势不宜过多，动作不宜过大，更不能手舞足蹈。

手指握拳，单伸出食指指向某人，这是一种非常令人不快的手势，给人一种居高临下、强制、镇压的感觉。因此，切记不要“对人指指点点”，更不可将手举高，用食指指向别人的脸，表示出对对方的轻蔑与指责。

在陌生的场合或不熟悉的人面前轻易地捻指，会给人留下缺乏教养的印象。它所表示的意义较为复杂，有时表示高兴，有时表示对所说的话或举动感兴趣或完全赞同，有时则被视为某种轻浮的动作，如对某人或异性“啪啪”地打响指。总之，这是一种很随便的举止，最好慎用。

在商务场合中，在他人面前抠鼻子、掏耳朵、剔牙齿、挠痒痒等动作都会给人一种极不卫生的感觉；双手乱举、乱摸、乱放、咬指甲、扯领带、折衣角等举动也会给人留下不稳重、不自信的印象。

(三)手势符号在不同国家、地区的含义

1.“OK”手势

“OK”手势是拇指和食指形成环形，其余三指伸开，如图 2-19 所示。这个手势在美国、英国表示“OK”，即“可以”“赞同”“了不起”的意思；在比利时、法国表示“零”或“毫无价值”；在突尼斯表示“傻瓜”；在日本、缅甸、韩国表示金钱；在泰国表示没问题；在印度表示正确、不错；在巴西表示侮辱男人，引诱女人。

2. 竖起大拇指的手势

这个手势是大拇指向上竖起，其余四指握拳，如图 2-20 所示。这个手势在世界上大部分地方都表示“好”“干得真棒”，有赞赏、夸奖之意；在英国、美国、澳大利亚、新西兰等国，拇指上伸表示“好”“行”“不错”，拇指左、右伸则表示想搭便车，向司机示意搭车方向；在希腊，拇指上伸表示“够了”，拇指下伸表示“厌恶”“坏蛋”；在意大利、德国，翘起大姆指表示数字“1”；在日本，竖起大拇指表示数字“5”。

图 2-19 “OK”手势

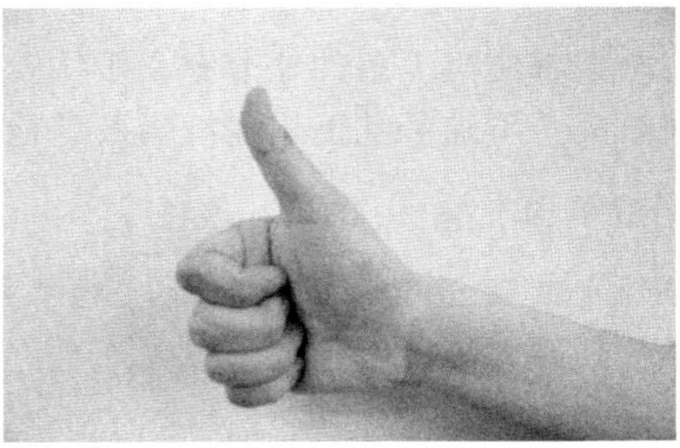

图 2-20 竖起大拇指的手势

3.“V”形手势

“V”形手势是大拇指、无名指和小指相握，食指和中指伸出呈“V”形，手掌向外，如图 2-21 所示。这个手势在世界上大多数地方表示数字“2”，也可用它表示“胜利”或“和平”，这时掌心一定要向外。如果掌心向内，则有贬低人、侮辱人之意。在希腊，若手臂伸直做这一手势，即使手心向外，也有对人不恭之嫌。

4. 竖起食指的手势

竖起食指的手势是大拇指、中指、无名指和小指相握，伸直食指，如图 2-22 所示。这个手势在世界上多数国家表示数字“1”；在新加坡表示“最重要”；在法国表示“请求提问”；在澳大利亚则表示“请再来一杯啤酒”。

图 2-21 “V”字形手势

图 2-22 竖起食指的手势

手势是人的第二张面孔，具有抽象、形象、情意、指示等多种表达功能。所以，商务人员在和不同的人打交道时，一定要先分清楚不同手势的含义，准确判读出各种手势传达出的真实的、本质的信息，再根据不同对象适度施礼，否则也可能带来一些麻烦。

六、商务人员仪态禁忌

商务人员的仪态禁忌行为，是被人们称为“小节”的动作举止，不仅影响个人形象，而且还可能影响到交际双方的关系，给人留下不良印象，因此要尽量避免。

1. 健康与卫生

患感冒或其他传染病时不宜参加公共商务活动，以免将病毒传染给他人，影响他人的身体健康。

每个人都应当无条件地遵守和服从公共场所的规则，这是最起码的公德要求。例如，不随地吐痰，不随手乱扔果皮纸屑及其他废物等。

2. 服装与气味

商务人员在公开露面前，必须把个人的衣着、仪容整理好。尤其是步出洗手间时，你的样子最好与进去时保持一致，或更好才行。边走边擦手、甩水、拨弄头发、扣扣子、拉拉链等都是失礼的行为。

参加商务活动前，应避免吃带有强烈刺激性气味的食物，如蒜、葱、洋葱、韭菜等，以防止因口腔异味而引起交往对象的不悦甚至反感。

3. 动作与声音

在公共场合不得用手抓挠身体的任何部位，如当众揉眼、挖鼻、搔头、抓耳挠腮、搓泥垢、随意剔牙等。这些小动作极不雅观，而且失礼、失风度、失教养。若身体不适非做不可，则应去洗手间完成。此外，与人谈话时，不要总是抬起胳膊看表，因为这样会让对方认为你还有比与其交谈更重要的事情要做，从而不愿把谈话继续下去；同时，你的动作可能会引起对方的误会，以为你没有耐心再听下去，或你不喜欢与其交谈，从而设置不必要的交往障碍。

在与人交谈或进行其他商务活动时，应力求避免从身体内发出的各种异常声音，如咳嗽、打喷嚏、打哈欠等均应侧身掩面再为之。

在公共场所，应避免高声谈笑、大呼小叫等极不文明的行为。在人群集中的地方，交谈者应低声细语，声音的大小以不引起他人注意为宜。

在大庭广众之下，不要趴在或坐在桌子上，也不要在他人面前躺在沙发上。走路时脚步要放轻，不要发出咚咚的脚步声。即使遇到急事时，也不要急不择路、慌张奔跑。

此外，在公共场所最好不要吃东西，更不要出于友好而逼着在场的人尝试自己的东西。

【扩展阅读 2-3】

优雅体态的训练方法

1. 有效的深呼吸

有效的深呼吸是闭目直立，尽全力呼出肺部所有的气体，然后缓慢吸气，令其充满你的腹部、胸廓和肩膀，保持这种状态，放松并跳起，就好像木偶的动作一样。当实在坚持不住的时候，深深呼气。如此持续 3 次，随后正常呼吸并睁开双眼。这个练习可以起到扩胸收腹的作用，同时有抵御疲劳感、唤醒身体活力的作用。

2. 促进心理敏感度

平躺，双手并排平放在腹部，心中默数 5 下，通过鼻子长而慢地吸气，当肺部和腹部被气体充满时，手指随之分开。坚持吸气状态 5 秒，随后通过嘴将气息呼出。如此循环 10 次。这种传统的放松方式不但对消除腹部赘肉有良好的功效，还可以减慢心跳频率，令能量循环自由通畅，安详泰然地为大脑供氧，从而保持思路清晰。

3. 四肢肌肉锻炼

平躺，双臂及双腿轻轻分开，手心转向天花板，闭眼，做 3 次深呼吸，全神贯注于每次呼气后完全空瘪的身体。随后从脚趾到头顶，一点点收紧再放松肌肉，仔细地去感受每一个环节。对于肩部和头部肌肉的运动，要用旋转代替收紧，这是一个开发身体柔韧性的有效练习，具有很强的放松性，同时能够缓解紧张情绪。

4. 让小腿变得更长

光脚或者穿着袜子闭目直立在地板上，提起脚跟，尽量长时间地用足尖支撑身体站立。放下脚跟，再提起，反复做若干次。在寻找平衡感的过程中，你的小腿肌肉得到了良好的拉伸锻炼。

5. 关节训练

缓慢地抬起一只脚，轻轻地迈出一步。在这个极其缓慢的动作过程中，感受脚是怎样运动的，从脚跟到脚趾尖是怎样的感觉，各个关节(脚趾、膝盖、胯部、肩部和颈部)的感觉有什么不同。这个练习可以帮助你锻炼平时从未关注过的部位，让它们变得更加灵活和柔韧。

6. 抬起头走路

将一小袋米或者一本书顶在头上向前走，为保持平衡，可以用手扶着。感受这种垂直中轴线的感觉，并计时。这个练习对脊柱的塑形、改善体态具有很好的效果。

7. 伸展肩臂

耸肩 30 次，感觉其间的变化，舒适的感觉会随之而来。肩膀是承受压力的部位，尝试肩部绝对放松的行走，避免皱眉，依靠手臂的自然平衡保持优美的姿态。

8. 放松眼睛

闭目直立，感觉能够看到的最远的地方，然后轻轻睁开双眼，向闭眼时想象的最远的地方望去。目明则神怡，如此反复若干次，有利于缓解眼睛疲劳。可同时配合头部运动，尽量将头前倾、后仰，再左右旋转，长期坚持可起到拉伸颈部肌肉的效果。

9. 意识的作用

一边体察呼吸的节奏一边行走，不要考虑去调整它。吸气的时间是否长于呼气的时间呢？中间是否有间歇？呼吸是规律的吗？感觉空气是怎样进入又排出身体的。这个简单的意识行为将逐步帮助你的气息达到最令身体舒适的节奏，提高整个身心的愉悦感。

习题与实训

一、不定项选择题

1. 商务人员的头发要时刻保持健康、洁净、清爽的状态，对此我们需要在头发上做好的工作有(　　)。

A. 定期清洗　　B. 重视养护　　C. 自然处理　　D. 随意散落

2. 以下不属于化妆基本步骤的是(　　)。

A. 修饰眼睛　　B. 修妆　　C. 施粉　　D. 戴耳环

3. 表情礼仪主要包含(　　)方面。

A. 微笑　　B. 嘴部　　C. 睫毛　　D. 目光

4. 商务人员的坐姿禁忌有(　　)。

A. 上身乱趴　　B. 将腿架高处　　C. 抖腿　　D. 双腿直伸出去

5. 在公共场所中应该避免的行为有(　　)。

A. 低声细语　　B. 走路时脚步放轻

C. 高调吃东西　　D. 不用手抓挠身体的各个部位

二、简答题

1. 对商务人员来说，晕轮效应、首因效应、近因效应、定型效应有哪些实践意义？
2. 商务人员塑造个人形象的原则主要有哪些？
3. 女士应该如何修饰面部？
4. 正确的“站、坐、行、蹲”姿势是怎样的？有哪些具体要求？
5. 商务场合运用目光的礼仪规范有哪些？
6. 商务人员的仪态禁忌有哪些？

三、案例分析

1. 一次，有位老师带着三名毕业生同时应聘一家公司做业务员，面试前老师怕学生面试时紧张，同人事部主任商量让三位同学一起面试。三位同学进入人事部主任的办公室时，主任上前请他们入座。当主任回到办公桌前，抬头一看，欲言又止。只见两位同学坐在沙发上，一位同学跷起二郎腿，而且两腿不停地抖动；另一位同学身子松弛地斜靠在沙发一角，两手攥握手指咯咯作响，只有一位同学端坐在椅子上等候面试。人事部主任起身非常客气地对坐在沙发上的两位同学说：“对不起，你们二位的面试已经结束了，请离开。”这两位同学四目相对，不知面试官为何什么都没问就结束了面试。

请阐述原因。

2. 王丽(女)，某高校文秘专业高才生，毕业后就职于一家公司做文员。为适应工作需要，上班时，她毅然放弃了“青春少女妆”，化起了整洁、漂亮、端庄的“白领丽人妆”：不脱色粉底液，修饰自然、稍带棱角的眉毛，与服装色系搭配的灰度高偏浅色的眼影，紧贴上睫毛根部描画的灰棕色眼线，黑色自然型睫毛，再加上自然的唇形和略显浓艳的唇色，虽化了妆，却好似没有化妆，整个妆容清爽自然，尽显自信、成熟、干练的气质。但在公休日，她又给自己来了一个大变脸，化起了久违的“青春少女妆”：粉蓝或粉绿、粉红、粉黄、粉白等颜色的眼影，彩色系列的睫毛膏和眼线，粉红或粉橘的腮红，自然系的唇彩或唇油，看上去娇嫩欲滴，鲜亮淡雅，整个身心都倍感轻松。心情好，自然工作效率就高。一年来，王丽以自己得体的外在形象、勤奋的工作态度和骄人的业绩，赢得了公司同事的好评。

结合以上案例，谈谈你如何评价王丽的两种妆容。

3. 某日华灯初上，一家饭店的餐厅里客人满座，服务员来回穿梭于餐桌和厨房之间，一派忙碌景象。这时一位服务员跑去向餐厅经理汇报，说客人投诉有盘海鲜菜中的蛤蜊不新鲜，吃起来有异味。

这位餐厅经理不慌不忙地向投诉人的餐桌走去。一看之下，发现是相熟的主顾张经理，他心中不禁有了底。于是他迎上前去一阵寒暄：“张经理，今天是什么风把您给吹来了，听服务员说您觉得蛤蜊不大对胃口……”这时张经理打断他说：“并非对不对胃口，而是我请来的香港客人尝了蛤蜊后，马上讲这道菜千万不能吃，有异味。吃了变质的海鲜，身体要出问题的。我可是东道主，自然要向你们提意见。”餐厅经理接着面带微笑，向张经理进行解释，蛤蜊虽然味道有些不纯正，但吃了不要紧的，希望他和其余客人谅解包涵。

不料此时，在座的那位香港客人突然站起来，用手指指着餐厅经理的鼻子大骂：“你还笑得出来，我们拉肚子怎么办？你负得起责任吗？可不光是为我们配药、支付治疗费而已啊!”这突如其来的兴师问罪，使餐厅经理一下子怔住了。他脸上的微笑一下子变成了哭笑不得。到了这一步，他揣摩着该如何下台阶。他想，总不能让客人误会刚才自己面带微笑的用意吧，又何况微笑服务是饭店员工首先应该做到的。于是他仍旧微笑着，准备再作一些解释。不料，这次的微笑更加让那位香港客人恼火，甚至流露出想动手的架势。幸亏张经理及时拉了拉餐厅经理的衣角，示意他赶快离开现场，否则就难以收场了。

分析上述案例中出现错误的主要原因。如果你是餐厅经理，你该如何做？

四、实训题

1. 根据自己的脸型和肤色特点，设计面部的妆容和发型。
2. 分组练习商务场合中各种常见的站姿、坐姿、行姿及蹲姿。
3. 观察生活中各种不正确的姿态和手势并纠正。

第三章

商务服饰礼仪

故冠而后服备，服备而后容体正、颜色齐、辞令顺。故曰：冠者，礼之始也。

——《礼记·冠义》

技能目标

◆ 掌握正确选择及穿着西装的方法；了解搭配衬衣、领带、鞋袜及公文包的方法

◆ 掌握正确选择及穿着职业套裙的方法；了解搭配首饰、衬衣、鞋袜及提包的方法

知识目标

◆ 掌握商务人员着装的基本原则

◆ 掌握男性商务人员仪表着装的礼仪规范

◆ 了解女性商务人员仪表着装的礼仪规范

◆ 了解佩戴饰品时的考虑因素

导入案例

女财税专家的困惑

某公司女职员王某是一位财税专家，她有着很好的学历背景，常常能够提供中肯的建议，在公司里的表现一直非常优秀。但当她到客户的公司提供服务时，对方主管却不太重视她的建议，使她无法发挥才能。王某一度非常苦恼，不知道问题到底出在哪里。

后来，一位礼仪大师发现，王某在仪容仪表方面存在明显不足：她 26 岁，身高 1.57 米，体重 43 千克，长着一张娃娃脸，从不化妆，看起来机敏可爱，像个 16 岁的小女孩。在着装方面，她爱穿 T 恤、牛仔裤、旅游鞋，束马尾辫，常背一个双肩包，充满活力。而这些与人们心目中财税专家应有的严谨、专业的形象格格不入。

思考：

1. 王某的问题到底出在哪些地方？
2. 请根据王某的个人情况，替她设计合适的个人形象。

服饰是服装和配饰的总称，由服装本体及与之相搭配的配饰构成。配饰不仅包括首饰、发夹、胸花、帽子、围巾、腰带、领带、提包、手表等，还包括与服装相搭配的周边环境。

服饰是一种无声的语言，得体的服饰能够恰如其分地表现穿衣者的气质、性格、身份、爱好等多方面信息，也能体现出一个人的文化修养和审美情趣。从某种意义上说，服饰是一门艺术，它所能传达的情感与意蕴甚至难以用语言表达。在各种场合，商界人士得体的着装通常体现了自身的仪表美，同时彰显了穿衣者对场合的理解、对交往对象的尊重，也有助于增加交际魅力，给人留下良好的印象。因此，注重服饰礼仪也是每个事业成功者的基本素养。

第一节　商务人员着装的基本原则

商务人员的着装不仅要考虑服饰的类型、色彩、质地、价格及个人的肤色、出席的场合等因素，还必须与其所在单位形象、所从事的具体工作相称，做到男女有别、职级有别、身份有别、职业有别、岗位有别，即“干什么，像什么”。只有这样，才能使商务人员的着装恰到好处地反映自身的素质和企业的形象。

一、服饰的 TPO 原则

(一)时间原则

着装要考虑时间(time)。一方面，着装要考虑一年中的不同季节。冬天，穿衣讲究保暖，我们不提倡“要风度不要温度”和“美丽冻人”的做法，但冬天穿得太多也容易让人感觉臃肿、不够利索，于个人而言，确实不便于行动。夏天，穿衣讲究透气、凉爽，但是穿过短、过露的衣服，也要考虑个人的年龄和出席的场合。

另一方面，着装要考虑一天中不同的时间。早上和晚上的气温偏低，中午的温度最高，着装难免会有一定的差异。即使早晚温差不大，出席晚上的宴会和出席中午的宴会，考虑到日光下和灯光下服饰的不同效果以及穿衣者日常的穿衣习惯，着装也应有所不同。

(二)地点原则

着装要考虑地点(place)。在家里就应当穿家居服，上班就要穿工作服。若是在家里踩着高跟鞋、穿着职业装，那家就不再是能让人放松休息的港湾，而会给人以紧绷着弦过日子的感觉，恐怕没有人会乐意如此。反过来，若是穿着家居服在办公室里穿梭不停，只会让人怀疑这个家伙是不是还在梦游。即使要做的事情相同，比如同样是会友，在自己家里会面和去咖啡厅见面，着装也应有所不同。在自己家见面，着装可以稍稍随意些，穿着拖鞋也无妨。去咖啡厅会见朋友，若是穿着拖鞋出去，会让对方觉得你不太合时宜，可能会让朋友认为你不把他当回事，有轻视对方之嫌。

(三)场合适宜原则

着装要讲究场合(object 或 occasion)，这里的 object 可以指对象、目的和场合。

同样的时间、同样的地点，只要会见的对象不同，着装就应不同。见朋友，可以穿轻松舒适的服装，便于大家畅所欲言，营造轻松愉悦的气氛。见客户，则要穿正式、稳重的服装，以赢得客户的尊重和信任。

如果想要塑造青春活泼的形象，可以选择时尚、色彩鲜明的服饰；如果想要塑造高贵典雅的形象，可以选择华丽、做工考究的服饰；如果想要塑造稳重端庄的形象，可以选择比较正式的套装。总而言之，你的目的是傲慢，还是敬人？是隆重，还是怠慢？是张扬，还是谨慎？这些都可以从着装上得到体现。

在日常工作与生活中，商务人员的着装应当因场合的不同而异，以不变应万变显然大为不妥。在不同的场合，商务人员应该选择不同的服装，以此来体现自己的身份、教养与品位。一般而言，商务人员常涉及的场合可以分成正式场合和非正式场合两类。

1. 正式场合

正式场合可以分为三种：第一种是非常正式的场合，如大型庆典、盛大宴会、晚会活动等，需着礼服出席，牛仔服、运动服、家居服等不适合这种场合。男士出席这种场合，可以选择西装、中山装或其他民族服装。女士白天出席这种场合，可以穿颜色明亮、款式新颖的职业套裙、连衣裙等，但裙子不可以过短或过长，以在膝盖上下为宜，不可穿袒胸露背、裙长曳地的晚礼服或是旗袍；晚上出席这种场合，可以选择晚礼服、旗袍及华丽的连衣裙，旗袍的开衩可以较高，晚礼服也可以适度地袒胸露背，但一定要佩戴相应的首饰。

第二种是非常特殊的正式场合——悲哀的场合，主要是指殡葬仪式、吊唁活动等场合。在这种场合，服装的颜色应以黑色或其他深色、素色为主，不能穿得过于艳丽，也不宜打扮得珠光宝气。此外，不要穿过于新潮时髦的衣服，不要浓妆艳抹，尤其不建议涂抹色彩过于鲜艳的口红。

第三种是普通正式场合，也可以称为公务场合或工作场合，一般包括在写字间里、在谈判厅里、在商务会议中以及外出执行公务等情况。公务场合着装的基本要求为注重保守，宜穿西服套装、套裙或制服，除此之外，还可以考虑选择长裤、长裙和长袖衬衫，不宜穿时装、便装。

2. 非正式场合

非正式场合也称为休闲场合，指的是逛街、购物、运动、旅游等场合。休闲场合着装的基本要求是舒适、自然、方便。换言之，在非正式场合，只要不触犯法律，不违背伦理道德，且不妨碍他人人身安全，商务人员着装可遵循整洁、得体、适度的原则自由选择。一般来说，在休闲场合适合选择的服装有运动装、牛仔服、休闲服以及各种非正式的便装。

二、协调性原则

得体的服饰不仅要考虑 TPO 原则，还要注意服饰的整体协调性原则，即要做到服饰与个人的自身条件、社会角色以及其他搭配物品相协调。也就是说，服饰要与个人的年龄、性别、肤色、体形、身材、发型、鞋子、袜子、皮包、饰品、职业等相匹配。

(一)与个人年龄相协调

商务人员的着装必须与自己的年龄相协调。例如，年轻女士的服饰允许有较多的细节变化，以显示蓬勃向上的青春之美；中老年女士则应当选择素雅大方的服饰，以展现出成熟稳重之美。而年轻人打扮过于老气，容易让人感觉老气横秋，但如果一位年过40岁的中年女性，穿着一件亮丽鲜艳、缀满蕾丝花边的连衣裙，也容易招致“扮嫩”之嫌。

(二)与个人肤色相协调

我们每个人的皮肤都是有颜色的。根据个人皮肤的颜色来选择服装颜色，可以达到映衬和改善肤色的目的。皮肤苍白者，宜选择暖色调的服装，可以提升皮肤的红润感；皮肤偏黄者，不要选择与肤色相近或较深暗的服装，这样容易显得皮肤缺乏生气；皮肤偏黑者，最好不要选择浅色系的颜色，如一个皮肤偏黑的人穿一身白色服装，会显得更黑。

(三)与个人体形相协调

树无同形，人各有异。商务人员要尽量根据自己的体形选择服装。

1. 高个子

过于高大或又高又瘦的人，一般不宜采用垂直线条，应避免窄小、紧身的衣服；可以从腰间将颜色组合打破，用明色或对比色的腰带切开。

2. 矮个子

矮个子的人要用垂直线条增加身高，避免使用水平线条；要避免宽折边和方正的肩线等；可以选择合体的服装，避免过大或粗笨、宽松悬垂的款式。

3. 瘦体形

瘦体形的人应选择质地较粗硬的面料，设计上加以多层次技术处理，增加宽度；宜采用水平线条，尽量穿刚好合体的衣服，不要太窄太紧；颜色上要避免暗色等，较浅的颜色可以使身形增宽。

4. 胖体形

胖体形的人应选择剪裁流畅、柔和、带有流线型线条的衣服，避免使用任何水平线条，也不要选择贴身或宽大的服装；应尽量选择素淡的颜色，可以运用对比色；视觉焦点要提到面部附近，把注意力引离腰部和臀部；可搭配暗色的窄腰带。

此外，腿部比较粗的女士不要穿短裙，裙长至少要超过膝盖。腰比较粗的女士最好不要穿紧身裙。

总之，商务人员要想穿得自然得体，对于个人身材上的不足，可以利用视觉上的错觉效应适当地弥补或巧妙地掩饰。

(四)与个人身份相协调

商务人员在着装时还要考虑自己的身份，选择得体的服装。例如，一位女经理可以选择深色套裙加一件外套来塑造自己精明强干、独立果断的形象。

(五)保持服饰色彩相协调

服装颜色搭配是基于自身阅历、审美品位，在对搭配技巧、自身特点等综合考虑的基础上，对服装进行精心选择和组合。在颜色的搭配上，可以采用以下方法。

1. 统一颜色搭配法

统一颜色搭配法即上下使用同一色调，给人和谐、统一的视觉感受。

2. 呼应法

呼应法即上下装或上衣与其他的饰物颜色相呼应，这样的色彩给人比较和谐的感觉。

3. 点缀搭配法

在服装色彩过于深暗的情况下，可以选用一些色彩比较明亮的饰物进行点缀，如全身穿着黑色的衣服，可以用亮色的胸花进行点缀。

4. 陪衬法

在一些特殊部位，如袖边、衣领、腰带、口袋盖等采用一些对比的陪衬色，这种对比搭配的颜色给人活泼生动的感觉。

【背景知识 3-1】

色彩的象征意义

色彩因其物理特质，常对人的生理感觉形成刺激，诱发人们的心理定式和联想等心理活动，色彩还具有某种社会象征性。许多色彩象征着某种性格、情感、追求等，详述如下。

黑色，象征神秘、悲哀、静寂、刚强、坚定、冷峻等。

白色，象征纯洁、明亮、朴素、神圣、高雅等。

黄色，象征炽热、光明、庄严、明丽、希望、高贵、权威等。

大红，象征活力、热烈、激情、奔放、喜庆等。

粉红，象征柔和、温馨、温情等。

紫色，象征高贵、神秘、庄重、优越等。

橙色，象征快乐、热情、活力等。

褐色，象征谦和、平静、沉稳、亲切等。

绿色，象征生命、新鲜、青春、新生、自然、朝气等。

浅蓝，象征纯洁、清爽、文静、梦幻等。

深蓝，象征自信、沉静、平稳、深邃等。

灰色是中间色，可象征中立、和气、文雅等。

(六)与鞋、袜、包等相协调

服装与鞋、袜、包等的搭配也有一定的原则，要注意色彩的补充和呼应以及风格的呼应。比如，穿着晚礼服时，应当搭配一只精致、华丽的小提包，而不宜搭配一个黑色的大公文包；应当搭配与晚礼服色调一致的皮鞋，而不能配拖鞋、运动鞋；应当选择高贵华丽的首饰，而不能空空如也；应当根据个人的脸形将头发盘起来或束起来，不可披头散发。

三、整洁性原则

不论多么昂贵的衣服，若是邋里邋遢、皱皱巴巴，甚至有污渍、油渍，都是不符合服饰礼仪的。

衣服一定要清洗干净，必要时还要考虑特殊的洗涤方法。有些人不考虑具体衣物的洗涤方式，将衣服随意放入洗衣机中洗涤，殊不知有时洗衣机会成为一个大染缸，不但不能将衣服洗涤干净，反而会导致某些衣物变色、变形、起球。因此要根据不同衣服选择不同的洗涤方式。

同时，该熨烫的衣服一定要熨烫到位，衣服一旦产生褶皱，穿出去就会有损个人形象。另外，商务人士最好不要穿破旧的衣服，容易给人留下负面印象。值得一提的是，现在市面上有些男士衣服，在肘部、肩部等部位会使用一些颜色和面料与衣服本身不一样的“补丁”，这种休闲式衣服，也不宜在出席正式商务活动时穿着。

四、个性化原则

在以上几个原则的基础上，适当追求个性也是无可厚非的，毕竟如果天下衣服都是同一颜色或同一款式，世界就会显得过于单调。不少年轻女士喜欢走在时尚前沿，一旦发现有人跟自己撞衫了，就会觉得自己的风头被抢了。根据自己的个性选择服装，显示个人独特的风格无可厚非，但也要注意不能过分地标新立异。

【应用案例 3-1】

个性化着装

周恩来总理在穿着上很有自己的风格。在正式场合，他总是身穿合体的中山装，纽扣一颗不漏地扣得整整齐齐，皮鞋也擦得很亮。他对衣着的俭朴、严谨的态度，不仅具有鲜明的个性特征，还展示了中华民族的精神风貌。

同是领袖人物，巴勒斯坦解放运动领袖亚西尔 • 阿拉法特的着装则是另外一种风格。他在公开场合总是穿着草绿色的军装，头戴阿拉伯人的方格头巾，腰上别着马格南左轮手枪。这种个性化装束，给人留下一种坚强不屈、战斗到底的印象。

第二节　西　装

西装，又称西服，指的是西方制式的套装。它起源于欧洲，目前已经发展成为一种国际性的服装，是商界职业男士在正式场合着装的首选。西装穿着有一套约定俗成的规范和要求，只有懂得西装礼仪的男士，才能够利用西装充分展示个人魅力。商界职业男士的着装除了要考虑西装之外，还应考虑与西装相搭配的衬衣、领带、鞋、袜、公文包等。

【背景知识 3-2】

西装和领带的起源

西装起源于一百多年前的欧洲，据说是由渔民发明的。它原流行于西方国家，因庄重舒适、挺括美观而风靡于世，现已成为世界各国普遍认同和喜爱的男士服装。

据说最原始的“领带”来自古时候山林里的日耳曼人，是他们系在脖子上使兽皮不致脱落的草绳。而真正使领带成为上流社会时尚的是法国国王路易十四。有一天，他看到一位大臣上朝时在脖子上系了一条绸巾，还在前面打了一个领结，十分漂亮。路易十四极为赞赏，当即宣布领带为高贵的标志。

资料来源：张百章：《公关礼仪》，大连，东北财经大学出版社，2005。

一、西装的选择

西装是男士的正装、礼服。商界男士在正式场合通常都需要穿西装。因此，一套得体的西装是每一位男性商务人员的必需品。下面是选择西装的七项注意事项。

(一)西装面料

正式场合所穿西装面料的选择应力求高档，首选纯毛料、纯羊绒及高比例含毛的毛涤混纺面料。一般来说，高档的毛料不易起皱、不易起球，穿起来既柔软舒适，又非常挺括；不透气的人造纤维会让穿衣者有在蒸笼中生活的感觉，而发光、发亮的面料则会有失稳重。休闲场合的西装面料则多种多样，皮质的、麻料的、真丝的、化纤的都可以，舞台选用的西装面料甚至用亮闪闪的闪光片镶嵌而成。

(二)西装色彩

正式场合的西装色彩必须显得庄重、正统，而不能过于轻浮和随便。因此，正式商务场合的西装首选藏蓝色。此外，还可以选择灰色或棕色的西装。黑色的西装也常常受到不少商务男士的青睐，不过它更适于在庄严而肃穆的礼仪性活动时穿着。按照惯例，男性商务人员在正式场合不宜穿色彩过于鲜艳或是朦胧色、过渡色的西装。

正式的西装讲究上下颜色一致，即使是上下颜色比较接近的西装也不适合穿着出席正式场合。有人以黑色西装配藏蓝色裤子，认为这两个颜色都属于深色系，也比较接近，其实这种不成套的西装是不允许出现在正式场合的，很容易给人以拼凑的感觉。所以商务人士一定要注意，越是正规的场合，越讲究穿单色的西装。

(三)西装图案

男性商务人员应注重突出成熟、稳重的气质，建议首选无图案的西装。西装上面“雕龙画凤”或有其他图案，会令人感觉不够严肃和庄重。假如一位男士穿着一套白色的西装，上衣上绣着一朵大大的牡丹花，这样的打扮可能会让人觉得他是去上台表演节目的。大方花格子图案的西装也不适合正式场合，如欧美人比较喜欢穿格子西装，但格子西装也是休闲装。有一次里根总统到英国去访问，下飞机时他穿了一件格子西装。结果英国报纸刊登照片说里根到后院打猎来了。因为格子西装通常在打猎、郊外度假等场合穿着。此外，即使是规则的竖条纹的西服也只能用在一些休闲场合，因为这些图案容易留给他人浮夸的印象。当然，如果是一些极小细纹的图案，如细密的“牙签呢”、细密的竖条纹图案则是可以选择的，这些图案的共同特点是细、密，看起来像是布料本身的纺织特点。

(四)西装款式

西装的款式按件数来分可以分为单件和套装。单件的西装上衣，只能用于非正式场合。西服套装通常有两件套与三件套之分。两件套西服套装包括西装上衣和西裤；三件套西服套装则包括西装上衣、西裤和背心。与两件套相比，三件套西服套装更正式、更经典，是男性商务人员出席高层次商务活动的最佳选择。

西装的款式按扣子的排数可以分为单排扣和双排扣。单排扣西装比较传统，而双排扣西装更为时尚。例如，参加宴会、酒会或舞会，穿着双排扣西装显得更时髦；而谈判、会议、办公则一般穿着单排扣西装。常见的单排扣西装有单排一粒式、单排两粒式和单排三粒式；双排扣西装有双排两粒式、双排四粒式和双排六粒式。

(五)西装版型

西装的版型，也就是西装的造型，指的是西装的整体外观形态。目前，世界上的西装版型主要有欧式、英式、美式、日式四种。

欧式西装的主要特征是上衣呈倒梯形，多为双排扣式，且纽扣的位置较低。它的衣领较宽，强调肩部和后摆，垫肩与袖笼较高，腰身中等，后摆无开衩。欧版西装的代表品牌有“杰尼亚”“阿玛尼”“华伦天奴”“皮尔·卡丹”等。

英式西装的主要特征是顺应身体曲线，不刻意强调肩宽，讲究穿在身上自然、贴身。它多为单排扣式，衣领呈“V”形，且较窄；腰部略收紧，垫肩较薄且柔软，上衣下摆两侧开衩。英式西装的知名品牌有“登喜路”等。

美式西装的主要特征是基本轮廓呈“O”形，外观上方方正正，宽松舒适，较欧式西装稍短一些，且多为单排扣式。肩部不加衬垫，其领型为宽度适中的“V”形，且较窄；腰部宽大，后摆中间开衩。“布鲁克斯兄弟”牌西装就是典型的美式西装。

日式西装的主要特征是上衣的外观呈“H”形，直线条，不过分强调肩部和腰部，多为单排扣式。它的垫肩不高，衣领较短、较窄，不过分收腰，后摆中间不开衩。国内常见的日式西装品牌有“顺美”。

上述四种造型的西装各有特色：欧式西装洒脱大气，英式西装剪裁得体，美式西装宽大飘逸，日式西装则贴身凝重。商务人士在具体选择时，应根据个人的体形及风格选择适合的版型。一般而言，高大魁梧的男士可以选择欧式、美式的西装；通常中国男士的体形选择英式与日式西装比较合适。

(六)西装尺寸

选择西装尺寸的标准是大小合身、宽松适度。不论多么昂贵、多么高端品牌的西服，若是不符合这个标准，男士就不应选择。一般，上衣袖子以到手腕为宜，西裤以离皮鞋的鞋跟1厘米为宜。因此，在选择西装时，根据个人的尺寸量体裁衣、认真试穿是非常有必要的。否则，西装太小，穿起来会束手束脚、行动不便；西装太大，又会显得人特别瘦弱。总之，都会损害男士的个人形象。

(七)西装做工

挑选西装时，应注意检查做工的好坏，可以从以下六个方面来考察：一是看衬里是否外露，是否皱皱巴巴，是否比西装外衣还要长出一部分。二是看衣袋是否对称，衣袋上下是否在一个水平面上，衣袋有无漏洞。三是看纽扣是否缝牢，有些衣服买回来还没有穿，扣子就要掉了，估计这种西装的质量也好不到哪里去。四是看针脚是否均匀，长短不一、参差不齐、线头一大堆，甚至还有跳丝的西装，做工是比较差的。五是看西装表面是否起泡，可以用手轻轻抚摸进行检查。六是看西装外观是否平整。

二、西装的穿法

在穿着西装时，必须了解西装的正确穿法。根据西装礼仪的基本要求，男性商务人员在穿西装时，要特别注意以下几个方面的问题。

1. 穿着西装的基本要求

穿着西装讲究"三个三"，即三色原则、三一定律、三大禁忌。

教学微课：
西装的穿法

(1)三色原则

三色原则是指男士在正式场合穿着西服套装时，全身颜色必须限制在三种之内。

(2)三一定律

三一定律是指男士穿着西服、套装外出时，身上有三个部位的颜色必须协调统一，这三个部位是指鞋子、腰带、公文包。最理想的选择是鞋子、腰带、公文包皆为黑色。鞋子、腰带、公文包是白领男士身体上最为引人注目之物，令其色彩统一，有助于提升自己的品位。

(3)三大禁忌

三大禁忌是指在正式场合穿着西服、套装时不能出现的三种情况。一是袖口上的商标没有拆。新买的西装一般在左袖口处都有一块商标，穿着衣服之前一定要拆除，表示这套西装已经被启用。有的人在穿上西装后，将袖口上的商标当作名牌的标志舍不得拆掉，这是不符合西装穿着礼仪的。二是在正式场合穿着夹克打领带。领带和西服套装是配套的，如果是行业内部的活动，如领导到本部门视察，穿夹克打领带是允许的。但如果是在正式场合，夹克等同于休闲装，尤其是对外商务交往中，穿夹克打领带是绝对不能接受的。三是袜子出现问题。就一般人而论，穿袜子讲究不多，最重要的讲究是两只袜子应该颜色统一。但在商务交往中有两种袜子以不穿为妙，第一是尼龙丝袜，第二是白色袜子。

2. 西装纽扣的正确扣法

西装的纽扣较多，西装上衣、背心及西裤都有扣子，这些扣子的扣法是有一定讲究的。

西装上衣扣子的扣法：商务人员坐下时，为了防止西装变形，可以解开西装上衣的扣子；站立时西装上衣的扣子最好扣上，以示郑重，如果上衣内穿了羊毛衫或背心，也可以不扣。对于单排扣上衣，坚持"扣上不扣下"原则；单排两粒扣，就扣上第一粒；单排三粒扣，可以扣上第一粒或上面两粒或中间一粒。对于双排扣上衣，一律坚持"全扣"原则。

西装背心扣子的扣法：单排扣的背心一般只留最下面一粒不扣，双排扣的背心则坚持"全扣"原则。

西裤扣子的扣法：一律全部扣好，商务人员在出门之前应自行检查。需要注意的是，有些西裤用拉链代替纽扣，这就要特别注意防止拉链下滑。

3. 注意事项

(1)不卷不挽

穿西装就是要穿得挺括，不要将西装衣袖卷起或将裤管挽起。随意脱下西装，将西装搭在肩上、抱在怀里都显得不够庄重。如果是在个人的空间里，如自己的办公室内，可以只穿衬衣，脱下西装上衣，不过脱下的西装最好平整地挂在椅背上，不要随手放在办公桌或茶几上。

(2)慎穿毛衫

为了让西装穿起来更有型，西装上衣内除了衬衫与背心，最好不要再穿其他任何的衣物。若是在冬季寒冷时，可以穿一件“V”形领的单色羊毛衫，不妨碍打领带。至于其他“U”形领、大圆领、桃心领、高领等都不适合。

(3)巧配内衣

通常在衬衣的里面不宜再穿背心和内衣，若一定要穿，则以不外露为基本要求。内衣的颜色应与衬衫的颜色相仿，不能带数字或图案，款式上也应短于衬衫。

(4)少装东西

西装的口袋不是百宝箱，不要把西装每个口袋都装得满满的，哪些口袋可以装东西、装什么东西都是有一定讲究的。

西装上衣左胸外侧口袋只可放置口袋巾，不宜放置钢笔、眼镜、名片等物品。西装上衣内侧口袋可放置钢笔、钱夹、名片夹等，但不要太厚，否则会造成左右胸部不对称。西装上衣外侧下方的两只口袋，以不放任何东西为佳。

西装背心口袋均为装饰性口袋，只能放怀表，不建议放置其他东西。

西裤两侧口袋只能放纸巾、钥匙等小件物品。后面口袋大多不放东西，男士不宜将钱或钱包放在西裤的后面口袋之中。

此外，穿着西装之前，尤其是在出席正式场合之前，最好将西装熨烫平整；平日不穿西装时，最好能将西装放在西装套里悬挂，不要任其乱堆乱放；为了减少西装的磨损、避免走样变形，也出于个人卫生的考虑，尽量不要长期穿同一套西装。

三、与衬衫的搭配

衬衫是男士不可缺少的衣服，西装只能用衬衫来搭配，好的西装唯有配上合适的正装衬衫，才能显出风度和档次，也才合乎礼仪规范的要求。

(一)衬衫的选择

1. 面料

正装衬衫的面料选择应以不起球、不起毛、不易起皱为基本要求，一般以高支精纺的纯棉、纯毛制品为主，以棉、毛为主要成分的混纺衬衫亦可酌情选择。

2. 色彩

正装衬衫的颜色必须为单一颜色。在正规的商务应酬中，白色衬衫是商界男士的必备衬衣，它几乎可以与各种颜色的西装搭配，使男士精神焕发，既庄重又大方。除此之外，蓝色、灰色、棕色、黑色等，有时亦可加以考虑。但不管选择什么颜色，一定要注意与西装的颜色相协调，一般不建议选用颜色太艳的衬衫。

3. 图案

正装衬衫大体上以无任何图案为佳。较细的竖条纹衬衫在一般性的商务活动中可以穿着，但是不建议搭配竖条纹的西装。

4. 衣领

正装衬衫的领型多为方领、短领和长领。具体进行选择时，可以兼顾本人的脸形和脖长，以及搭配的领带或领结的大小，但必须挺括有型。穿上西装时，西装的衣领应当紧贴衬衫的衣领，并且衬衫的衣领应比西装的衣领高出1～2厘米。也就是说，西装的衣领通常不会接触到颈部的皮肤。

5. 衣袖

正装衬衫的衣袖必须为长袖的，短袖衬衫只用于休闲场合。男士正装衬衫的袖口有两种：一种是普通的圆筒形袖口，由一粒或两粒扣子扣上；另一种是法式袖口，用袖链或袖扣连接，给人更加优雅华美的感觉。

6. 衣袋

正装衬衫以无胸袋者为佳，即使有也不要把笔、名片或其他东西放在里面。

(二)衬衫的穿法

1. 大小要合身

除休闲衬衫之外，衬衫既不宜过于短小紧身，也不宜过分宽松肥大、松松垮垮。选择正装衬衫时，务必要使之大小合身。应特别注意：衣领与胸围要松紧适度，下摆不宜过短。

2. 衣扣要扣上

穿西装的时候，衬衫的所有纽扣都要一一扣好。只有在穿西装不打领带时，才可以解开衬衫的领扣。

3. 袖长要适度

穿西装时，衬衫袖子应长短合适，曲肘时衬衫袖口应露出西装袖口 1～2 厘米。这样既可以对西装的袖口起到一定的保护作用，又可以用衬衣来衬托西装，显得活泼、有生机。

4. 下摆要放好

穿长袖衬衫时，不论是否穿外衣，均须将其下摆均匀而认真地掖进裤腰内。

此外，男性商务人员在自己的办公室里，可以暂时脱下西装上衣，直接穿着长袖衬衫、打着领带。但是，以这种形象外出办事或去参加正式活动，是不合乎礼仪规范的。

四、与领带的搭配

领带是西服套装不可缺少的配件，常常被称为男士西装的“点睛之笔”。一套得体的西装如果领带搭配不协调，或是领带的打法不得体，那就是美中不足。同一套西装搭配不同的领带，也常会给人耳目一新的感觉。

(一)领带的挑选

一般情况下，男性商务人员在挑选领带时，要重视以下几个方面。

1. 面料

领带的面料以真丝或羊毛为首选。以涤丝制成的领带售价较低，有时也可以选用。除此之外，纯棉、麻、绒、皮、革、塑料等材质的领带，在正式商务活动中不宜佩戴。一条好的领带必须具有良好的质量。其主要特征为外形美观、平整，无跳丝、无疵点、无线头，衬里不变形，悬垂挺括，较为厚重。因此，宁可不打领带，也不宜以次充好。

2. 色彩

在商务活动中，蓝色、灰色、棕色、黑色、紫红色等单色领带都是十分理想的选择。商界男士在正式场合中，切勿佩戴多于三种颜色的领带。同时，也尽量少打浅色或色彩艳丽的领带。领带应与西装和衬衫的色彩相协调，最好形成一定的对比。

3. 图案

正式场合佩戴的领带应该是单色无图案的，也可以是条纹的或规则几何图形的。条纹领带以斜纹居多，横纹次之，竖纹的不常见；规则几何图形领带常见的有圆点、方格、菱形等。

4. 款式

领带的款式多种多样。下端为尖头的领带，显得比较传统、正式；下端为平头的领带，则显得时髦、随意一些，多用于一些非正式场合。领带有宽窄之别，根据常规，领带的宽度最好与西装上衣的衣领宽度成正比，即宽领配宽领带，窄领配窄领带。另外，简约式的领带，如“一拉得”领带、“一挂得”领带等，均不适合在正式的商务活动中使用。

(二)领带的佩戴

选择了合适的领带，如果打得歪斜、松弛，就不能体现出领带作为“西装的灵魂”的作用。

1. 领带的打法

领带有多种打法，常用的两种打法如图 3-1、图 3-2 所示。

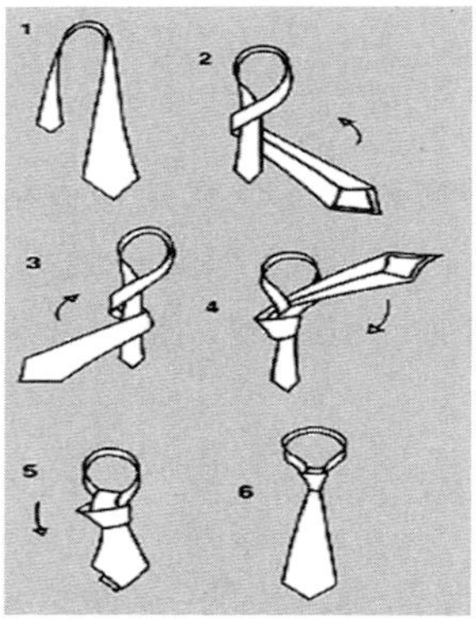

图 3-1　单结打法

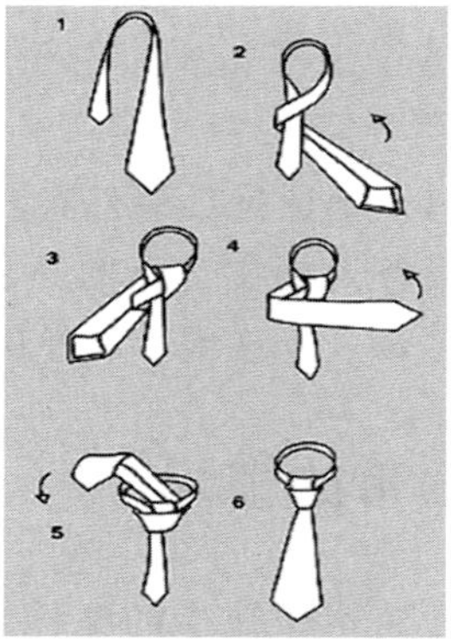

图 3-2　温莎结打法

2. 佩戴领带的注意事项

(1)注意场合

领带有其适用的特定场合。正式场合穿着西装一定要佩戴领带，如开会、走访、参加宴会、舞会、音乐会等；休闲场合或没有穿西装时最好不要佩戴领带。

(2)注意领带结

领带打得好坏，首先要看领带结的效果，礼仪上对领带结的基本要求是，外形上看应当挺括、端正、呈倒三角形，领带结的大小与衬衫衣领的大小成正比。在出席正式场合时，务必要提前系紧领带结。

(3)注意长度

领带的长短要适度。打好后的标准长度是领带的尖端正好在皮带扣的上方。

(4)注意位置

领带打好后，要将其置于适当的位置。穿西装上衣与衬衫时，应将其置于二者之间，并使其自然下垂。在西装上衣与衬衫之间如穿有西装背心与羊毛衫、羊绒衫时，应将领带置于西装背心、羊毛衫、羊绒衫与衬衫之间。切勿将领带夹在西装上衣与西装背心、羊毛衫、羊绒衫之间，尤其是不要在穿两件羊毛衫或羊绒衫时将领带掖在两者中间。

(5)注意配饰

依照惯例，打领带时可不用佩戴任何配饰。如果使用领带夹，应夹在领带打好后的“黄金分割点”上，即衬衫自上而下的第四粒至第五粒纽扣之间。除了领带夹以外，常见的领带配饰还有领带针、领带棒等。应当强调的一点是，使用领带的配饰，数量上应以一件为限，不宜滥用、乱用。

此外，严格地说，在商务活动中，领带仅适合男士佩戴，领带是商界男士的基本标志之一。一般商界女士在正式活动中不宜佩戴领带。若是女士将领带视为普通饰物，而在社交场合加以使用，则是允许的。

五、与鞋袜的搭配

穿西装时，所穿的鞋子与袜子均应符合统一的要求，并与西装配套。

(一)鞋

与西装配套只能选择皮鞋。配套的皮鞋，应当是真皮制品而非仿皮制品。一般来说，牛皮鞋与西装最般配，羊皮鞋、猪皮鞋次之。

皮鞋的颜色以黑色最适宜，其他浅色、艳色、花色的皮鞋不宜出现在正式场合。系带式的皮鞋显得比较正统，简单的船式皮鞋不够正式也不够庄重，适用于搭配半职业装。而磨砂皮鞋、翻毛皮鞋大多属于休闲皮鞋，也不太适合与西装配套。

男士在商务活动中穿皮鞋时，有五点必须做到：鞋内无味、鞋面无尘、鞋底无泥、鞋垫相宜、鞋码恰当。

(二)袜子

穿西装、皮鞋时所穿的袜子，宜与皮鞋同色，以深色、单色为宜，最好是黑色的。

商界男士在穿袜子时要注意：首先，袜子要确保干净，务必做到勤换洗，防止异味令自己难堪，令他人难忍。其次，袜子要完整。穿袜子之前，一定要检查袜子有无破洞、跳丝，颜色是否一致。如果发现有这些问题，务必及时更换。最后，袜子要合脚。在正式场合穿的袜子，大小一定要合适，注意不要穿太小、太短的袜子。袜子太小，不但易破，而且容易从脚上脱落；袜子太短，则常会使脚踝外露。一般而言，袜子的长度不宜短于踝骨。

【小思考 3-1】

西安某高校大四学生李鹏即将去广州参加应届毕业生专场招聘会，他为此做了精心准备。除了亲自撰写求职信及制作个人简历外，李鹏还特意为自己购买了一套价格不菲的灰色西装、一双棕色的鳄鱼皮鞋及一双纯白色的耐克棉袜。然而正是这一身打扮让他失去了面试的机会。

思考:

李鹏的穿着问题出在哪里?在出席正式活动时,职场男性穿着什么类型的衣服才是合适得体的呢?

六、与公文包的搭配

公文包被称为男性商务人员的“移动式办公桌”,是其外出时不可离身之物。

(一)公文包的选择

公文包虽然与身体着装没有必然联系,但选用什么样的公文包才能与着装相适宜也是需要考虑的。一般来说,男性商务人员的公文包,面料以真皮为宜,以牛皮、羊皮制品为最佳。在常规情况下,黑色、棕色的公文包是最佳选择。从色彩搭配的角度来说,根据本书第三章中介绍的“三一定律”,皮带、皮鞋、公文包的颜色必须协调统一,且黑色是最理想的选择。

标准的公文包是手提式的长方形公文包。箱式、夹式、挎式、背式等其他类型的皮包,通常不宜充当正式商务场合的公文包之用。除商标之外,男性商务人员所用的公文包在外表上不宜再带有任何图案、文字,否则容易给人华而不实的感觉。

(二)公文包的使用

使用公文包时,有如下四点基本要求。

1. 用包不宜多

商务人员外出办事,带包应以一个为限。如果需要携带的资料较多,可以选择一个较大的公文包,但不要左手一个、右手一个、肩上再背一个。

2. 用包不张扬

商务人员在使用公文包前,应先行拆去所附的真皮标志,避免显得过于张扬或贵重。

3. 包内宜整洁

商务人员外出之前,随身携带之物均应尽量放在公文包中的既定之处。这样取用时方便好找。同时,包不能塞得太满,包里的物品一定要摆放整齐。如果当着客户的面在公文包里翻来找去,容易给客户留下不够专业的印象。

4. 用包不乱放

进入他人室内后,商务人员应自觉地将公文包放在主人指定的地方,或放在自己就座之处附近的地板上,不可顺手将公文包放在主人的茶几、沙发或办公桌上。在公共场所亦须注意,不要将公文包放在有碍他人的地方。

第三节 职业套裙

职业套裙,也可以称为西装套裙,是职业女性的首选装束。与西服套装相比,西装套裙既能展现女性庄重干练的职业形象,也能体现优雅俏丽的女性美。

就整体而言，女士套裙比男士西装更多姿多彩，从面料到颜色再到款式，它的可选面更广。

一、套裙的选择

(一)套裙的面料

女士套裙的面料比男士西装具有更大的选择范围。总体来说，套裙面料应当匀称平整、柔软丰厚、悬垂挺括，纯天然、质地上乘，不仅弹性好、手感好，而且应当不起皱、不起毛、不起球。此外，上衣、裙子和背心的面料应当一致，这样才会给人浑然一体的感觉。

需要注意的是，在商务场合不宜穿黑色皮裙，尤其是与欧美人打交道时，否则会贻笑大方。

(二)套裙的颜色

女士套裙颜色的选择总体上比男士西装颜色的选择更多，职业女性可以根据自己的肤色、体形、年龄、性格等选择适合自己的颜色。常用的颜色有黑色、灰色、藏蓝色、浅蓝色、银灰色、粉红色、红色等。深色系列显得比较稳重，浅色系列则显得比较青春。在正式商务场合穿着的套裙应当以冷色调为主，以体现出着装者的典雅、端庄与稳重。与此同时，套裙还应与过分鲜艳、过分抢眼的“流行色”保持一定距离，以示传统与持重。

套裙的颜色可以上下一致，也可以上下不同的颜色，但一套套裙的全部色彩不建议超过两种，不然容易显得杂乱无章。另外，颜色的搭配要注重整体协调性，可以是上浅下深或上深下浅。在正式商务场合，女士通常穿着成套单色套裙，如黑色、藏蓝色等。此外，搭配五彩的丝巾进行点缀，往往会给人耳目一新的感觉，这种装束尤其适合年轻女性。

(三)套裙的图案

套裙图案讲究朴素而简洁。按照常规，职业女性在正式商务场合穿着的套裙应不带有任何图案。如果本人喜欢，也可以考虑以各种或大或小的圆点、或宽或窄的格子、或明或暗的条纹为主要图案的套裙。

(四)套裙的点缀

女士套裙的装饰自由度远高于男士西装，无论是套裙自身设计上的点缀，还是以丝巾、胸花、胸针等饰品进行点缀，都是在允许范围之内的。一般情况下，套裙本身的设计或外加的配饰都不宜过多，否则极有可能会显得琐碎、杂乱，甚至显得着装者不够稳重。

(五)套裙的造型

套裙的造型，指的是套裙的外观与轮廓。从总体上来讲，套裙造型的基本轮廓可以大致分为“H”形、“X”形、“A”形、“Y”形四种类型。

“H”形造型套裙的主要特点是上衣较为宽松，裙子亦多为筒式。这样一来，上衣与下裙便给人以直上直下、浑然一体之感。它既可以让着装者显得优雅、含蓄和帅气，也可以提升整体形象。

"X"形造型套裙的主要特点是上衣多为紧身式，裙子大多是喇叭式。实际上，它是以上紧下松的样式有意识地突出着装者腰部的纤细。此种造型的套裙轮廓清晰而生动，可以令着装者看上去婀娜多姿、楚楚动人。

"A"形造型套裙的主要特点是上衣为紧身式，裙子为宽松式。此种上紧下松的造型，既能体现着装者上半身的身材优势，又能适当地遮掩其下半身的身材劣势。不仅如此，它还在总体造型上显得松紧有致，富于变化和动感。

"Y"形造型套裙的主要特点是上衣为宽松式，裙子多为紧身式，并且以筒式为主。它的基本造型实际上就是上松下紧。一般来说，这种造型意在遮掩着装者上半身的短处，同时表现出下半身的长处。此种造型的套裙往往会令着装者看上去亭亭玉立、端庄大方。

(六)套裙的款式

相较于男士西装，套裙的款式更为丰富多样。套裙在款式方面的变化主要集中于上衣与裙子。一般来说，背心的变化往往不会太大。

从长短上看，套裙的上衣有长、中、短三种不同的长度，不过再短也不宜在肚脐以上，再长也不建议超过臀部；从领形来看，上衣有圆领、V领、桃心领、西装领、一字领等；从衣扣来看，有无扣式、单排扣式、双排扣式、暗扣式等；从是否收腰来看，上衣有收腰式的、直筒式的；从松紧程度来看，有宽松式的、紧身式的。除此之外，套裙的上衣还可以在袖口、衣襟、口袋等方面花样翻新、式样百出。

作为套裙的主角，裙子式样也不乏变化。从裙子整体形状来看，西装裙、一步裙、围裹裙、直筒裙等，款式端庄，线条优美；百褶裙、旗袍裙、开衩裙、A字裙、喇叭裙等，则飘逸洒脱、高雅漂亮，深受人们欢迎。从长短来看，有长、中、短三种不同的长度，超短式的下裙最好不要在正式商务场合穿着，否则容易让人感觉你不务正业；长裙最长也不要长过小腿的中部，如果低于小腿的中部甚至到达脚踝，容易给人无精打采、没有朝气的感觉。从分衩来看，下裙有前开衩的、后开衩的、两侧开衩的、左前方开衩的、右前方开衩的、不开衩的。从松紧程度来看，有宽松式和紧身式。

套裙的背心大多比较贴身，而且不宜太长，可稍稍短于上衣。

在套裙的着装实践中，上衣与下裙可以有多种搭配方式，主要有上长下长式、上短下短式、上长下短式、上短下长式四种基本形式。只要选择恰当，这几种搭配方式都能够在视觉上令人赏心悦目。女士在选择套裙的时候，也可以根据身材、偏好和时尚趋势来选择：上身比较丰满、下身比较苗条的女士可以选择宽松式的上衣和偏紧身的下裙；身材肥胖、腰部丰满的女士不宜选择收腰式上衣，这种上衣适合腰部比较纤细的女士。

总之，根据礼仪规范，一套经典的、可供职业女性在正式商务场合穿着的套裙，通常具备如下特点：由高档面料缝制，上衣与下裙采用同一质地、同一色彩的素色面料；在造型和款式上讲究为着装者扬长避短，提倡量体裁衣，做工考究；上衣注重平整、挺括、贴身，较少使用饰物、花边进行点缀；裙子以窄裙为主，裙长应当及膝或者过膝。

二、职业套裙的穿着

职业女性在正式场合要穿得大方得体，不仅要注意选择一身合乎规范的套裙，更要注意的是，套裙的穿着要得法。套裙的具体穿着与搭配方法多有讲究。

(一)适应场合

职业女性的着装需适应场合。在正式商务场合，尤其在涉外商务活动中，穿着套裙是最适宜且必要的选择。除此之外的场合则不必拘泥于此。

在出席宴会、舞会、音乐会时，可根据适度、得体的原则酌情选择适合此类场合的礼服或时装。

外出观光旅游、逛街购物或者锻炼健身时，一般以穿着休闲装、运动装等便装为宜。

(二)兼顾举止

虽说套裙最能够体现女性的柔美曲线，但是假如着装者举止不雅，对个人的仪态毫不注意，甚至听任自己肆意而为，也无法展现出套裙的美感。

穿上套裙之后，着装者要注意站姿得宜。不可以双腿叉开、东倒西歪，也不建议倚墙靠壁而立。

就座以后，着装者务必注意姿态，切勿双腿分开过大，或是翘起一条腿，脚尖抖动不已，更不可以脚尖挑鞋摇晃，甚至当众脱鞋。

一套剪裁合身或稍微紧身一些的套裙，在行走之时或取放东西时，有可能对着装者产生一定程度的制约。由于裙摆所限，穿套裙者走路时无法大步向前，而应以小碎步行走。行进之中，步子以轻、稳为佳，不可走得“噔噔”直响。需要去取某物时，若其与自己相距较远，可请他人相助，千万不要逞强。此外，不要踮起脚尖、伸直胳膊费力地去够，也不宜俯身、探头，避免露出自己身上不该暴露的部位，甚至使套裙因此而开裂。

(三)注意细节

穿着套裙时，有一些细节要特别注意：该扣的领扣、袖扣、胸扣等都要扣好；上衣的领子要完全翻好，衣袋的盖子要拉出来盖住衣袋；不允许将上衣披在身上或搭在身上，更不允许当着别人的面随便将上衣脱下；裙子要穿得端端正正，上下应对齐之处务必对齐。

因此，女性商务人员在出席正式场合之前，一定要抽出时间仔细检查自己所穿衣裙的纽扣是否扣好、拉锁是否拉好。在大庭广众之下，如果上衣的纽扣扣得有所遗漏，裙子的拉锁忘记拉上或滑开，都会令着装者陷入尴尬。

(四)协调妆饰

高水平的形象塑造，追求服装、妆容与配饰的整体合谐，使之相得益彰，形成一个完整的风格体系。因此，职业女性在穿着套裙时必须树立整体造型意识，将妆容风格与配饰选择纳入通盘考虑。若忽视整体搭配，容易导致元素之间相互冲突，破坏专业形象的整体感与和谐性。

就妆容而言，职业女性在穿套裙时的基本原则是：既不可以不化妆，也不可以化浓妆。职业女性在正式商务场合必须塑造专业、得体的个人形象，适度化妆有助于提升气色、更好地展现尊重与职业态度。之所以要求不化浓妆，则主要是因为职业女性要注重突出的是工作能力、敬业精神，而非自己的性别特征和靓丽容颜，选择淡雅、自然的妆容更为合适。妆容以“妆成有却无”为佳，力求得体、含蓄。

就配饰而言，职业女性穿着套裙应遵循“少而精”原则，并确保与自身专业身份相符。在日常工作中可以不佩戴任何首饰，如果要佩戴的话，那么配饰不应当超过三种，每种也不宜多于两件。同时，应避免佩戴具有强烈个人标志的珠宝首饰，或过度张扬性别的饰品，如夸张的耳环、手镯和脚链等。

三、职业套裙的搭配

在搭配套裙时，职业女性应当重点关注衬衫、内衣与衬裙的款式选择及穿着方式，并确保鞋袜的搭配符合职业规范。

(一)衬衫的选择与穿着

与套裙配套穿着的衬衫有许多讲究。从面料上讲，要求轻薄而柔软，故真丝、丝绸、麻纱、涤棉、罗布、花瑶等都是不错的面料选择。

从色彩上讲，要求雅致而端庄，并且不失女性的妩媚。除白色之外，其他各式各样的色彩，包括流行色在内，只要不是过于鲜艳，而且与所穿套裙的色彩不相互排斥，也都可用作衬衫的色彩。不过，还是以单色为最佳。同时，还要有意识地注意，应使衬衫的色彩与所穿套裙的色彩相协调，要么外深内浅，要么外浅内深，形成两者之间的深浅对比。

从衬衫的穿着来看，下摆要掖入下裙之中，不得悬垂于下裙外，或是在腰间打结。除最上端的一粒纽扣按惯例允许不扣外，衬衫的其他纽扣都要扣好，即使天气再热，也不可当众宽衣解扣。参加正式商务活动时，单穿衬衫不够正式，还要在外面套上上衣或背心。

(二)内衣的选择与穿着

内衣被女性称为“贴身的关怀”。在穿着套裙时，对所穿的内衣要谨慎选择，并注意其穿着方法。

一套完整的内衣通常包括胸罩、内裤，也可搭配腹带、吊袜带或连体衣等组件。它应当柔软贴身，并且起着支撑和烘托女性线条的作用。选择内衣时，最关键的是要使之大小适当，既不能过于宽大，也不能过于瘦小。

内衣所用的面料以纯棉、真丝等为佳。它的颜色可以是常规的白色、肉色，也可以是粉色、红色、紫色、棕色、蓝色、黑色。

穿上内衣以后，它的轮廓不应透过套裙显露出来。

(三)衬裙的选择与穿着

衬裙，特指穿在裙子之内的裙子。穿套裙时，尤其是穿丝、棉、麻等薄型面料或浅色面料的套裙时，搭配衬裙有助于防止走光，保持衣着得体。

在色彩与图案方面，衬裙的讲究是最多的。衬裙的色彩宜为单色，如白色、肉色等，但必须使之与外面套裙的色彩相互协调。二者要么彼此一致，要么外深内浅，不宜出现外浅内深的情况。一般情况下，衬裙上不宜出现任何图案。

在款式方面，衬裙必须与套裙相配套。大体上来说，衬裙的款式选择应确保线条简单、穿着合身、大小适度，既不能长于套裙，也不能过于肥大，将套裙撑得变形。

穿衬裙的注意事项主要有两条：一是衬裙的裙腰不宜高于套裙的裙腰；二是应将衬衫下摆掖入衬裙裙腰与套裙裙腰之间，不宜掖入衬裙裙腰之内。

(四)鞋袜的选择与穿着

鞋袜被称为女士的“腿部景致”或“足上风光”。因此，每一位爱惜自身形象的人都不可对其马虎大意。

选择鞋袜时，首先应当注意其面料。职业女性用于搭配套裙的鞋子以皮鞋为宜，牛皮鞋为上佳之选。与套裙和皮鞋搭配的袜子则以弹性较好的尼龙丝袜或羊毛袜为宜。

对于鞋袜的色彩搭配，也有许多讲究。穿深色系列的套裙时，皮鞋的颜色以黑色为最佳；穿浅色系列的套裙时，皮鞋的颜色可以选棕色、咖啡色、白色等。此外，与套裙色彩一致的皮鞋亦可选择，但是鲜红、明黄、艳绿、浅紫的鞋子最好不要尝试。穿套裙时所穿的袜子有肉色、黑色、浅灰色、浅棕色等几种常规选择，一般宜为单色，且袜子的颜色不可深于套裙的颜色。彩色袜子通常都不适宜搭配套裙。

鞋袜在与套裙搭配穿着时，其款式有一定的规律。与套裙配套的鞋子宜为高跟、半高跟的船式皮鞋或盖式皮鞋，而系带式皮鞋、丁字式皮鞋、皮靴、皮凉鞋等都不宜采用。高筒袜与连裤袜是套裙的标准搭配，中筒袜、低筒袜则绝对不宜与套裙同时穿着。

职业女性在为套裙搭配鞋袜时还应特别注意以下几点。一是鞋袜应当大小适宜、完好无损。鞋子如果出现开线、裂缝、掉漆、残破，袜子如果出现脱丝、破洞或丝袜脱落等情况，均应立即更换。二是鞋袜不可当众脱下。有些女士喜欢脱鞋，或是处于半脱鞋状态；还有部分人经常将袜子撸下一半，甚至当着外人的面脱去袜子。此类做法都会让女士优雅、文静的形象毁于一旦。三是不能光脚。光脚不仅显得不够正式，而且可能使自己的某些瑕疵见笑于人。在国际交往中，穿着裙装，尤其是穿着套裙时不穿袜子，是对场合和他人不尊重的表现，还可能引来误解。因此，光脚也是不允许的。四是切忌三截腿。所谓三截腿是指穿半截裙子的时候，穿半截袜子，袜子和裙子中间露一段腿，结果导致裙子一截、袜子一截、腿肚子一截。这种穿法容易使腿显得又粗又短，礼仪术语叫作“恶性分割”，在国外往往会被视为是没有教养的女性的特征。

(五)公文包的选择

女士在穿着套裙时，可以选择与套裙颜色相匹配的公文包。职业女性可以选择的公文包类型多种多样，有传统的公文包，还有一些式样比较时尚的皮包。女士皮包以手提式或单肩背式为宜，斜挎式、拖拉式或双肩背式的皮包不适合正式商务场合。另外，公文包的材质最好是真皮的，牛皮、羊皮都是不错的选择。公文包的颜色要与套裙相协调，黑色、棕色是比较常见的色彩，也比较容易搭配。白色皮包适合配浅色的套裙，彩色皮包则不宜和彩色的套裙相配。

【扩展阅读 3-1】

常见服装面料的种类及特性

棉布是各类棉纺织品的总称。它多用来制作时装、休闲装、内衣和衬衫。其优点是轻松保暖、柔和贴身，吸湿性、透气性好。其缺点是易缩、易皱，外观上不够挺括美观，在穿着时必须经常熨烫。目前国内已经推出“纯棉免熨”的新型面料，克服了纯棉织物的缺点，非常适合用来制作商务人员的正装衬衫。

麻布是以大麻、亚麻、苎麻、黄麻、剑麻、蕉麻等各种麻类植物纤维制成的布料。其优点是质地坚韧、粗犷、硬挺、凉爽、吸湿性好，是理想的夏季服装面料。其缺点是穿着不太舒适，外观较为粗糙。

丝绸是以蚕丝为原料纺织而成的各种丝织物的统称。它的品种很多，形态各异。其优点是轻薄、合身、柔软、滑爽、透气、色彩绚丽、富有光泽、高贵典雅、穿着舒适，大多用于制作女士时装。其缺点是易生褶皱、容易吸身、不够结实、容易褪色。

呢绒又叫毛料，它是对用各类羊毛、羊绒织成的织物的泛称。优点是防皱耐磨、手感柔软、高雅挺括、富有弹性、保暖性强，是制作正规、高档职业服装的常用面料。缺点主要是洗涤较为困难。

皮革是经过鞣制而成的动物毛皮面料。皮革可以分为两类：一类是革皮，即经过去毛处理的皮革；另一类是裘皮，即处理过的连皮带毛的皮革。其优点是轻盈保暖、雍容华贵。其缺点是价格昂贵，对储藏、护理的要求较高。

化纤是化学纤维的简称，是以天然的或合成的高聚物为原料经化学和机械方法加工制造而成的纤维，通常分为再生纤维与合成纤维两大类。化纤织物品种多样、色彩鲜艳，各具特色，但一般耐热性、吸湿性、透气性较差，遇热容易变形，容易产生静电。它虽可用以制作各类服装，但总体档次不高。目前一些新型的化纤面料在某些方面已经有了很大改进。

混纺是将天然纤维与化学纤维按照一定的比例混合纺织而成的织物，可用来制作各种服装。其特色是既吸收了棉、麻、丝、毛和化纤各自的优点，又尽可能地避免了它们各自的缺点，而且价格相对低廉，所以很受消费者喜爱。

针织面料不是按照面料的材质分类来定义的，而是按照纺织方法的分类来定义的。它是由一根或若干根纱线连续地沿着纬向或经向弯曲成圈，并相互串套而成的。针织面料比较柔软舒适，适宜制作休闲装和内衣、T 恤等。我们平时经常穿的毛衣就属于针织织物。

第四节 饰品

随着人们生活水平的不断提高，市面上出现的饰品种类越来越多，款式也越来越多样化。商务人员应根据饰品的颜色、质地，考虑个人的身材、肤色、年龄、性格、出席场合等因素，正确佩戴饰品，不仅能平添个人的魅力，而且对职业服装的整体美能够起到“画龙点睛”的作用。

一、佩戴饰品时需要考虑的因素

(一)尊重传统习惯

佩戴饰品要尊重传统习惯，对于其他民族或地区的不同风俗习惯不要随意模仿，也不可自以为是地任意指责批评。例如，许多印度女性都会佩戴鼻环；我国苗族女子的银饰常常以重为美、以多为美。可是这些风俗到其他地区可能就行不通。在有些国家，男性有打耳洞、戴耳环的风俗，而在我国汉族地区，打耳洞、戴耳环的男性多为艺人或时髦的“弄潮儿”。商务男士一向以稳重务实著称，不宜佩戴耳环。

(二)适合个人条件

商务人员佩戴饰品时需要考虑的个人条件主要包括年龄、性别、肤色、体形、气质、性格、职业等。一般来说，年长者应优先选择佩戴材质精良、工艺考究、设计典雅的饰品，以提升气质、彰显庄重；年轻女士选择饰品时应更注重款式的时尚性，以展现活力与个性。

饰品的佩戴因性别不同而有较大的差异。以首饰为例，商务男士一般可佩戴戒指、项链，手镯、手链、脚链、耳环等则最好不要佩戴。女士比男士有更多选择，但也要注意数量不宜过多。通常，佩戴首饰不宜超过三件，同一类别的首饰，除戒指外，最好也不要超过两件。

商务人员应选择适合自己肤色的饰品。金属质感饰物的色彩可分为黄金色和铂金色两大色系，分别属于暖色调和冷色调。皮肤的冷暖性质与饰物的冷暖性质协调一致时，肤色和饰物才能相互辉映，显得佩戴者气质高贵，显得饰物精致华美。因此，确定自己皮肤的冷暖属性后，应当坚决地选用适合自己肤色的饰品，并且将项链、耳环、胸针、手表、腰带扣、眼镜框、公文包的金属点缀物等所有饰品都统一到暖色调或冷色调上。

饰品搭配应与自己的体形相协调。人的身材、长相各不相同，相同的饰品佩戴在不同人身上的效果可能大为不同。选择饰品时不要盲目跟随潮流，一定要选择能够“扬长避短”的饰物。例如，矮胖体形的人士不宜选用珍珠腰链；脖子粗短的人士不宜佩戴贴颈项链；手指粗短的人士不宜佩戴过重或过宽的戒指；耳朵轮廓不好的人不宜佩戴过于夸张的耳环。

此外，饰品还应与个人的气质、职业等相符。例如，文静型女士不宜选择怪异、搞笑的饰品。不同的职业对饰品的佩戴有不同的要求，从业人员一定要严格遵守，如从事医疗、餐饮、食品加工等行业的工作人员不适合戴戒指。

(三)与场合及服装相宜

不同的场合要穿着不同款式的服装。穿不同的服装时，要根据场合与服装款式选择不同风格的饰品。如果同时佩戴耳饰、项链、戒指等，最好选择成套设计的，才不会显得杂乱。搭配职业套装的饰品应当简单、大方、经典、精致；搭配晚礼服的饰品应当华丽、高贵、先声夺人；而搭配休闲装的饰物应选择夸张的、鲜艳的或自然朴素的；运动时，各种繁复的饰品只会碍手碍脚且有招摇过市之嫌。此外，在特殊场合佩戴饰品时需要特别注意，如女士参加丧礼时需遵循庄重、低调的原则，可佩戴结婚戒指和珍珠项链。

(四)注意色彩和谐

佩戴饰品的时候，要考虑饰品与服装的色彩及风格相协调。穿着正式的职业套裙不要佩戴过于夸张的饰品，如骷髅形手链、蜘蛛形耳坠等；身着柔软、飘逸衣裙的女士，佩戴精巧的项链，就更显得妩媚动人；穿单色、素色衣服的人可以佩戴一些带有色泽的饰品，这种点缀往往会让你的衣服显得丰富、活跃。

除了要考虑饰品与服装的色彩协调，还要考虑饰品之间的色彩协调。不同质地的饰品，其色彩不尽相同。如果一个人佩戴红宝石的项链，配上蓝宝石的耳钉，再配上翡翠的玉镯，这种打扮不仅十分土气，而且还显得有些滑稽。即使是同一种质地的饰品，色彩相同，也要考虑同时佩戴的饰品风格是否统一。如同为铂金饰品，有些款式比较新潮，有些比较保守，有些比较华贵，有些比较简约。要保持这些首饰的风格统一，在佩戴前务必精心挑选。

二、不同饰品的佩戴

饰品的佩戴有一套规矩，它是一种无声的语言，既向他人暗示了某种含义，又显示了佩戴者的嗜好与修养。对此虽然不必完全遵从，但在商务场合中也需慎重对待。

(一)戒指

戒指通常应戴在左手上，戴在不同的手指上有不同的寓意。拇指是不戴戒指的；戒指戴在食指上，表示无偶而求爱；戴在中指上，表示正处在恋爱之中；戴在无名指上，表示已订婚或结婚；戴在小指上，则暗示自己是一位独身主义者。一般情况下，一只手上只戴一枚戒指。参加涉外活动时，佩戴的戒指以古典式样为好。

戒指的宽窄应与手指的粗细成正比，手指比较粗短的人不要戴过宽或过厚的戒指，这样会显得手指更加粗短。在与别人谈话时，不宜抚弄自己的戒指，这会让他人感到你心不在焉或在炫耀自己。

(二)项链

男女均可佩戴项链，但不要同时佩戴多条项链。男士佩戴的项链一般不宜外露。链坠应在风格上与项链相协调；正式场合的链坠不要过于怪异、恐怖，也不要同时佩戴两个链坠。日常工作中应以简洁明快的风格为主；参加宴会时适宜佩戴高贵华丽的项链。在涉外活动中，建议谨慎选择具有特定文化或宗教象征的饰品。例如，不要佩戴印有猪、蛇等可能引发文化误解的生肖链坠，也不要佩戴有耶稣受难像等强烈宗教意象的十字架项链，以示对多元文化的尊重。

项链的佩戴因人而异。如脖子比较细长的人可以选择粗短的项链，这样可以适当地将脖子与胸部作一个分隔；脖子粗短的人，可以选择细且长的项链，使脖子有一种延伸感；方脸、圆脸或体态丰腴者可以选择长项链；尖脸、瓜子脸宜选用短、细、秀气型的项链，不宜使用宽大粗犷的项链。对于项链上的链坠，活泼好动者可搭配三角形挂件；成熟稳重者可搭配椭圆形挂件；职场女强人可搭配方形挂件。

(三)耳饰

耳饰包括耳钉、耳链、耳环三种不同的类型。在正式的商务活动中，耳饰仅限于女性成对使用。当然，国外或我国民族地区的情况有所不同。在商务场合，使用耳钉显得较为干练，吊链式耳饰不适合与正式的职业套裙相搭配。此外，不宜一只耳朵上同时佩戴好几种耳饰。

佩戴的耳饰要与佩戴者的脸形相适合。圆脸形的人不宜选用又大又圆的耳环，而应选用耳链或耳钉；方脸形的人不宜选用过于宽大的耳环，而应选用小耳环或耳钉；长脸形的人不要选用长而下垂的耳链，而应选用宽大的耳环。在一切正式场合，都应当避免佩戴发光、发亮、发声的耳饰。

(四)手表

手表是男士最重要的饰品，其颜色、款式应当适合个人的风格并与场合相适应。商务人士选择手表时应注意：一是手表款式宜庄重保守、不花哨新奇；正方形、长方形、菱形、圆形、椭圆形等都可以纳入选择范围。二是色彩不宜凌乱，单色、双色均可，金色、银色、黑色常常是最佳选择，不宜选用三色以上的款式。三是手表以机械表为最佳，石英表、电子表是退而求其次的选择。四是除数字、商标、品牌、厂名外，手表上不要有其他图案。五是功能要少而精，测温度、湿度、血压、风速等功能通常无必要。六是手表男女有别，不要乱戴。

(五)眼镜

眼镜除了有矫正视力的作用外，还能起到装饰作用。需要注意，眼镜的颜色要适合自己，并且要与其他配饰相协调。如果戴墨镜，进入室内时应当摘掉。在室外如果见到其他人需要打招呼或谈话时，也应当摘掉墨镜，否则会造成目光交流障碍，非常失礼。

（六）皮包

皮包的颜色及款式应当能与大部分职业服装相匹配，颜色最好与皮鞋一致。皮包的使用要与性别、年龄、身高相协调。正式场合使用的皮包要做到内容少而精，且分类摆放、位置准确。

（七）皮带

在正式商务活动中，皮带以真皮的为佳，牛皮是不错的选择，布的、革的、珠链的都不适合选用。皮带以单色、深色为首选，黑色、棕色最佳，要注意保持皮鞋、皮带、皮包颜色的一致性。皮带头应简单大方，不可追求过于新奇、夸张、搞怪的造型。不要在皮带上悬挂任何东西，有些人会在皮带上挂钥匙、手机等物品，走路时，不时传来叮叮当当声，既影响他人，也有损个人形象。

（八）胸针、领针

胸针男女都可以佩戴。在单色调的服装上适当地点缀一枚胸针，可以对整套服装起到一定的修饰和美化作用。穿西装时，胸针应别在左侧领上，若上衣为无领式，则别在左胸前，具体高度在西装纽扣从上往下的第一粒扣与第二粒扣之间。在工作中若要佩戴徽章、身份牌、单位证章等，则不宜同时佩戴胸针。

领针也是男女都可以使用的饰品，通常别在西装上衣左侧领上。但注意不要与胸针、奖章、纪念章、企业徽章等同时佩戴。不要佩戴具有广告作用的领针，更不要将领针别在右侧衣领、围巾、帽子、裙摆、腰带、书包或其他物品上。

（九）围巾、丝巾

围巾的主要功能已从过去的注重防寒保暖发展到今天的美化和修饰。素净的衣服常常配上艳丽的围巾，厚重的衣服可以搭配轻柔的围巾等。男士在冬季出席正式场合时，可以选择黑色、灰色、深蓝色或咖啡色的围巾来搭配大衣。女士用来搭配正式套裙的围巾大多是真丝面料或雪纺面料，这类围巾的主要作用是点缀和装饰。丝巾的材质、款式、花色繁多，选择时要注意与自己的肤色及服装的材质、款式、颜色相配。

（十）钢笔

商务工作人员应当随身携带一支钢笔。因为一般在工作中不宜借用他人的钢笔。钢笔应当放置于公文包内方便取用的地方；不要将钢笔别在西装左胸外侧上衣口袋，更不要将其夹在耳朵上或随手把玩。

【扩展阅读 3-2】

四季色彩理论

春天

阳光明媚，草木冒出黄绿色的新芽，漫山遍野的桃花、杏花、樱花竞相开放，到处都是明亮、鲜艳、轻快的颜色。

春季型人的特征：

- 皮肤为浅淡透明的象牙色。
- 眼睛明亮有神，眼珠呈浅棕黄色。

- 头发为柔软的棕黄色。
- 春季型人适合的典型色彩有清新的黄绿色、杏色、亮金色、浅棕色、浅鲑肉色。

夏天

到了夏天，春天的新绿已经变成了浅绿色，阳光照在海面上，周围是一片雾蒙蒙的、浅浅淡淡的水蓝色，一切看起来朦胧又梦幻。

夏季型人的特征：

- 皮肤细腻而白净，面带冷玫瑰色红晕。
- 眼神柔和，眼珠呈深棕色或黑色。
- 头发为柔软的棕黑色。
- 夏季型人适合的典型色彩有淡蓝色、蓝灰色、薰衣草紫、粉红色、浅绿色。

秋天

秋天树叶慢慢变成金黄色，地上铺满了枯黄的落叶，金灿灿的麦穗长满田野，世界的色彩华丽、厚重、浓郁。

秋季型人的特征：

- 皮肤为深象牙色，不易出现红晕。
- 眼神沉稳，眼珠呈深棕色。
- 头发为偏黑的深棕色。
- 秋季型人适合的典型颜色有橙色、金色、褐色、橄榄绿、芥末黄、深棕色等。

冬天

冬天的色彩有着鲜明的对比。白雪覆盖的大地与黑色的树干以及漫漫无尽的黑夜都鲜明地存在，人们拿着大红大绿的礼物准备过年。一切看起来都显得纯正、饱和。

冬季型人的特征：

- 皮肤为青白的小麦色或土褐色。
- 眼神犀利，眼珠呈黑色。
- 头发乌黑浓密。
- 冬季型人适合的典型色彩有银灰色、纯黑色、深紫红色、海军蓝、玫瑰粉色。

习题与实训

一、不定项选择题

1. 服饰的TPO原则包括(　　)。

A. 场合相宜原则　B. 地点原则　C. 人文原则　D. 时间原则

2. 下列属于商务人员职场着装忌讳的是(　　)。

A. 过于紧身　B. 过于淡雅　C. 过于整洁　D. 过于短小

3. 以下属于穿着西装的“三个三”原则的是(　　)。

A. 三位一体　B. 三大禁忌　C. 三重风格　D. 三大体系

4. 对于公文包的使用正确的是(　　)。

A. 包内宜繁杂　B. 用包需高调　C. 用包不乱放　D. 用包适宜多

5. 在协调性原则的要求下，我们还应注意服饰与(　　)的协调。

A. 与当地环境相协调　B. 与个人肤色相协调

C. 与他人着装相协调　D. 与时代背景相协调

二、简答题

1. 商务人员在选择着装时应考虑哪些要素?

2. 男士穿着西装时应注意哪些问题?

3. 女士穿着职业套裙时应注意哪些问题?

4. 商务人员选择佩戴饰品时应考虑哪些因素?

三、案例分析

1. 1986年，英国女王伊丽莎白二世访华。当女王乘坐的专机在北京机场缓缓降落时，女王那秀丽端庄的面容顿时引起迎接人员的关注，她温柔慈祥的笑意更是引来了人们的称赞。最夺人眼球的是女王头戴一顶明黄色的帽子，身穿明黄色的西装套裙，在阳光的照耀下显得无比耀眼、绚丽。

伊丽莎白二世在其他国家和地区访问时，一般不穿黄色服装。来到中国之前，女王的公关顾问特意为她选择了这套明黄色裙装。除明黄色较为亮丽，将女王的肤色衬托得富有光彩之外，黄色还是中国历代帝王的专用色，显示出一种雍容华贵的王室气质。这套黄色的套裙将女王的气质、修养与情操很好地体现出来，也显示出她一国君主的尊严与高贵，还表现出她尊重中国传统文化习俗的友好姿态。

2. 1984年，里根总统偕夫人南希访华时曾挑选面料做旗袍。她先看好一种金色的织锦缎，但考虑到没有带金色的皮鞋与之配套，便改选一种以深红色为底色的织锦缎。在里根总统的告别宴会上，她身穿深红底色的中国织锦缎旗袍，配上一双深红色的高跟皮鞋，显得特别雍容华贵。

结合以上两个案例，谈谈你对女士在正式场合着装礼仪的理解。

四、实训题

1. 根据着装的基本原则，谈谈在下面这些场合应当选择什么样的服饰。

(1)在办公室上班。

(2)参加某位友人的婚礼。

(3)参加某位友人的葬礼。

(4)约朋友一起去健身。

(5)出席公司的十周年庆典仪式。

2. 李强周五要参加晶海公司的开业庆典活动，他想去商场购买一套新的西装，请问他应当如何正确地选择西装?

3. 应上海天瑞公司邀请，广州申众公司派女秘书张娆陪同公司总经理于12月1日至5日前往上海参加天瑞公司一年一度的业务恳谈会，请你为张娆设计出席此次活动的全部着装并整理一份着装注意事项。

4. 假设你是一位高层管理人员，星期天将与你的属下一起去郊游，请结合TPO原则为自己设计一套适合赴约的服装。

第四章

商务会面礼仪

君子不失足于人，不失色于人，不失口于人。

——《礼记·表记》

技能目标

◆ 了解商务会面时的各种称呼
◆ 掌握商务会面时正确介绍自己和他人的方法
◆ 学会商务会面时正确使用名片的方法
◆ 掌握商务会面时的握手礼和其他见面礼仪

知识目标

◆ 明确称呼时应注意的问题
◆ 熟悉自我介绍、介绍他人及接受介绍时应注意的事项
◆ 理解名片的功能和作用
◆ 了解握手时需要注意的问题

导入案例

周强的问题

周强刚走上工作岗位不久，就接触到了一份大订单，这份订单如果能够拿下，他就可以完成当年销售任务的60%，周强为此做了很多准备工作。今天是对方约周强到单位洽谈货物清单的日子，服装整洁、材料准备充分的周强准时到达对方单位，约见首次会面的供应科王科长。周强一到王科长办公室就马上上前与之握手，并热情有力地摇晃着王科长的手说："见到您太高兴了，请多关照。"入座后，周强马上拿出自己的名片，王科长与他交换了名片。周强接过王科长的名片，仔细看了看后放在了桌上。之后双方就订单的具体事宜进行了详细的沟通。兴奋不已的周强在商谈结束以后，把材料放回公文包，与王科长告别，兴冲冲地赶回公司，却把王科长的名片落在了桌上。不料，周强回到公

司向总经理汇报时，总经理很生气地告诉他，这份订单已经交给其他部门经理去做了，周强困惑不已，不明白这是为什么?

思考:

周强的问题出在哪里?

第一印象在商务交往中具有十分重要的意义。第一印象使他人对你产生一个初步判断——包括你的社会地位、受教育程度、经济状况、社会经验、性格特点、道德水平以及可信赖度等。这些判断强烈地影响着他人对你现在的看法、对你将来的估计，这种印象一旦形成，便能持续很久。很多猎头公司的顾问认为，在见到面谈对象并与之握手的5～10秒，他们已经决定了要不要把这个人推荐给某家公司。接下来的面谈，他们是在收集更多资料来支持先前的看法。心理学家曾经做过一项实验：他们给一群学生看了一位教授3～5秒的上课剪辑录像，并要求学生基于这几秒的观察评价该教授的教学效果，结果与从上了一个完整学期课程的学生那里得到的评价结果几乎是一样的。

会面是人与人交往的开始，初次见面时的礼节是商务人员给交往对象留下良好的第一印象的重要组成部分，是取得商务活动成功的重要保证。在正式的商务交往中，会面礼仪主要包括称谓礼仪、介绍礼仪、名片的使用礼仪和见面问候礼节，统称为“商务会面四要素”。

第一节　称谓礼仪

称谓，就是对他人的称呼，是人们在交谈中所使用的、用以表示彼此身份与关系的名称。在商务交往中，选择正确、恰当的称呼既可以反映出对方的身份、性别、社会地位、双方之间的亲疏关系等，又体现了自身的良好教养和对他人的尊敬程度。因此，商务人士对称呼绝不能疏忽大意，不可随便乱用称呼，更不能与人交往却不用称呼，这些做法都是极其无礼的，也是一个人缺乏教养的表现。

【小思考4-1】

某企业的老员工刘健已经40岁了，工龄20年。他的上司王锴经理年纪比他小，工龄也没他长。几年前他们还是一个办公室的同事时，王锴管刘健叫“刘师傅”，刘健则称他为“小王”。但没过几年，王锴被提升为经理，两个人之间的称呼就有了麻烦。刘健觉得像其他人一样叫“王经理”，自己叫着别扭，别人听着也别扭。刘健想着自己都这么多年的工龄了，于是把心一横，决定仍然管王锴叫“小王”。王经理也哼哼哈哈地答应着。

思考:

刘健的称呼有什么不妥之处?

一、得体称谓的基本要求

恰当得体的称呼，不仅会使对方如沐春风，而且容易拉近谈话双方之间的距离，成为双方进一步交往的奠基石。那么，怎样称呼他人才是得体、恰当的呢?

(一)合乎顺序

从礼仪的角度来讲，礼仪要讲究排序。见面打招呼时的标准化做法是，地位低的人首先跟地位高的人打招呼，如晚辈主动跟长辈打招呼，这是人之常情；在社交场合，男士应先向女士致意表示尊重；家里来了客人，则主人先向客人打招呼。

如果是与多人见面打招呼，称呼对方应遵循先上级后下级、先长辈后晚辈、先女士后男士、先疏后亲的礼遇顺序。例如，秘书人员见到对方公司的经理和秘书同时来到本公司，应当先称呼对方公司的经理，再称呼秘书，而不能本末倒置。

(二)合乎场合

称呼要适应场合和环境的需要。在公务场合的称呼要庄重、正式、规范，即使是关系再亲密的人，到了正式场合就应按正规的称呼行事。如一对夫妻，在公司妻子是下属，丈夫是上级，那么在工作场合就不能叫“老公”“老婆”，这样不但有损领导的威信，也让他人感觉其工作态度不够端正。再比如一对关系非常好的朋友，一个是上级，一个是下级，在正式场合，不能像私底下那样称兄道弟，互叫小名。

(三)合乎身份

称呼不仅要合乎自己的身份，还要合乎对方的身份。要考虑对方的年龄、性别、职位、职务，还要考虑自己与对方的关系。年长者对年幼者的称呼要体现出关爱，而年幼者对年长者的称呼要体现出尊敬。因此，一般年纪较大、职务较高、辈分较大的人常对年纪较轻、职务较低、辈分较小的人称呼姓名。相反，年纪较小、职务较低、辈分较小的人对年纪较大、职务较高、辈分较大的人直呼姓名是没有礼貌的。

二、不同场合的称谓

(一)生活中的称谓

1. 姓名称谓

称呼他人的姓名，有以下几种情况。

(1)称呼全姓名

称呼全姓名也就是直呼其名，如“张春霞”“周自强”等。称呼全姓名适合于比较郑重的场合，显得严肃、庄重，但是对长辈，这样直呼其名是不礼貌的。

(2)只称名不称姓

如“春霞”“自强”，这种称呼多用于熟人之间，显得比较亲切；有时候也可以只称对方名的一个字，如“霞”“强”等，适合关系特别亲密的人之间相互称呼时使用。如果只是一般的朋友，这样称呼就容易引起不必要的麻烦，尤其是男士用这种方式来称呼自己并不太熟悉的女士，很容易让对方觉得你居心叵测。

(3)只称姓，并且在前面加“老”“小”等字

如“小张”“老周”等，这种称呼多用于熟人之间，也显得比较亲切，同时也体现出一定的长幼关系，对于德高望重者可在姓氏后面带上“公”“老”等，如“张公”“周老”等。

2. 亲属称谓

(1)规范式亲属称谓

对于有血缘关系的人就用亲属称谓，如岳父、岳母是男士对自己妻子父母的称呼；公公、婆婆是女士对自己丈夫父母的称呼。

(2)敬称式亲属称谓

对他人的亲属应采用敬称，以示对他人的尊重，通常是在称谓前面加上“贵”“令”“贤”“尊”等字。

“贵”字一族用于与对方相关的事物，如“贵姓”“贵公司”“贵单位”等。

“令”字一族则不论是对方的长辈、同辈还是晚辈都可以使用，如“令尊”“令堂”“令荆”“令爱”“令郎”，分别指对方的父亲、母亲、妻子、女儿、儿子。

“贤”字一族用于称对方的平辈或晚辈，如“贤弟”“贤侄”，指对方的弟弟、侄儿。

“尊”字一族用于称对方的长辈，如“尊母”“尊兄”，指对方的母亲、哥哥。

(3)谦称式亲属称谓

面对外人，称自己的家属要用谦称式亲属称谓，通常是在称谓前加“家”“舍”“愚”“小”等字。

“家”字一族用于对别人称比自己辈分高或年纪大的亲戚。如称自己父亲为“家父”“家尊”“家严”“家君”，称自己母亲为“家母”“家慈”，称自己兄长为“家兄”，称自己姐姐为“家姐”等。

“舍”字一族用于对别人称比自己的辈分低或年纪小的亲戚。如称自己的弟弟、妹妹为“舍弟”“舍妹”，称自己的侄子为“舍侄”等。

“愚”字一族用于自称的谦称。如“愚兄”是向比自己年轻的人称自己。

“小”字一族谦称自己或是与自己有关的人或事物。如“小弟”指男性在朋友或熟人之间的谦称自己，“小儿”谦称自己的儿子，“小女”谦称自己的女儿，“小婿”谦称自己的女婿。

(4)拟亲属称谓式

中国人通常有把毫无血缘关系的人也纳入亲属称谓行列的习惯，如中国孩子在非血缘关系的同辈人之间也称“哥哥”“弟弟”“姐姐”“妹妹”；称非血缘关系的长辈为“爷爷”“奶奶”“叔叔”“阿姨”等。

在中国，对非亲属的交际对方以亲属称呼之，通常在一些非正式场合使用。一般称呼对象的辈分、年龄越大，使用亲属称谓的频率越高，对同辈人的使用频率则偏低。不过这种场合的亲属称谓也要考虑对方的心理因素，有选择地使用，切不可一概而论。如对一些未婚的大龄女子，即使年纪比你大，最好也不要用“姐姐”或“大姐”来称呼，因为他们希望自己在他人眼中能更年轻些。

(二)工作中的称谓

1. 职务称谓

职务称谓，即用对方的行政职务来称呼对方。这种称呼给对方以受尊重、受重视的感觉，同时还能起到提醒对方所承担责任的作用。职务称谓有几种情况：一是仅称职务，如“经理”“部长”“校长”等；二是在职务的前面加上姓氏，如“张经理”“李部长”“王校长”等；三是在职务的前面加上其姓名，如“张大海经理”“李玉刚部长”“王景奎校长”等。另外，现在流行的“老板”一词，已由过去对私营企业所有者的称呼发展到今天涉及各行各业，不仅是私营企业，连行政机构的下属也对上司称“老板”，甚至大学里研究生也称自己的导师为“老板”，不过这个称呼难免显得过于笼统化。

2. 职称称谓

职称称谓，即用对方的技术职称来称呼对方。不过对于高级职称者使用较多，中级、初级职称者使用较少。如以教授称呼对方比较常见，但以助教称呼对方就很少见了。这种称谓也有几种情况：一是仅称职称，如“教授”“编审”“研究员”；二是在职称前面加上姓氏，如“张教授”“李编审”“吴研究员”；三是在职称的前面加上姓名，如“张德江教授”“李钟书编审”“吴小凡研究员”。

3. 职业称谓

职业称谓，即以对方从事的职业来称呼对方，带有尊重对方职业和劳动之意。职业称谓也可以分为三种情况：仅称职业、在职业前面带上姓、在职业前面加上姓名，如“医生”“孙医生”“孙坚医生”等。对文艺界、教育界人士称“老师”，其前可带姓氏。有时实在不知应如何称呼对方时，可直接称呼“老师”，尤其在文化艺术界更是显得尊敬有礼。

切忌用鄙称去称谓对方的职业，如“杀猪的”“唱戏的”“开车的”“当兵的”“剃头的”等，如此称呼他人是极其不礼貌的。

如果不知道对方从事的职业，也可以用先生、小姐、女士之类可广泛使用的泛尊称称呼他人，尤其是在公司、外企、宾馆、商店等场所。“师傅”一词大多用来指工、商、戏剧等行业中传授技艺的人，现在多用在非知识界。在我国北方地区，人们也常将陌生人尊称为“师傅”。

4. 学衔称谓

学衔称谓多用来称博士，称硕士和学士的不多。学衔称谓可以增强对方的权威性，体现现场的学术氛围。这种称谓可以仅称学衔，如“博士”，也可以在学衔前面加姓氏或姓名，如“李博士”“李煜博士”，还可以将学衔具体标明，如“经济学博士李煜”。

以上介绍了职场中常用的称谓方式。其实不同性质的单位，在称谓上也是有差异的。在外企或有西方文化背景的企业，领导与员工之间的称呼相对灵活一些，员工可以直呼领导的英文名，这并不是什么失礼的行为，因为他们觉得这样的称呼可以起到缓解办公室紧张气氛、建立良好人际关系的作用。在国有企业、日资企业、韩资企业，称呼上大多比较循规蹈矩，亲昵的或不正式的称呼最好不要出现。而在政府机关和一些行政色彩较浓厚的事业单位，就更要严格按照对方的身份来称呼，不可忘记对方的职务。当然，现在各企业的人事情况越来越复杂，管理人员之间的流动也越来越频繁，所以在称呼对方之前，最好先观察对方的喜好和性格，新员工最好多向老员工请教，这样才不至于因称呼不当而引起他人的反感。

(三)国际交往中的称谓

在涉外商务交往中，合理运用对他人的敬称，既是对外国友人的尊重，又能体现涉外商务人员的礼仪修养。为此，我们有必要了解不同国家和民族的姓名知识，进而掌握国际交往中的称谓礼仪。

1. 外国人的姓名及称谓

(1)姓在前名在后

东亚及东南亚国家(泰国除外)、匈牙利等国的人，大多姓在前名在后。只有日本人的姓以两个字居多，且与地名有关，如田中、岗村等，对日本人一般可以只称姓，熟人之间可称名，对男士表示尊敬，可在姓后加上“君”，如田中一郎，可称为“田中君”。在正式场合应该用全称，正式场合书写时，在名和姓之间应有一个字的空格，如“田中　一郎”。

(2)名在前姓在后

在泰国、新西兰、澳大利亚、阿拉伯国家及讲英语的欧美国家，大多是名在前姓在后。例如，约翰·肯尼迪，约翰是名，肯尼迪是姓。有的欧美人的姓名是由三节构成的，中间一节是母亲或与家庭关系密切者的名字，如约翰·威廉姆·肯尼迪。对于这些国家的人士，掌握称谓的关键是要记住第一节的名和最后一节的姓。称呼欧美人，在一般场合只称姓，正式场合要称呼其姓名的全称，关系十分密切时，可以称其名字，只有家人与至亲好友方可使用其爱称。书写欧美人姓名时，可以把名字缩写，但姓不能缩写，如William Shakespeare可以缩写为W. Shakespeare。

特殊的是西班牙人、阿拉伯人和俄罗斯人。西班牙人的姓名有三节至四节，第一、第二节是本人名，倒数第二节是父姓，最后一节是母姓，简称时多用第一节和倒数第二节的父姓。阿拉伯人的姓名较长，依次为：本名—父名—祖父名—姓，平时最主要记住第一节本名和最后一节的姓，其余从略。俄罗斯民族历史和文化的发展决定了其人名系统由三部分构成，首先出现名字，然后是父称，最后是姓氏。在正式公文和隆重的场合，用姓名全称，一般场合称其本名和父名。书写时，本名和父名都可以缩写，分别大写其中的第一个字母，但姓不能缩写。

(3)英美人父子、祖孙的姓名

英美人常有父子、祖孙同名，人们为了加以区别，常常在称呼他们的后辈时冠一个“小”字，如“小约翰”。

(4)未婚女性与已婚女性的姓名

在日本和西方国家，女性通常婚前用父姓，婚后改为夫姓。例如，一个叫丽丝·亨利的姑娘与约翰·肯尼迪先生结婚了，那么，就应该称她为丽丝·肯尼迪太太。但在中国、韩国，女性婚后仍保留婚前姓氏。

了解了有关世界各国的姓名知识后，还应该遵从各国、各地区的习俗，对不同的对象使用不同的敬称才算合乎礼节。

2. 常用敬称的用法

(1)对君主制国家王室和贵族的称谓

对于这类人士，称呼上应尊重对方国家的习惯。称国王和王后为“陛下”，如“西哈努克国王陛下”；王子、公主、亲王为“殿下”，如“茜茜公主殿下”；在英国，对有爵位者，均可称“某某勋爵”；对他们的夫人及公、侯、伯爵的女儿以及新封的女伯爵、子爵、男爵，则可以称“某某贵夫人”。

(2)对于地位高的官方人士称谓

对部长以上的高级官员按国家情况称为“阁下”、职衔或先生。如“大使阁下”，也可以简称“阁下”。但在德国、美国、墨西哥等国家，习惯称“先生”，如称美国总统应该为“总统先生”，对卸任的总统，在前面冠“尊敬的”敬称，如布什，可称“尊敬的布什先生”。

(3)对有学位、军衔、神职、技术职称的人士称谓

对有学位、军衔、神职、技术职称的人可以直接称呼他们的头衔，如“博士”“上校”“神父”“法官”等，也可以在前面加上对方的名，后面加上“先生”等。如“将军”“史密斯将军”“史密斯将军先生”。应注意的是，外国人一般不用行政职务称呼别人，如“某某校长”，只是在介绍时说明被介绍人的职务，如“这位是得克萨斯大学校长怀特·哈里森先生”。

商务人员在各种涉外交际场合，要能够正确运用敬称，如在与外商日常交流与对话中，对交流对象的称呼；向别人介绍时的称呼；与他们交谈，涉及不在场人士的称呼；

对收信人姓名的简略敬称；对收信人姓名的正规敬称；席卡的标识方法；在电子邮件中的敬称等。

三、称谓禁忌

(一)读错姓名

在中国有的汉字作姓氏的时候读音与在其他场合的读音不同，这就需要特别注意。如“解”读音同“谢”，“盖”读音同“葛”，“仇”读音同“求”等。另外，要分清楚复姓，如诸葛、西门、司马、欧阳等，如果把“诸葛丽”称为“诸小姐”，把“欧阳常林”称为“欧先生”，这不仅会惹人笑话，同时也暴露了自己的无知。

(二)不用任何称谓

用“嘿”“喂”而不使用任何其他称谓，这是一种没有礼貌的表现。商务人员绝不能犯这种日常生活中常见的错误。

(三)称呼绰号

绰号常常会损害他人的自尊心，特别是利用别人的缺陷取的绰号，如“断臂大侠”“电线杆子”“铁拐李”等，这样称呼他人，不仅伤害了他人，也反映出个人修养不够。另外，不要随便拿别人的名字乱开玩笑。

(四)不适当俗称

像“铁哥们儿”“姐们儿”“死党”这些不适当的俗称，在正式场合切勿使用。即使你跟公司同事关系再好，当着客人的面也不要“兄弟”来“死党”去的，否则，客人只会觉得工作人员不专业、不敬业，公司也不正规、形象不佳。

(五)不恰当简称

简称一般适合于非正式场合，如“刘科”“陈总”“张处”等，在正式场合还是应该称呼全称。简称要慎用，如称“范局长”为“范局”，“陈处长”为“陈处”，就容易让人产生误会，所以碰到这种情况，尽量不要用简称。

(六)弄错辈分、年纪、婚否

在商务交往中，将没结婚的女性称为“太太”“夫人”，将比自己年纪大的人称为“小妹”，将比自己小的称为“大姐”等，这些都是不妥的。

第二节 介绍礼仪

商务交往中初次见面，你不认识我，我也不认识你，你不了解我，我也不了解你，人们往往首先需要向交往对象说明自己的具体情况，即介绍。介绍是会面礼仪中的重要环节，是人与人相识的最基本方式。

介绍通常分为三类：第一类，介绍自我，即说明本人的情况。第二类，介绍他人，即作为第三者，为不相识的双方做情况介绍。第三类，介绍集体，即把某一个或某一些集体的情况向其他人说明。无论是介绍自我、介绍他人、介绍集体，均须遵守相应的礼仪规范。

一、自我介绍

在商务交际场合，如果你希望认识某位素昧平生的人或希望对方能够了解自己，又没有合适做介绍的中间人，在这种情况下，你就可以先进行一番自我介绍。

(一)自我介绍的内容

自我介绍时，应向对方点头致意后进行。自我介绍的内容有三个要素：姓名、单位与部门、职务或身份。姓名应当一口报出，不可有姓无名或有名无姓。介绍自己姓名时不可加“夫人”“先生”等敬称，对长辈则宜用谦称，如“晚辈叫史昱”。自己供职的单位、部门、担任的职务或从事的具体工作，最好全部报出。例如，“您好，很高兴认识您！我叫史昱，是美华广告公司营销部的经理”。

(二)自我介绍时的礼仪规范

1. 态度自然大方、充满信心

一般人对有自信心的人，容易产生好感。相反，如果你在自我介绍时胆怯、紧张、头不敢抬、目光斜视等，可能会使对方对你有所保留，使彼此之间的沟通产生阻碍。不过，也不要走向另一个极端，在自我介绍时，自吹自擂、夸大其词，这也容易引起他人的反感。因此，进行自我介绍时，用语一般要留有余地，“很、极、非常、特别、第一”等词要慎用，“工作能力特别强”“非常优秀”等说法，自己还是不说为妙，留待别人评价，效果往往会更好。

2. 根据时机与场合，把握介绍的深度

若只是简单的应酬，介绍姓名和工作单位就可以；若是向他人推荐自己，可以在报出自己的姓名及工作单位后，简要介绍一下自己的专业、个人特点或爱好等。在工作场合上的介绍，则重点介绍自己的工作部门、工作职务、工作业绩等。商务人员应当预先设计不同场合自我介绍的内容，做到表达简练、清晰、真实、流畅，并对着镜子反复进行练习，直到自己满意为止。

3. 巧用名字介绍技巧，加深对方对自己名字的印象

自我介绍时，精彩的名字介绍能使自己的名字以最佳的方式让别人记忆深刻。因此，在介绍自己名字时可以适当使用一些技巧或方法，如适当的自嘲或幽默介绍法，常常会收到意想不到的效果。例如，“我叫鲁星，‘山东的明星’”“我叫苏丹晓，不是苏丹红，前两个字都一样，只是最后一个字是‘拂晓’的‘晓’”。总之，名字有多种介绍的技巧，如何诠释得好，需要多多琢磨，每个人都可以不断挖掘让他人记住自己名字的最佳方式。

此外，在自我介绍时，要善于通过自己的眼神表达友善、关怀及渴望沟通的心情。

二、介绍他人

介绍他人是指作为第三者的介绍人为彼此不相识的双方引荐的一种介绍方法。介绍他人具有很强的目的性，被介绍的双方都要通过介绍人帮助他们建立交流和沟通的渠道。这种介绍方式对参与介绍活动的各方均有较高的礼仪素养要求。

【小思考 4-2】

商务交往一般都是从会面开始的，其中有很多交往的礼仪你或许没有注意到。张健是某公司总经理的秘书，一天，他带着一位新客户去公司见总经理。

思考：

见面的时候，假如你是秘书张健，你会先介绍客户还是先介绍总经理呢?

(一)介绍者

1. 介绍者的身份

在社会交往中，善于为他人做介绍，可以使介绍者在朋友中具有更高的威信和影响力，但必须考虑的一个重要因素就是介绍者的身份。社会交往中担当介绍者角色的有下面几种情况：一是社交活动中的东道主，如在家庭聚会中，女主人常常承担这个介绍者的工作；二是社交活动中的长者、尊者；三是一般公务活动中的专职人员，如公关人员、礼宾人员、文秘人员、办公室工作人员、接待人员等，介绍工作本来就是他们工作职责的一部分；四是在正式的活动中地位、身份较高者或主要领导和负责人员；五是熟悉双方情况者；六是应双方要求者；七是被指定的介绍者。

2. 介绍者的职责

(1)了解被介绍的双方有无认识的意愿和兴趣

为避免贸然行事，介绍者应事先征询被介绍双方是否有结识的愿望。否则，如果两家竞争对手在你们公司遇到，你却主动上去做介绍，结果是很尴尬的。在大型社交场合，一般也不要随意地介绍身份地位悬殊的人相互认识，如将保镖或司机介绍给女主人。

(2)态度要热情友好，体态要大方得体

介绍者在介绍时，应注意手势动作要文雅，仪态要端庄，表情要自然，因为介绍者的态度往往会影响到被介绍者在对方心目中的地位。在为他人做介绍时，应微笑着用自己的视线把另一方的注意力引导过来；指向被介绍一方时不可以用一根手指指人，应将右手(不要用左手)五指轻轻并拢，掌心向上略倾斜来指示，如图 4-1 所示。介绍者不可用手拍被介绍者的肩、胳膊和背等部位；不能用拇指或食指指着被介绍者的任何一方，因为拇指指人带着流气和痞气，而以食指指人攻击性较强，有骂人之嫌；不要掌心朝下，因为朝下是矮化对方的肢体语言。

图 4-1　介绍他人的姿势

(3)语言要清楚明确，不能含糊其辞，使双方记不清或记错对方的名字

在正式场合的介绍语言要讲究文雅、庄重、严谨，一般可采用“请允许我向您介绍……”的模式。在介绍完一位之后要有适当的语音停顿，让其有时间向另一方点头或是问好示意。

(4)避免过分赞扬某人

为双方做介绍时一定要注意保持平衡，不能过分赞扬某一位而忽略了另一位。因为不合时宜的吹捧会使被介绍者尴尬，介绍者本人也会给人留下不良的感觉，从而使被介绍的双方产生反感，造成难堪的局面。

(5)介绍完成后的停留时间要适当

为双方介绍完之后，一定要留给双方一定的时间交谈。这个时候作为介绍者一般应稍停片刻，引导双方交谈，等他们能够交谈后，再借故离开。介绍者千万不要“好为媒人”，被介绍的双方还来不及交谈，又火急火燎拉住其中一位的手说：“来，我再为你介绍下一位!”

此外，为别人做介绍时，应特别注意提前记住对方的名字和职务。另外，虽然对方可能都是你的老友，但是他们可能是第一次见面，所以一定要使用尊称来称呼他们，如：“李经理，这是我的同事王丽”，而不应当说：“老李，这是我的同事丽丽。”介绍时可以用一两句话简要说明双方的特点，为双方提供更多的交谈内容，但切不可信息含糊或过于累赘。

(二)介绍的顺序

介绍的顺序问题很重要，不容小觑。应坚持使用“尊者有优先知情权原则”，也就是说，应当先介绍位卑者，后介绍位尊者。

具体来说，为他人做介绍时的礼仪顺序大致有以下几种。

①先把职位低者介绍给职位高者，再把职位高者介绍给职位低者。

②先把自己公司的同事介绍给别家公司的同行，再把那位同行介绍给自己的同事。

③先把公司同事介绍给客户，再把客户介绍给自己的同事。

④先把晚辈介绍给长辈，再把长辈介绍给晚辈。

⑤先把男士介绍给女士，再把女士介绍给男士。

⑥先将晚到者介绍给早到者，再将早到者介绍给晚到者。

在称呼时，先称呼长辈、职位高者、女士、先到者，再将被介绍者介绍出来，最后介绍先称呼的一方。如介绍时可以说：“李总经理，请允许我将我的秘书刘小姐介绍给您。”然后才说：“刘小姐，这位是公司的李总经理。”

在政界和商界接待场合，被介绍双方受尊重的程度首先由双方地位和职位决定，其次考虑长者或是女士等其他因素。在非正式场合，往往是年纪、性别等因素排在前面，职位等因素排在后面。比如，在正式的商务场合，介绍一位男经理与一位女秘书认识，作为介绍者，应先介绍秘书再介绍经理，在这个场合，职位的因素排在前面；在非正式场合，如逛街时，介绍自己的一位女秘书朋友与一位男经理认识，宜先介绍男士，再介绍女士，在这种场合下，性别因素排在前面。

(三)介绍的内容

介绍他人时，介绍的内容一般包括姓名、单位和职务三要素。非正式场合也可简单化，只介绍姓氏就可以了。例如，“我来介绍一下，这位是小李，这位是老王，你们彼此认识一下吧。”有时候采用强调式，强调被介绍者某个方面的特长、与介绍者的关系、被介绍双方的共同之处等。例如，“这位是张川，美华广告公司的经理，他可是广告创意专家。”“这位是我的小妹李季美，以后请多多关照。”

(四)被介绍者的礼节

①被介绍者一般应起立，即使由于座位过于拥挤而无法立起，也应当尽量做立起状。不起立意味着你的身份要高于对方。

②应给予对方善意而礼貌的关注，目中无人、有意拿腔拿调或是卑躬屈膝、低三下四的表现都是没有教养的。

③握手。友好地表示信任和尊敬(位尊者先伸手)；若相距较远则可举右手致意。

④以恰当的方式问候对方。例如，“您好，李经理。”“很高兴见到您。”

如果没有听清对方的名字，你可以请对方重复一遍，千万不要觉得不好意思。你可以说：“对不起，我没听清楚您的名字，可否请您再说一次。”如果自己的名字、身份介绍错了，最好用委婉的方式马上纠正，例如，“对不起，我是公司人事部经理，不是公关部经理，倒都是经理。”

⑤交谈结束互相道别。例如，“再见！以后常联系！”“多谢您关照，我先告辞了！”

道别的语言、动作、表情和刚见面时的语言、动作、表情同样非常重要，因为人类在记忆一连串的元素时，最前面的元素和最后的元素留下的印象尤为深刻，这就是第二章所说的“首因效应”和“近因效应”。最先的印象和最后的(即最近的)印象会更加长时间地留在人们的脑海里。所谓善始善终就是这个道理。

三、介绍集体

有时候被介绍的一方不是一个人，而是一个集体，或是被介绍的两方、多方都是集体时，这种情况称为介绍集体。介绍集体实际上是一种特殊的介绍他人的情况，因此，介绍他人的基本规则也是适用的，即介绍双方时，先卑后尊。而在介绍其中某一方内部人员时，则应当先尊后卑。

(一)一方是个人，另一方是集体

将一个人介绍给集体，这种方法主要适用于在重大的活动中对于年长者、身份高者和特邀嘉宾的介绍。介绍者对被介绍者进行介绍以后，其他的来宾可以自己去结识被介绍者。

(二)双方都是集体

被介绍的双方都是集体时，应先介绍地位低的集体，后介绍地位高的集体(即使地位低的集体人数较多，而地位高的集体人数少甚至只有一人)；先介绍东道主，后介绍来宾和客人；先介绍人数少的一方，后介绍人数多的一方。不过，在集体内部要采用“先尊后卑”的原则。例如，介绍者准备介绍甲、乙两个公司的代表团成员，两个代表团均由经理、主管、秘书三人组成。介绍者就要根据“尊者有优先知情权原则”决定先介绍甲还是先介绍乙。当甲团的身份低于乙团时，就先介绍甲团；甲团有三名代表，这时就要按“先尊后卑”的顺序，按经理—主管—秘书的顺序依次介绍甲团成员；然后介绍乙团成员，也按经理—主管—秘书的顺序依次介绍。

双方集体地位高低确定的方法主要有两种：一是以单位规格为准。例如，一个单位是厅级单位，一个单位是处级单位，那么就以厅级单位为尊。二是以负责人的身份为准，例如，双方都是派来若干名代表组成代表团，那么身份的高低就可以由这位代表团团长的身份来确定。

(三)多方都是集体

当要介绍多个集体时，若要排出先后顺序，可根据上面的“双方都是集体”的情况进行排序，不过，很多时候会特意淡化尊卑关系。国际上通行的做法是，组织者以单位英文或是汉语拼音顺序确定先后，例如，2008 年北京奥运会的入场式中，介绍各国的代表团时，我国是按代表团名称的中文翻译的第一个简化汉字的笔画顺序来排序。有时候为了确保进一步的公平，会采用英文字母的轮换式。也就是这一次以 A 作为开头的第一字母，B 为排在第二的字母；下一次就以 B 为排在第一的字母，以 A 为排在最后的字母。此外也可以按座次顺序，按距介绍者的远近依次进行介绍。

四、记住别人名字的方法

商务人员每天都可能和很多人打交道，对于见过的人，哪怕是只谈过一两句话，如果下次见面时能够准确无误、亲切流畅地喊出对方的名字，无疑会使对方产生极大好感，他(她)会认为他(她)在你心目中非常重要，并且在以后的交往中和你拉近距离。那么，怎样快速、牢固地记住别人的名字呢？常用的方法有下面几种。

(一)礼貌重复法

礼貌重复法是指在交谈中尽量称呼对方的名字，少用“你”“先生”“经理”这样无名无姓的通用代词。使用头衔和尊称时，也尽量和姓名一起连用，如“王丽小姐是哪里人?”“刘青经理的报告，我已经读过好几遍了。”这样，在谈话当中不断重复对方的姓名，并在分手时再次重复对方的姓名，会帮助我们很快记住对方。

(二)词汇记忆法

词汇记忆法是指把对方的姓名与一些可能有联系的词汇关联起来辅助记忆，也可以把单个文字拆成词汇来记忆。比如，“凯利”可以用“凯旋胜利”来帮助记忆。

(三)图像记忆法

图像记忆法即把对方的名字与对方的某个特点联系起来，比如“高英的个子不太高”“章连峰就是那个戴黑框眼镜的胖胖的矮个子”“李红穿着蓝色的套裙”等。此法对于擅长图像记忆的人尤为好用。

每天的日常工作结束后，可以在晚上睡觉之前回顾一下自己白天见到了哪些人，他们叫什么名字、有什么特点，长此以往，你的人脉体系一定会越来越发达。

【扩展阅读 4-1】

名人如何自我介绍

单口相声自述式——著名相声艺术大师马三立的自我介绍：

我叫马三立。三立，立起来，被人打倒；再立起来，又被人打倒；最后，又立起来，但愿别再被打倒。我很瘦，但没有病。从小到大，从大到老，体重没超过 100 斤。现在，我还能做几个下蹲。向前弯腰，还能够着自己的脚。头发黑白各一半。牙好，还能吃黄瓜、生胡萝卜，别的老头儿、老太太很羡慕我。我们终于赶上了好年头，托中国共产党的福。我不说了，事情在那儿明摆着，会说的不如会看的。没有中国共产党，我现在肯定还在北闸口农村劳动。其实，种田并非坏事，只是我肩不能担，手不能提。生产队队长说：“马三立，拉车不行，割麦不行，挖沟更不行。要不你到场上去，帮妇女们干点活，轰轰鸡什么的。”惨啦，连个妇女也不如。也别说，有时候还有点用。生产队开个大会，人总到不齐。可队长要是在喇叭上宣布：今晚开大会，会前由马三立说段单口相声。

立马，人就齐了。

亦庄亦谐调侃式——著名漫画家方成的自我介绍：

方成，不知何许人也。原籍广东省中山市，但生在北京，说一口北京话。自谓姓方，但其父其子皆姓孙。非学画者，而以画为业。乃中国美术家协会会员，但宣读论文在中国文化学会。终身从事政治讽刺画，因不关心政治而屡受批评。

资料来源：《语文报·初二版》第 573 期，2009-03-09。

第三节　名片的使用礼仪

名片是现代人社交的通行证。正常情况下，名片是一个人身份、地位的象征，也是使用者要求社会认同、获得社会尊重的一种方式，尤其对商务人员来说，它还是所在组织形象的一个缩影。名片已成为现代商务人士必不可少的交际工具，商务人员不仅必须备有名片，而且必须随时携带名片。从某种意义上讲，一个没有名片的人，是没有交际意识的人，不随身携带名片的人，是不尊重交往对象的人。

一、名片的作用

在现代商务交往中，名片具有多种功能和用途。

(一)自我介绍

名片具有进行自我介绍和保持联络的作用。这是名片最基本的作用。

(二)替代便函

在名片上写上简短的几个字，用来对友人表示祝贺、感谢、介绍、辞行、慰问、馈赠以至吊唁等多种礼节。为了表示不同的礼节，可以在名片左下角用小写字母写上国际通用的法文缩写，如恭贺新年(p. f. n. a)、敬贺(p. f)、谨谢(p. r)、介绍(p. p)、辞行(p. p. c)、谨唁(p. c)，也可以写上祝贺或问候短语寄给对方。假如祝贺名片上只有几行冷冰冰的字，会让人觉得你敷衍了事。寄祝贺名片给朋友，如对方已非单身，收件人应为夫妇两人，只给一方会显得你很不礼貌。

(三)替代礼单

向客户或友人寄送、托送礼物或鲜花时，可在礼品或花束中附上名片并写上祝贺短语，自己收到客户或友人的礼品，可立即回复一张名片，左下角用铅笔写上 p. r，以表示感谢。

(四)介绍他人

如一位总经理想把公司新来的公关部经理介绍给某一位重要客户，可在自己名片的左下角用铅笔写上 p. p，然后把新来的公关部经理的名片附在后面一并送去。

(五)代替请柬

在非正式邀请(如朋友小聚、非正式家宴等)中，可用名片代替请柬，并写明时间、地点和内容。

（六）通报和留言

拜访客户或尊长时，可在名片的姓名下方写上“求见”“拜谒”字样，转行顶格写上对方姓名称谓。若被访者不在家，可留下一张名片，上面写一句“很遗憾，来访未晤”或“很遗憾，未能一见”等，也是很友善的表达。

（七）业务宣传

在进行业务往来时，名片是公司的招牌，具有类似广告的作用，可使对方了解你所从事的业务。

（八）通知变更

一旦迁居、调任或更换电话号码，送给客户、好友一张注明上述变动的名片，等于及时而又礼貌地打了招呼。

二、名片的分类

名片是一种给别人留下你的联络方法的简单易行的方法。在不同的场合应当使用不同的名片，这样可以给对方留下不同的印象。名片大体上可分两大类：第一大类是个人名片，经常用到的有以下两种：一种是社交名片，主要用于私人交往。社交名片比较简单，通常只印姓名、籍贯等两三项内容。我国港澳台人士，包括海外华人，他们的名片一般会留下籍贯。如陈立夫先生的名片，“浙江奉化陈氏立夫”。私宅电话则可有可无，大多数情况下是不出现的。这种名片一般是在商务应酬场合使用，用于一般性的交往。另一种是公务名片，也叫商务名片，是指因公使用的个人名片。公务名片有一定的规范性。公务名片正面可以印单位名称、姓名、电话、传真、地址、E-mail，背面可以印单位的业务经营范围等信息，但一般不在上面出现私人照片、个人格言警句等。在与客户交往的场合应当使用商务名片，给对方正式的、可信的感觉；与一般朋友交往时，应该使用社交名片，因为公务名片中的职务、头衔等信息可能会使对方产生疏远的感觉。

第二大类是组织名片，就是以组织的身份去进行沟通。很多公司、企业有要求，社交场合、公共场合，有人向你索取名片，只能出示单位的名片，尤其是装修公司、保险公司或者从事营销工作的人。再比如在一些大型展览会、博览会上交换的都是公司企业的名片。

三、名片的礼仪

现代商务人士每天要同各式各样的人打交道，向他人递送名片和接收他人名片的机会也非常多。名片交换应重视其礼仪效应，恰到好处地使用名片，会给人一种文明、现代、彬彬有礼的感觉。名片的礼仪要做到送之有礼，授之有礼，收藏有礼，处处有礼。

【小思考 4-3】

在很多社交场合，初次见面的人都会给对方递上一张名片，从而相互认识。

思考：

如果你遇到了一对夫妇，这时候你会递一张名片还是两张名片呢？

(一)递送名片

在商务场合或社交场合，他人把名片给了你，你也要把自己的名片给对方；若你想要别人的名片，你也要给别人名片，将欲取之，必先予之。给他人递送名片时应注意以下事项。

①当我们经自我介绍或他人介绍与人初识之后，如果身上带有名片，应立即取出，恭敬地用双手捧交给对方，切不可随意放在桌上，让对方自取或采取别的方式发名片。收到名片的一方若有名片，要迅速递上自己的名片，若没有，则应说明情况并道歉。如果双方早已熟悉或是经常见面，就不必交换名片。

②名片是商务人员的“第二张脸”，应当保持干净整洁，不可将折叠或破损的名片送给别人。因此，精致的名片夹或名片盒不失为一个明智的选择。自己的名片应当放在伸手可及、容易拿出的地方，如西服的内袋或公文包的最外侧夹层里，以便随时取出。最好将自己的名片与他人的名片分开放置，否则，忙乱中误将别人的名片递出，是很失礼的行为。

③在参加商务活动前，应事先估计所需名片的数量，预先把足量的名片放在名片夹里。如果准备不充分，没有名片与别人交换，那将会使自己失去很多商务交流沟通的机会。但有时候没必要多给，比如给一对夫妇名片，在一般场合只给与自己同性那位就可以了。

④礼仪是讲究排序的，所以递送名片时通常是地位或职务低者先递出名片。同时向多人递送名片时，可按照由尊而卑的顺序依次递送，即先将名片递给职务较高或年龄较大的人。如果这些人职位高低和年龄大小都差不多，可按照由近而远依次递送，或是沿圆桌顺时针递送。

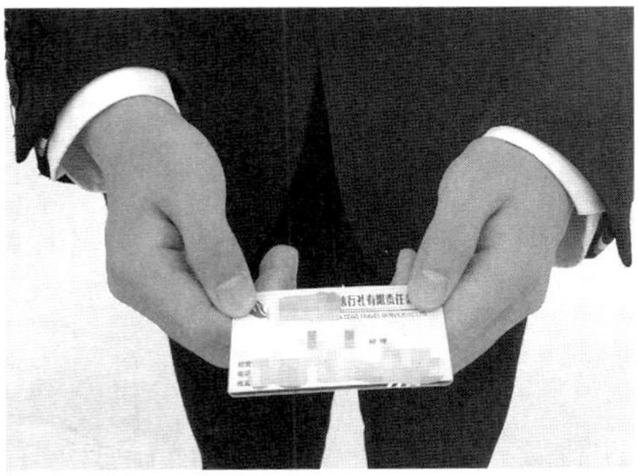

图 4-2　递送名片的姿势

⑤递送名片时，应面带微笑，正视对方，用双手的拇指和食指分别捏住名片上端的两角，将名片送到对方胸前位置，以示对对方的尊重；递出的名片应使文字正面方向与对方视线方向一致，这样对方接受名片后可以直接阅读，如图 4-2 所示。递送者如果是坐着，应起身或欠身递送，同时可以说“我叫×××，这是我的名片，请笑纳”或“请多关照”之类的客气话。因为欧美人、阿拉伯人和印度人习惯用一只手与人交换名片；日本人则喜欢用右手递送自己的名片，左手接受对方的名片。所以，同外宾交换名片时，可先留意对方是用单手还是双手递接名片，随后再跟着模仿。

(二)接受名片

接名片的步骤可以总结为：一接、二读、三放。这是个完整的过程，有很多人只关注第一个步骤，其实只有完成了后两个步骤才能称得上符合接取名片礼仪。

1. 接名片

接受他人名片时，应起身或欠身，面带微笑，恭敬地用双手的拇指和食指接住名片的下方两角，并轻声说“能得到您的名片十分荣幸”“谢谢”等。若对方是地位较高或有一定知名度的人士，则可说“久仰大名”之类的赞美之词。

接过名片之后，若是仍然站着讲话，名片就一定要拿在齐胸的高度，若是坐下应将名片放在桌上。

2. 读名片

接过名片后，应十分珍惜，并当着对方的面，用30秒以上的时间，仔细把对方的名片读一遍。读名片可以适当地强调对方名片上比较重要的信息，如职务、学衔、职称等荣耀信息，可重复并简单评价表示敬意和重视。读名片的时候，遇到多音字、不会读的字，或是有不懂之处应当立即请教：“尊号怎么念?”不要想当然地乱读名片，如果不小心把别人的姓名读错，应向对方致歉，因为读错他人姓名、随意曲解他人信息是失礼的。

接过他人名片之后，一眼不看，或漫不经心地随手往衣袋或手袋里一塞，之后又询问对方姓名，这是最糟糕、最拙劣、最不礼貌的做法，而放进口袋之后又拿出来观看，也会令对方有被忘记的不快，这些都是应当避免的。

3. 放名片

读完对方的名片之后，应当着对方的面郑重其事地将其名片收在适当的地方，如上衣口袋、西装内袋、公文包里或是名片夹里，不可随意乱放，也不宜当着对方的面放入自己的裤子口袋或钱包里。

此外，名片不是一张简单的纸，它代表的就是对方本人，不要在他人的名片上乱写乱涂。接受他人的名片之后，不要一边谈话一边玩弄名片，卷成烟卷状、折成纸飞机等，到谈话结束之时，名片已经面目全非、惨不忍睹。切记：随意乱塞、乱放、乱扔、乱画名片等行为，都是对他人的不尊重。

(三)名片的管理

1. 现场管理

现场管理是指接受他人的名片后，要妥善收藏，不能乱扔。

2. 日后管理

商务人员每天都有很多机会得到他人名片，日积月累便是一张威力巨大的“关系网”。日后管理是指保存名片的问题，有三点需要注意：

①名片不能随意废弃，如果需要淘汰时，可以把它拿到碎纸机里处理掉。但是不要随便扔掉，这样可能会引起不好的后果。

②保密私信。名片上有许多私人信息，如手机号码、家庭住址等，如果随意泄露出去，则是对别人的不尊重，辜负了他人对你的信任。

③定期分类整理。对于大量的名片一定要定期分类整理，按字母分类、按姓氏笔画分类，或者按照行业分类、按照对你的业务重要程度等分类，条件允许的话还可以根据名片建立电子版本的通讯录，使其发挥最大作用。

四、名片的制作

商务名片的制作要求和设计与社交名片及单位名片是不一样的。商务名片的规格一般是9厘米×5.5厘米，纸质以耐磨、耐折的纸张为首选材料，不要过于花哨，色彩淡雅，以单色和浅色为佳，一般是白板纸、布纹纸等。商务名片的图案选择上最好有单位的徽标。

常见的名片设计有横、竖两种版式。

(一)横式：行序自上而下，字序自左而右

参考格式：

第一行：单位图标、名称(顶格书写)；

第二行：姓名(字号较大，居中)，若有职务或职称等以小字标于姓名右下侧；

第三、第四行：通信地址、邮政编码、电话、E-mail。

(二)竖式：行序由右至左，字序由上而下

参考格式：

第一行：单位图标、名称(顶格书写)；

第二行：姓名(字号较大，居中)，若有职务或职称等以小字标于姓名左下侧；

第三、第四行：通信地址、邮政编码、电话、E-mail。

名片是商务人员日常社会交往中不可缺少的小道具，被很多人称为“第二张脸”。所以，设计、制作名片时应多花一些心思，使它能够反映出你独特的品位与风格，能够吸引对方的注意力，给对方留下良好的、深刻的印象。当然，每个企业的名片都有一定的模式，但是如同职业服装一样，只要你多动脑筋，也一样能够展现个人的魅力。

【扩展阅读 4-2】

名片的由来

名片起源于交往，而且是文明时代的交往，因为名片离不开文字。

原始社会没有名片，文字还没有正式形成，交往很少。

奴隶社会，尽管出现了简单的文字，也没有出现名片。奴隶社会经济还不发达，奴隶没有受教育的权利；少量世袭奴隶主，形成小的统治群体，由于统治小圈子长期变化不大，再加上识字不太普遍，也没有形成名片的条件。

名片最早出现于封建社会。战国时期，经济的发展带动了文化发展，出现了百家争鸣的景象。公元前 221 年，秦始皇统一六国，建立了中央集权统治的国家，统一全国文字，分封了诸侯王。咸阳成了全国的中心，各路诸侯王每隔一段时间就要进京述职，诸侯王为了拉近与朝廷当权者的关系，经常联络感情也在所难免，于是出现了早期的名片——“谒”。所谓“谒”，就是拜访者把名字和其他介绍文字写在竹片或木片上(当时纸张还没发明)，作为给被拜访者的见面介绍文书，也就是现在的名片。

到了汉朝，中央集权制国家进一步发展，随着汉初疆域扩大，“谒”的使用越来越普遍。进入东汉末期，“谒”又被改称为“刺”，由于纸张开始普遍采用，“刺”由竹木片改成了更便于携带的纸张。

唐宋时期，中国封建社会进入了全盛期，唐初科举制度开始实行，让一些有才能的庶民也能靠自己的努力，进入统治阶级。为了与世袭贵族争夺权力，他们在官场上相互提携，拉帮结派的门阀也开始形成。每次科举考试后，新科及第考生都要四处拜访前科及第者、位高权重者，并拜其为师，以便将来被提携。要拜访老师，必须先递“门状”，这时“刺”的名称也就被“门状”代替了。

到了明朝，统治者沿袭了唐宋时期的科举制度，读书成了一般人改善生活的唯一出路，识字的人也随之大量增加。人们交往的机会增加了，学生见老师、小官见大官都要先递上介绍自己的“名帖”，即唐宋时期的“门状”。“名帖”这时才与“名”字有了瓜葛。明朝的“名帖”为长方形，一般长七寸(约23.31厘米)、宽三寸，递帖人的名字要写满整个帖面。如递帖给长者或上司，“名帖”上所书名字要大，表示谦恭，“名帖”上名字小会被视为狂傲。

到了清朝才正式有“名片”的称呼。清朝是中国封建社会的终结，由于西方不断入侵，与外界交往增加了，和国外的通商也加快了名片的普及。清朝的名片开始向小型化发展，特别是在官场，官小的使用较大的名片以示谦恭，官大的使用较小的名片以示地位。

第四节　见面问候礼节

在商务场合中，不管大家是初次见面还是相识已久，通常在见面时都会以不同的方式相互问候以示友好。这些见面问候的礼节，能够营造出一个良好的人际交往氛围。

教学微课：握手礼

一、握手礼

握手礼在许多国家已经成为一种常见的见面问候礼节，而且范围越来越广。得体的握手能够传递热情、欢迎、鼓励、友谊等多种信息；不得体的握手则会传递厌烦、轻视等信息，甚至可能会引发双方的矛盾。商务场合握手礼的使用十分强调其规范性。

【背景知识4-1】

握手礼的起源

握手礼源于西方人类半野蛮半文明时期，在战争或狩猎时，人们手上经常拿着石块或棍棒等作为防御武器。他们遇见陌生人时，如果大家都无恶意，就要放下手中的东西，并伸开手掌让对方摸摸手心，表示自己手中没有藏匿武器，以证实自己的和平和友善。这种习惯逐渐演变成今天作为见面和告辞的握手礼节。现如今，握手已成为社交中最为普遍的一种礼节。

(一)握手礼的使用场合

握手礼是经常用到的见面礼节，在很多场合均是一种常见礼节。当遇到久未谋面的熟人、朋友、同事等，在与对方交谈之时，握住对方的手，可以更好地传递这种久别重逢的欣喜之情。当被介绍给初次相识的人时，规范的握手既可以加深双方之间的印象，同时也为双方未来的友谊奠定了基础。东道主迎接客人到来之时，主动热情地握手代表了东道主对客人的欢迎之情。在得到他人支持、鼓励或帮助之时，与对方握手可表达对他人的感激之情。在他人遭遇挫折或不幸时，伸出温暖有力的手与对方相握，往往会给对方增添信心和直面困难的勇气。在为他人颁发奖品时，握手可以让对方深切地感受到你的鼓励和关怀，同时也可以增强他的荣誉感。

(二)握手礼的动作要领

1. 姿势

与他人握手时，身体应以标准姿势站立；右手手臂前伸，肘关节屈；手掌稍微倾斜，拇指向上，四指并拢；面含笑意、神态专注、友好热情、自然大方，如图4-3所示。男士之间握手时应掌心相对方显真诚，男士握女士手或女士之间握手时只需握住四个手指即可，无须掌心相对，握手时，双方彼此之间的最佳距离为1米左右，太远容易让对方产生距离感和隔阂感，有受冷落的感觉；太近则容易显得缩手缩脚，不雅观也不大方。

与长者、身份高者握手时，为表示尊敬，上身应略微前倾，头略低一些。军人戴军帽与对方握手前，应先行军礼，然后再行握手礼。

图4-3　握手的姿势

2. 力度

握手的力度要恰到好处，既不能毫不用力(西方称之为“死鱼式握手”)，也不可用力过大。不同的握手力度给人以不同的感觉，传递着不同的信息。久未谋面的老朋友之间握手，可以双手紧紧相握，用力较重反而会增添亲切和喜悦之情。对于一般的朋友，用力稍大也可以显示热情，但不能像老朋友那样拼命用力，否则会有示威、挑衅的意味。上级坚定有力地握住下级的手，会让下级感受到上级的感召力和上级对下级的信任感。握手时力度太轻，或是仅以手指尖与对方手掌稍稍接触是敷衍了事的表现，容易给人消极傲慢、无精打采、缺乏诚意的感觉。

3. 时间

握手的时间长短一定要把握好，一般以2～3秒为宜。但是对于久别重逢的老朋友，握手的时间允许长一些，还可以伸出左手握住对方右手的手背，两手紧握。在向他人表示鼓励、慰问和热情时，握手的时间也可以稍微延长。男士与某位女士初次见面时，握手的时间应略短，否则会引起对方的反感或厌恶之情。在与数位初识者握手时，应注意握手时间大体上要相同，不要让人有厚此薄彼之感。

4. 问候

在握手时要含笑与对方进行目光交流，同时根据交往对象进行恰当的问候。例如，对远道而来的客人，可以说“欢迎光临!”“旅途辛苦了!”对第一次认识的朋友可以说“幸会幸会!”“很高兴认识您!”老朋友见面可以说“别来无恙!”在送别客人时则可以祝对方“一路平安!”握手时若一言不发，会让对方以为你非常不乐意与其握手。若边握手边跟其他人打招呼说话，则会非常令人反感。

(三)握手的顺序

握手的顺序，坚持“尊者优先伸手原则”。在正式商务场合，握手次序依据双方所处的社会地位、职务、身份而定，而在社交和休闲场合则主要依据年龄、性别、婚否等条件来确定。

①职位、身份高者与职位、身份低者握手，应由职位、身份高者先伸手。

②长辈与晚辈握手，应由长辈先伸手。

③年长者与年幼者握手，年长者先伸手。

④女士与男士握手，应由女士先伸手。

⑤已婚者与未婚者握手，由已婚者先伸手。

⑥社交场合的先至者与后来者握手，由先至者先伸手。

⑦接待客人时，主人先伸手表示对客人的欢迎。

⑧客人告辞时，应先伸手与主人相握，以示请主人就此留步。

一人同多人握手时，可以采用的顺序有由尊至卑、由近及远或按顺时针方向依次进行。多人同一人握手，不要急于出手，应请身份地位高的人先与对方握手，轮到自己的时候再伸手。

在社交和商务场合，若碰到违反顺序先伸出手的情况，也应毫不迟疑地立即回握。对对方先伸出来的手视若无睹，或是过于斤斤计较、跟对方理论，甚至拒绝与他人相握，都是极为失礼的行为。

(四)握手的禁忌

握手是一个细节性的礼仪动作，做得好，不一定会产生显著的积极效果，但是做得不好，却能产生明显的负面效果。

1. 心不在焉

握手时不看着对方，表情呆板，眼神迷离，东张西望等做法，容易伤害对方的自尊心。

2. 左手握手

国际上通行的握手方法是以右手相握，而不能用左手相握。特殊情况下，如右手受伤，用左手与人相握时应当说明或者道歉。

3. 坐着握手

在正常情况下，坐着与人握手是不礼貌的，除非是年事已高或身体不适(应说明情况)。如果空间不允许，可以坐着握手，但也应适当地欠身。

4. 交叉握手

多人相见时不可交叉握手，即当两人正在握手时，第三人不可伸出手从这两人手臂上方(或下方)越过(或穿过)与第四个人握手，这样做是对前两人的失礼行为。

5. 戴手套握手

按照国际惯例，身穿军装的军人可以戴着手套与人握手，在社交场合女士可以戴着手套与男士握手。但一般人不可以戴着手套与他人握手，女士也不可戴着手套与其他女士握手。如果因为特殊原因不能脱下手套或来不及脱下手套与别人握手，应当立即说明原因，并表示歉意。

6. 左手放置不当

当用右手与他人相握时，左手应自然下垂，不要拿着香烟、报纸、公文包等物品，也不要插在口袋里。

7. 用湿的、脏的手与他人相握

与人握手时，伸出去的手最好不是湿的或脏的，否则会给对方以不舒服、不愉快的感觉。与人握手之后，不能马上擦拭自己的手掌。

8. 在对方不便时与之握手

当对方正在用餐、打电话、主持会议、与他人交谈或离自己较远时，不要与对方握手，可以稍等片刻，或点头示意即可。

此外，不要戴着墨镜和他人握手；不可一只脚在门内、另一只脚在门外与人握手。

二、致意礼仪

致意就是用语言或行为向别人问好，表达自己的问候之意。致意是商务活动中简单、常用的见面问候礼仪，包括见面注目、问好、点头、微笑、举手、欠身、脱帽等。

(一)致意的方式

1. 举手致意

举手致意是用右手手臂向前上方伸出，手上举约至头高位置，掌心朝向对方，轻轻摆摆手或挥挥手。注意不必反复摇动，幅度不宜过大，适用于公共场合远距离遇到相识的人打招呼，此时不必出声。

2. 点头致意

点头致意是当自己的目光与对方目光接触时，向对方点头。注意幅度不宜过大，也不必反复点头。点头致意适用于以下情境当中：同一场合多次见面时；与不熟悉但是曾有过一面之交的人相遇时；在会谈或会场上遇到熟人，不便交谈时；日常工作中同事见面、上下班见面时。

3. 欠身致意

欠身致意是指致意者站着或坐着，上身前倾，含笑目视被致意者，向对方表示致敬。其适用范围较广，常与点头致意相配合，如与不相识者的初次见面、主人给自己倒茶水、与老朋友见面等。

4. 起立致意

起立致意是在商务活动进行中，领导、来宾到场，坐着的晚辈、下级见到长辈、上级到来或离去时，坐着的男士看到站立的女士时，应站立致意。一般站立时间不长，只要对方示意坐下即可入座。

5. 微笑致意

微笑致意适用于与不相识者初次见面时，也用于向在同一场合反复见面的新老朋友打招呼。

6. 脱帽致意

脱帽礼是男士所行之礼。脱帽致意是男士摘帽向对方点头致意，摘帽的同时略微欠身。脱帽致意时，有帽檐的帽子，用右手拇指和食指捏住帽檐中间脱帽；礼帽用右手三个手指捏住帽顶中间部位，将其置于与肩平行的位置，同时与对方交换目光，对方离开，脱帽者才能再戴上帽子；如果是无檐帽，可以不脱帽。北方寒冷季节，在室外与熟人相遇，只要用手把帽子轻掀一下即可。男士向女士行脱帽礼，女士一定要以其他方式向对方答礼，但女士是不行脱帽礼的。

(二)致意的礼仪规则

以上介绍的几种致意方式，在同一时间、对同一对象，可以只用一种，也可以几种并用，主要依据双方的关系和自己想向对方表达友善和恭敬的程度而定。致意的基本规则如下。

①职位、身份低者先向职位、身份高者致意。

②男士先向女士致意。

③晚辈先向长辈致意。

④未婚者先向已婚者致意。

⑤受到别人的致意,被致意者应该马上采用对方的致意方式回礼,否则显得无礼和傲慢。

⑥致意时应诚心诚意,和蔼可亲。

⑦施致意礼的同时,可以用简洁的礼貌用语问候,使致意生动而有活力。

⑧施致意礼时举止要文雅,尤其是嘴里不能叼着香烟,手不能插在衣裤兜里。

三、其他见面问候礼节

(一)拥抱礼

拥抱礼起源于古埃及,同握手一样,互相拥抱也是向对方保证:人们所穿的宽大的袍子下面没有暗藏武器。

拥抱的方法分两种情况。

正规的拥抱礼:两个人面对面站立,各自举起右臂,把右手搭在对方左肩后面,左肩下垂,左手扶住对方右腰后侧。先向各自的右侧拥抱,再向各自的左侧拥抱,最后向各自的右侧拥抱,拥抱三次后礼毕。在施拥抱礼时,双方身体不可贴得太紧,拥抱的时间不宜长,也不能用嘴去亲吻对方的面颊。

非正式场合的拥抱礼则显得比较随意:握住右手,用你的左臂环抱对方肩膀,然后把上身倾向对方,转动头部,使你的嘴不碰触对方的面颊、领口。双方都不要碰触对方骨盆。不必拥抱三次,持续2~3秒后,放开对方、微笑、后退一步即可。

行拥抱礼前,最好了解对方有没有这种礼节,不要贸然行事,对没有这种习惯的交往对象,则一定要慎用。

(二)鞠躬礼

鞠躬礼在日本和韩国比较常用,在我国鞠躬礼主要适用于演员谢幕、结婚典礼、悼念活动、商务人员迎宾送客等场合。鞠躬的度数越大,表示的尊敬程度越大。普通打招呼时鞠躬度数约为15°;迎送客人时鞠躬度数约为30°;表示感谢时鞠躬度数可以在45°或以上;90°的大鞠躬度数常用在表示悔过谢罪或悼念他人等特殊场合。

鞠躬礼的行礼方法:

鞠躬者应保持上身、颈部、头部正直,以胯为轴前倾身体,如图4-4所示。身体前倾的同时将目光移至前方地面约1.5米处,略作停顿后仍然保持上身、颈部、头部正直,以胯为轴使身体恢复原位,同时目光亦恢复原位。在行15°鞠躬礼时,目光可以一直看着对方,注意保持微笑。

图4-4 鞠躬礼的姿势

行鞠躬礼时,位卑者先鞠躬,且鞠躬角度比位尊者大,持续时间也比较长。受礼者一般应以鞠躬礼还礼，若是长辈、女士或上级，还礼时可以不鞠躬，而用欠身、微笑、点头致意以示还礼。

(三)合十礼

合十礼，是佛教徒的一种敬礼方式，后盛行于印度和东南亚信奉佛教的国家和地区。这个动作除了表示敬意和问候外，还可表示“谢谢你”“对不起”。当别人向我们行合十礼时，我们也应以合十礼还礼。

合十礼的行礼方法：

身体直立，双目注视对方，面带微笑，两手掌在胸前约 20 厘米处对合，呈祈祷状，五指并拢向上，向外前倾，然后欠身低头。行合十礼时，手掌的高度应当在胸部至眼睛之间，通常双手举得越高，表示对对方的尊敬程度就越高。向一般人行合十礼，指尖与胸部持平即可；若是平辈相见，指尖应举至鼻尖；若是晚辈向长辈施礼，指尖应至前额。需要注意的是，切不可把合着的手掌举过头顶，否则会被误解为侮辱对方。

(四)拱手礼

拱手礼又叫长揖，主要用于春节团拜、感谢、祝贺等场合。

拱手礼的行礼方法：

上身挺直，双手抱拳举至下巴处，自内而外或者自上而下，有节奏地晃动两三下。

(五)吻手礼

吻手礼是流行于欧美上层社会的一种礼节，起源于中世纪的欧洲。吻手礼是中世纪的骑士向已婚的贵妇人表示敬意的做法。在社交场合中，同上层社会的贵族妇女见面时，如果女士先伸出手作下垂式，男士则可将其指尖轻轻托起，象征性地接触；若女士不伸手，表示不可行吻手礼。特别注意，吻手礼仅适合于已婚女士；男人吻女士的手，舌头不能伸出来，而且接触对方的部位只能是手背。

教学演示：其他见面问候礼节

习题与实训

一、判断题

1. 从商务礼仪的角度来讲，如果是与多人见面打招呼，称呼对方应按照先亲后疏的礼遇顺序。　（　）

2. 被介绍双方都是集体时，应先介绍地位低的集体，后介绍地位高的集体，但若是地位高的集体人数较多，则可以优先介绍地位高的。　（　）

3. 在读完对方的名片之后，应当着对方的面郑重其事地将其名片放在适当的地方，不可随意乱放，也不宜当着对方的面放入自己的裤子口袋或钱包里。　（　）

4. 按照国际惯例，一般人不可以戴着手套与他人握手，除非是身穿军装的军人，社交场所中的女士与男士握手或有其他特殊原因时才可以戴着手套。　（　）

5. 在行鞠躬礼时，鞠躬的度数越大，表示的尊敬程度越大。　（　）

二、判断正误并简述理由

1. 在任何时间、任何地点、任何场合，我们都必须严格按照所学习的“正确”的礼仪规则去做。

2. “第一印象”在商务交往中具有十分重要的意义。

3. 在一家以“顾客是上帝”为宗旨的公司里，应当先把客户介绍给自己公司的同事，然后再把同事介绍给客户。

4. 见面问候很重要，是否道别无所谓。

5. 当我们见到任何人时，都应当主动握手。

6. 男士握女士手时只需握住女士四根手指即可。

7. 要想表示诚意，就必须延长握手时间。

8. 面对众人，演讲开始前或者结束以后，可以对大家行鞠躬礼致意。

9. 见到客户单位总经理时，要等对方给自己递出名片以后，自己再向对方递出名片。

10. 接过对方名片以后，应当立即放到裤子口袋里。

11. 要那么多名片没有用。

12. 印刷名片是件小事，顺手就能做了。

三、简答题

1. 得体称谓的基本要求有哪些?

2. 介绍的类型有哪些? 在商务场合为他人做介绍的礼仪顺序是什么?

3. 递送名片有哪些注意事项?

4. 接受名片的步骤有哪些?

5. 握手礼有哪些禁忌?

6. 见面问候有哪些常用礼节?

四、案例分析

1. 在一次隆重的公司庆典活动上，正大公司的王秘书担任介绍来宾的工作。王秘书用右手的食指指着正大公司的总经理说：“这位是我们公司的总经理。”接着，他又指着其他几位嘉宾说：“那位是天达公司的老总。坐在他旁边的是天达公司的副总。还有这位，这位是本市市场监督管理局局长。”说完这些，王秘书接着说道：“下面，让我们以热烈的掌声欢迎各位领导和嘉宾的光临!”会议结束后，公司领导通知王秘书，让他回去好好学习介绍礼仪。

结合以上案例，分析王秘书的表现有何不妥之处。

2. 孙强(男)是富强公司的总经理，有一次他的朋友李丽(女)来到了他的办公室。听到一阵敲门声，孙强说：“进来。”李丽笑着说道：“哇，孙总的办公室可真是气派啊! 好久不见了。”孙强一看是自己以前的老朋友，于是起身快步走上前来，伸出右手道：“什么风把你给吹来了? 最近几天我还在想着给你打电话呢，这不，心有灵犀……坐! 坐!”

两人交谈了好一会儿，李丽提出：“孙总，你看你这么忙，我就不打扰了，先告辞了。”孙强笑道：“哪里! 我是瞎忙。”李丽站起身来准备等着跟孙强握手，可是孙强却迟迟没有伸出手来，李丽也不好意思伸出手去相握。

在以上情境中，孙强的做法正确吗? 李丽的做法正确吗?

五、实训题

1. 用一句话介绍你自己；用 1 分钟时间介绍你自己；用 5 分钟时间介绍你自己。

2. 四海公司一行五人：总经理王海、副总经理李婷、业务主管孙达、公关主任周强、经理助理张锴，前往荣达公司进行商务拜访活动。

荣达公司的接待团也由五人组成：总经理杜浩(主陪)、副总经理宋佳、业务主管关强、宣传部主任陈逸、秘书李丽。

当四海公司的五人抵达荣达公司时，双方之间的介绍活动应如何进行呢？请分组演练。

3. 演示以下情境中的握手礼仪：

甲单位的李小姐和乙公司的张先生在舞会上初次见面；

甲公司的总裁和乙公司的营销主管在商务谈判活动前见面；

退休的局长老王和其接任者小李在街上偶然相遇；

宴会主办者和与会来宾见面。

4. 为自己精心设计和制作一张用于商务场合的名片。

5. 两个同学一组，练习鞠躬礼、拥抱礼、合十礼的正确施礼方法。

第五章

商务往来礼仪

礼尚往来。往而不来，非礼也；来而不往，亦非礼也。

——《礼记·曲礼上》

技能目标

- 了解搭乘交通工具的礼仪
- 学会邀约和接受邀约的相关礼仪
- 学会做客待客的礼仪
- 能够做好商务接待工作
- 学会商务馈赠礼仪和受礼礼仪

知识目标

- 了解乘坐轿车的注意事项
- 熟悉邀约礼仪的方式和回复正式邀约的方式
- 了解商务拜访的注意事项
- 掌握商务接待中的注意事项
- 理解商务馈赠的原则和馈赠的注意事项

导入案例

时逢圣诞巧接待

美华公司李经理的日程表上清晰地写着：12 月 23 日接待英国的亚当斯先生。22 日下午，李经理正在安排具体接待工作时，办公桌上的电话铃声响起，打电话的正是亚当斯先生，他说因在伦敦的业务遇到了麻烦，要推迟到 12 月 25 日才能抵达美华公司，问李经理是否可以改期，并再三对改期表示歉意。尽管李经理 25 日需到省城参加会议，时间已经做了安排，但他还是很干脆地答复对方，25 日一定安排专人接待，26 日同亚当斯会面。因为李经理知道，亚当斯先生拥有众多的国外客户，同他合作，有望使本公司的商品打入更大的国外市场。于是，李经理把接待亚当斯的任务交给了公关部的孙小姐。

接受任务后，毕业于文秘专业的孙小姐立即着手收集有关资料，并制定了详尽的接待方案。

12 月 25 日下午 4 时，亚当斯乘坐的班机准时到达。见到亚当斯走出出口，孙小姐便热情地迎了上去，并用一口纯熟的英语做了自我介绍，使正在茫然四顾的亚当斯先生立即有了一种踏实的感觉。

孙小姐陪同亚当斯先生乘轿车离开机场向市中心的宾馆驶去。一路上，孙小姐不时向亚当斯先生介绍沿途的风光及特色建筑，亚当斯先生对孙小姐的介绍很感兴趣。

天色渐暗，华灯初上，望着窗外的景色，亚当斯先生富有感情地说："在我们国家，今天是个非常快乐的日子，亲人团聚，尽情享受生活的乐趣。"话语中透着几分骄傲，又似乎有几分遗憾，孙小姐认真地倾听并不断地点头。

抵达宾馆后，服务人员将亚当斯先生引入房间稍事整理，随后孙小姐请亚当斯先生一同共进晚餐。走进餐厅，亚当斯先生被眼前的景色惊呆了：圣诞树被五彩缤纷的灯饰装饰得格外绚丽，圣诞老人在一旁慈祥地注视着远方，餐桌上摆满了丰盛的圣诞食品。亚当斯先生非常兴奋。进餐过程中，服务人员手捧鲜花和生日贺卡走进来呈给他，亚当斯先生更是激动不已。原来，这天正是亚当斯先生的 55 岁生日。孙小姐举起手中的酒杯，对他说："我代表我们公司及李经理，祝您生日快乐、圣诞节快乐！"亚当斯先生动情地说："谢谢你们为我举办这么隆重的生日晚宴及圣诞宴会，你们珍贵的友情和良好的祝愿，我将终生难忘。"

26 日李经理由省城返回，双方有关合作业务洽谈得非常顺利。亚当斯先生回国时，再三向孙小姐及公司对他的接待表示感谢。

思考：

1. 孙小姐组织的这次接待工作为什么取得了良好的效果？
2. 通过分析此案例，你认为美华公司在商务接待工作方面做得怎么样？

第一节　乘车礼仪

商务人员在商务活动和商务交往中，经常要与五湖四海、各行各业的人打交道，所以商务出行需要搭乘各种交通运输工具，如汽车、火车、轮船、飞机、电梯等。商务人员在乘坐各种交通运输工具时，应遵守相应的规则、制度和礼仪要求，规范自己的言行，从细节处体现出良好的个人风度和职业素养。

一、乘坐汽车礼仪

乘坐汽车已成为人们日常生活的一个组成部分。对于商务人员来说，乘坐汽车外出，尤其是参加较为正式的商务活动时，或是与他人一同乘坐汽车时，应当注意如下礼仪。

（一）座次礼仪

在汽车礼仪中，最重要的问题是汽车上的座次问题。一般来说，确定汽车上的座次时应当综合考虑司机、车型、安全性以及嘉宾本人意愿四个基本要点。具体情况如下。

①专职司机驾驶双排五人座轿车时，乘坐轿车的座次安排常规是：右高左低，后高前低。即上座依次为后排右座、后排左座、后排中座、前排副驾驶座，此时副驾驶座一般为秘书、翻译、警卫等人就座，所以此座又称随员座，如图 5-1 所示。

司机		4
2	3	1

图 5-1　专职司机驾驶双排五人座轿车时座次安排

②专职司机驾驶三排七人座轿车时，上座依次为后排右座、后排左座、后排中座、中排右座、中排左座、前排副驾驶座，如图 5-2 所示。

司机		6
5		4
2	3	1

图 5-2　专职司机驾驶三排七人座轿车时座次安排

③主人亲自驾驶双排五人座轿车时，上座依次为前排副驾驶座、后排右座、后排左座、后排中座，如图 5-3 所示。

司机		1
3	4	2

图 5-3　主人亲自驾驶双排五人座轿车时座次安排

④主人亲自驾驶三排七人座轿车时，上座依次为前排副驾驶座、后排右座、后排左座、后排中座、中排右座、中排左座，如图 5-4 所示。

司机		1
6		5
3	4	2

图 5-4　主人亲自驾驶三排七人座轿车时座次安排

教学微课：汽车座次礼仪

⑤吉普车无论是主人驾驶还是司机驾驶，上座都依次为前排右侧、后排右侧、后排左侧。上车时，后排位低者先上车，前排尊者后上。下车时前排客人先下，后排客人后下。

⑥在商务场合接待团体客人时，多采用旅行车接送。旅行车以司机座后第一排即前排为尊，后排依次为小。其座位的尊卑，依每排由右侧往左侧递减。

此外，按照国际惯例，在乘坐由专职司机驾驶的轿车时，通常不应让女士在副驾驶座上就座。

主人亲自驾车时前排座位不能空着。若乘客只有一人，应坐在主人旁边；若同坐多人，中途坐前座的客人下车后，坐后面的客人应改坐前座。

正式场合中，应引导客人坐上座，但客人上车后不论坐哪个座位都不算错，客人坐哪个座位，哪个座位就为上座，不要纠正并请他挪动位置。

若宾主双方不乘坐同一辆汽车时，按照礼仪规范，主人的车应行驶在前，是为了开道和带路。若宾主双方的车辆皆不止一辆，依旧应当是主人的车辆在前，客人的车辆居后。各自车队的先后顺序，则应当先尊后卑地由前往后排列，只不过主方应派一辆车殿后，以防止客方的车辆掉队。

(二)上下车礼仪

商务人员除了了解汽车上座次的尊卑以外，在上车之前与上车之后，还应当注意如下问题。

1. 提前联系出行汽车

通常，搭车人员在乘坐汽车外出之前，应提前联系所需汽车的类型、数量，预定上车或会合地点的，要事先通报给司机，尤其是当商务人员搭乘他人车辆时，更应当提前交代清楚。到了预定时间，商务人员应当准时在约定的地点等候。无论如何，不能因为自己迟到而让车等人。若因故不能如约，应提前联系司机，不要让他人白跑一趟。

2. 注意上下车顺序与举止规范

正式情况下，与他人一起乘坐轿车时，上下车的先后顺序和举止动作都有一定的礼数。

①若一同与女士、长者、上司或嘉宾在双排座轿车的后排就座时，应先主动打开车后排的右侧车门，请女士、长者、上司或嘉宾在右座上就座，然后把车门关上，自己再从车后绕到左侧打开车门，落座于后排左座。到达目的地后，若无专人负责开启车门，则应先从左侧后门下车，从车后绕行至右侧后门，把车门打开，请女士、长者、上司或嘉宾下车。

乘坐有折叠椅的三排座轿车时，循例应当由在中间一排加座上就座者最后登车，最先下车。

②商务人员如果身为低位者，在上下车时，还需主动为高位者开关车门。具体来讲，当高位者准备登车时，低位者应当先行一步，以右手或左右两只手同时并用，为高位者拉开车门。拉开车门时，应尽量将其全部拉开，即形成90°的夹角。下车时的操作方法，与上车时基本相同。

③由主人亲自开车时，出于对乘客的尊重与照顾，可以由主人最后一个上车，最先下车。

④商务人员在上下轿车时，动作应当轻缓一点，避免大步跨上跨下。穿短裙的女士，上车时，应首先背对车门，坐下之后，再慢慢地将并拢的双腿一齐收入，然后再转向正前方；下车时，应首先转向车门，先将并拢的双脚移出车门，双腿着地后，再缓缓地移出身去。如果女士身穿低胸服装外出，不妨披一条围巾，这样可以在上下车时避免尴尬，也可利用钱包或手袋轻按胸前，并保持身体稍直的姿势。

3. 注意在车上的谈吐与举止

在汽车行驶过程中，乘车人之间可以适当交谈，但是，绝对地畅所欲言则要根据双方的关系及实际情况而定。在汽车内不宜与司机过多地交谈，以免司机分神。

交谈话题一般不要谈及车祸、劫车、凶杀、死亡等使人晦气的事情，也不要谈论隐私性内容以及一些敏感且有争议的话题，可以讲一些沿途景观、风土人情或畅叙友情等能够使大家高兴的事，使大家的旅行轻松愉快。

举止要文明，不要争抢座位，不要在车内吸烟，不要在车内乱吃东西、喝饮料，不要在车内吐痰或向车外吐痰，更不要通过车窗向车外扔东西，这是有损形象和社会公德的行为。

在车内整理衣饰、化妆，以及脱鞋赤脚、抖袜子，对着车内后视镜补妆的做法，都是很让人反感的，如携带行李的话，也应勿乱抛乱放。

【小思考 5-1】

王飞大学毕业后，应聘到一家外资企业工作。由于经常要与客户打交道，乘车就不可避免。因为其大大咧咧的性格，王飞乘车时也没注意礼仪，穿着短裙大步跨上跨下、为图舒服在车上脱鞋等现象被经理看见并批评了好几次。昨天在公司门前迎接来公司看样品的客户时，王飞开错了车门，又被经理批评了一顿，心里觉得很委屈，认为经理是在有意刁难她。

思考：

你如何看待王飞的所作所为？

二、乘坐火车与轮船礼仪

火车、轮船都是重要的交通工具。良好的乘车、乘船环境需要大家共同努力，因此在乘车、乘船过程中，要讲文明、懂礼貌，多一分宽容，多一分礼让。这样，不仅能减少许多不必要的麻烦，还能保持良好的心情，减轻旅途疲劳。

(一)等候规则

乘客在候车、候船时，要爱护等候室的公共设施，不要大声喧哗，携带的物品要放在座位下方或前方，不抢占座位或多占座位，更不要躺在座位上使别人无法休息。

要保持等候室的卫生，不在等候室吸烟，果皮纸屑等废弃物要主动扔到垃圾箱里，不要随手乱扔，不能随地吐痰。

(二)维护秩序

检票时应自觉排队，不乱拥乱挤，要有秩序地进入车厢、船舱。一般船上的扶梯较陡，走道较窄，年轻人或男士应留意照顾老人、儿童、女士和残疾人，进入车厢、船舱后应对号入座或铺位。

行李应放在行李架上，按要求放好，不应放在过道上、小桌子上或他人座位上。放、取行李时应先脱掉鞋子后站到座位上，以免踩脏别人的座位。自己的行李要摆放整齐，尽量不要压在别人的行李上，如果实在不行，也应先征得别人的同意。

不要随意触摸火车、轮船上的各种开关和设施，不能随意在火车过道内、舱内的走道和甲板上奔跑追逐，船在航行时，白天不要在船舷上舞动花衣服和手绢，晚上不要拿手电筒乱照，避免被其他船只误认为旗语或信号。不能在车厢内、船舱里吸烟，不可随地吐痰，乱扔废物。

到达目的地后，拿好自己的物品有礼貌地与邻座旅客道别，有序下车，不要抢道拥挤。

(三)注意礼貌交谈

长途旅行时，与邻座的旅客有较长的时间相处，有兴趣时可以共同探讨一些彼此都乐于交谈的话题。但应注意交谈礼貌：交谈前应看清对象，与不喜欢交谈的人谈话是不明智的，和正在思考问题的人谈话也是失礼的。即使与旅伴谈得很投机，也不要没完没了，看到对方有倦意就应立刻停止谈话。注意谈话中不要问对方的姓名、住址及家庭情况，这些不是火车或轮船上适宜的交谈话题，交谈时声音不能过大。

三、乘坐飞机礼仪

在所有正规的交通工具之中，飞机最为舒适，其档次也最高。乘坐飞机时，必须认真遵守乘机礼仪。具体来讲，主要应当在维护乘机安全、从严要求自己两个方面多加注意。

(一)维护乘机安全

乘坐飞机时，不能违规携带有碍飞行安全的物品。不能携带枪支、弹药、管制刀具以及其他一切武器或凶器，不能携带一切易燃、易爆、剧毒、放射性物质以及其他任何有碍于航空安全的危险物品。在托运的行李之中夹带此类物品，也是绝对不允许的。

要认真配合例行的安全检查。在通过安全门检查时，要配合工作人员，不要拒绝合作，或无端进行指责。

务必要遵守有关安全乘机的各项规定。在飞机起飞至降落期间，严禁使用移动电话、手提电脑、激光唱机、微型电视机、调频收音机、电子玩具、电子游戏机等电子设备。

(二)从严要求自己

上飞机时，要依次而行。在机上放置自己携带的物品时，与其他乘客要互谅互让。飞机降落后未停妥之前，不要急于起身取行李，应等待安全灯熄灭后再起身。机舱门未打开时，也不要将手机开机。

对飞行前乘务员演示的救生方法以及飞机上介绍紧急出口、疏散办法的视频等要认真倾听收看，让自己对飞机设备有一定程度的了解。要特别注意，不要乱摸、乱动飞机上的安全用品。

使用洗手间时，关上门后要确定灯是否已亮，灯亮表示门已上锁，以免造成尴尬场面。用毕请冲水。离开洗手间前擦干洗脸台，以方便下一位旅客使用。在洗手间内吸烟是绝对禁止的。

飞机上与他人交谈时，说笑声切勿过高，跟身边的乘客可以打招呼，或是稍作交谈，但不要与其谈论令人不安的劫机、撞机、坠机等事件，交谈应不影响对方的休息。在座位上就座时，不要当众脱衣、脱鞋，尤其不要把腿、脚乱伸乱放。不要盯视、窥视素不相识的乘客。不要在飞机上吸烟，或者乱吐东西，呕吐时，务必使用专用的清洁袋。对待客舱服务员和机组工作人员，要表示理解与尊重。不要蓄意滋事，或向其提出过高要求。

四、乘坐电梯礼仪

现代的城市，高层建筑越来越多，电梯作为现代化的交通工具，给人们带来了便利、舒适，越来越被人们所熟悉、了解和使用，并与我们的生活紧密相关。常见的电梯有自动扶梯式电梯和轿厢式电梯。

(一)乘坐自动扶梯式电梯的礼仪

乘坐自动扶梯式电梯，应靠右侧站立，空出左侧通道，以便有急事的人通行；应主动照顾同行的老人与小孩踏上扶梯，以防跌倒；如需从左侧急行通过，应向给自己让路的人致谢。

使用自动扶梯式电梯时，不论上楼还是下楼，主人都应走在前面，这样做可使主人到达目的地后迎接并引导客人。

男女同事在使用楼梯和自动扶梯式电梯时，应按先来后到的顺序，事实上，有时候并肩走也是可以的，但不要和你前面的人靠得太近。

在楼梯上催促他人是危险而且不礼貌的。要么放慢脚步，要么超过他人，但不要强迫他人加速。

（二）乘坐轿厢式电梯的礼仪

一般认为，轿厢式电梯是危险的地方，所以引导客人乘坐轿厢式电梯时，商务人员应先进入轿厢式电梯充当“电梯司机”，让尊者后进先出。商务人员先进入电梯后，应当按住轿厢式电梯里面的“开门”键，直到所有人都进入后再按“关门”键；如果商务人员比客人晚进入电梯，可用一只手臂挡住轿厢式电梯门，使轿厢式电梯门不能关闭，以免轿厢式电梯门自动关闭时夹住客人。

如果轿厢式电梯行进间有其他人员进入，可主动询问要去几楼，帮忙按下楼层按钮；如果乘轿厢式电梯的人很多或因故无法自己按楼层按钮，则应当请靠近按钮的乘客代劳，并向他致以谢意。例如，“劳驾，请您帮我按第八层，谢谢！”

按轿厢式电梯按钮时，不要反复乱按，更不要用伞柄、木棍、钥匙等器物代劳，这样显得素质低下。

在轿厢式电梯里最好和大家一样面对门站立，并注意尽量少说话。在轿厢式电梯这样狭小的空间里，如果你说话，那么所有的人都不得不听你“演讲”，你说的话也很容易传播出去。例如，有一位销售员在轿厢式电梯里遇到老乡，抱怨说遇到了特别难缠的客户，恰巧被这家客户的好友听见，可想而知，之后的生意自然更加难做了。

轿厢式电梯停在到达楼层的时候，按住与轿厢式电梯升降同方向的按钮，轿厢式电梯门就会打开或保持打开状态，让客人先走出轿厢式电梯门。如果商务人员先出轿厢式电梯，应当在出来之后，按住与轿厢式电梯升降同方向的按钮，使轿厢式电梯门不关闭，等所有的乘客出来之后，再松开按钮。

不在轿厢式电梯内大声喧哗、嬉戏，不在轿厢内乱写乱画，不乱扔废弃物，自觉维护轿厢式电梯内良好的环境。

第二节 拜访礼仪

拜访又称拜会，一般是指前往他人的工作地点或私人居所，会晤对方，探望对方，或是与之进行其他方面的接触。不论是在公务交往中还是在私人交往中，拜访都是人们习以为常的一种社交方式。拜访有事务性拜访、礼节性拜访、私人拜访三种，而事务性拜访又有商务洽谈性拜访和专题交涉性拜访之分。

在商务活动中，商务人员经常需要对客户、合作厂商、友好单位等进行商务拜访。这些拜访，有些是礼节性的，更多的是兼顾礼节性和业务性的。不论是主动拜访还是礼节性回访，礼节、礼仪都是其中非常重要的一个方面。所以，商务人员必须掌握有关商务拜访的礼仪规范要求。唯有如此，才能圆满完成拜访任务。

一、拜访前的预约礼仪

【小思考 5-2】

时值金秋十月，大新公司派经理及副经理一行六人前往位于著名旅游城市的长期合作单位美克公司进行答谢拜访，美克公司在得知六人均为男性后便提前为他们预订了三间标准间。然而，大新公司的成员刚下车，美克公司负责接待的经理顿时傻眼了，大新公司来的六名成员中有一位女士。原来，大新公司的一位业务经理临行前一天被派往另一个城市出差，于是就临时更换成了一位女经理。然而，正处于旅游旺季的该城市每家酒店都爆满，没有房间可以增加，双方都感到非常尴尬。

思考：

你认为问题出在哪里?

预先约定是拜访礼仪之中最为重要的一条，因为只有预先约定，才能让对方有所准备并顺利进行。一般不提倡随意进行顺访，尤其是对待一般关系的交往对象不宜充当不邀而至、打乱对方计划的不速之客。从某种意义上讲，拜访要有约在先，既体现了个人的教养，更是对主人的尊重。

预约的方式一般有三种，即当面预约、电话预约和书信预约。无论是哪种预约，口气和语言一定是友好、请求、商量式的，不能用强求命令式的语气要求对方。在与我们所要拜访的对象进行预约时，应把拜访预约的几个要素表达清楚。

(一)约定拜访时间

在约定拜访时，一定要在两相情愿的前提下，协商议定到访与停留的具体时间。对主人所提出的时间应予以优先考虑。由客人自己提出方案时，最好给对方多提供几种选择。具体而言，约定时间时需要注意以下几个方面。

①如果是公务拜访，应该选择对方上班时间，但一定要注意避开对方繁忙、吃饭和休息的时间。例如，一般公司星期一上午是最忙碌的，常因会议和商洽忙得不可开交。如果你此时前往拜访，必然会造成对方的诸多不便。

②如果是私人拜访，应以不影响对方休息为原则，尽量避免在吃饭、午休或晚上10点以后登门。一般情况下，节假日拜访可选择在下午3点以后、5点以前；工作日拜访可选择在晚饭后或晚上7点后、9点以前。

③预约的时间不仅包括到达时间，还包括将要离去的大致时间。

(二)确定拜访主题

在拜访他人之前，拜访人员需要根据拜访所要达到的目的确定拜访的主题是什么，并提前告知对方，以便对方能够妥善从容地做好相关准备，节省双方的时间。

(三)明确拜访人数

在预约拜访时，宾主双方均应事先向对方通报届时到场的具体人数及其各自的身份。在公务拜访中这一点尤其重要。宾主双方都要竭力避免使自己一方中出现对方所不欢迎，甚至极为反感的人物。

通常，双方参与拜访的人员一经约定，不宜随意变动。做客的一方特别需要注意，切勿随意扩大自己的队伍。在任何时候，来宾队伍过于庞大，都会令主人应接不暇、手忙脚乱，干扰其事先所做的安排和计划。

(四)选择拜访地点

根据所要拜访对象的所在位置和拜访主题，拜访人员应该选择合适的拜访地点。公务拜访一般选择办公室或娱乐场所，私人拜访可选择家里或娱乐场所。

(五)再次确认拜访事宜

出发拜访前，拜访人员应再次通过电话等方式与对方确认，以避免对方临时有一些不可预见的事情而无法接受拜访。

二、拜访中的举止礼仪

【应用案例 5-1】

胡洋的拜访

胡洋是某市外事办公室的一名干事，有一次，领导让他负责与来本市参观访问的某国代表团进行联络。为了表示对对方的敬意，胡洋决定专程前往对方下榻的饭店进行拜访。

为了避免出现得仓促，他先用电话与对方约好了见面的时间，并且告知对方自己将停留的时间。随后，他对自己的仪容、仪表进行了修饰，并准备了一些本市的风光明信片作为礼物。

届时，胡洋如约而至，进门后，他主动向对方问好并与对方握手为礼，随后作了简要的自我介绍，并双手递上自己的名片与礼品。简单寒暄后，他便直奔主题，表明自己的来意，详谈完毕后便握手告辞。

作为一名国家公务员，胡洋上述表现符合拜访的礼仪要求，展示了他训练有素的外交素养。

(一)准时赴约

宾主双方约定拜会的时间、地点和人员之后，作为访问者应履约守时，如期而至，轻易不要更改。万一有特殊原因，需要推迟或者取消拜会、变更地点、调整人员等，均应尽快打电话通知对方。不要若无其事，让对方空等。当下次与对方见面时，最好还要再次表示歉意，并说明一下具体原因。登门进行拜访时，最好准时到达，既不要早到，让对方措手不及，也不要迟到，令对方望眼欲穿。

在对外交往中，更应严格遵守时间，有的国外企业安排拜访时间是以分为计算单位，如拜访迟到 10 分钟，对方就会谢绝拜访。准时赴约是国际交往的基本要求。

(二)客随主便

无论是办公室或是寓所拜访，一般要坚持“客随主便”的原则。

1. 恰当敲门

作为客人进入主人办公室或寓所拜访之前，应轻轻叩门或按门铃，待有回音或有人开门相迎，方可进入。敲门的高度应当在距离地面 1.6 米左右，要用食指敲门，力度适中，间隔有序敲三下，等待回音。如无应声，可稍加力度，再敲三下。如有应声，则侧身隐立于右门框一侧，待门开时再向前迈半步，与主人相对。如果门口装有门铃，应当按门铃而不要敲门。通常门铃只按一次即可，如果无人应答，应当间隔 20 秒再按。开、关门时注意不要用力过猛，以免引起他人不悦。

2. 诚意问候

若是主人亲自开门相迎，见面后应热情向其问好；若是主人夫妇同时起身相迎，则应先问候女主人。假如与对方初次谋面，还须略作自我介绍。遇到主人的同事、亲属时，应当主动向对方打招呼、问好，而不宜旁若无人，不搭不理。

3. 遵从入座

一般情况下，主人会邀请来客在其指定处就座，届时恭敬不如从命。就座时要注意三点：一是不要自行找座；二是与他人同至时应相互进行谦让；三是最好与其他人，尤其是与主人一起落座，切勿抢先落座。如果主人是年长者或上级，主人不坐，自己不能先坐。主人让座之后，要道谢，然后采用正确的坐姿坐下。主人递上烟茶要双手接过并表示谢意。如果主人没有吸烟的习惯，要克制自己的烟瘾，尽量不吸，以示对主人习惯的尊重。主人献上果品，要等年长者或其他客人动手后，自己再取用。即使在最熟悉的朋友家里，也不要过于随便。

（三）围绕主题

任何一次登门拜访都必然有其目的性。在拜访做客时，应当使自己的所作所为紧密地围绕拜访主题，不要海阔天空，讲些无关紧要的客套话，浪费时间。

一般情况下，在拜访之时，宾主双方都要直奔主题，提出实质性的问题，并力争解决问题。不要临阵怯场，言不及义；或是随意变更主题，令双方无所适从。

（四）适时告辞

在拜访的目的基本实现或到达预约的时间之时，应诚挚地表达自己的感谢之情，礼貌地和对方告别。假如双方没有约定会见的时长，通常一次一般性的拜访应以一小时为限。初次拜访，则不宜超过半小时。

切忌在对方说完一段话后立即起身告辞，这容易使人产生误解，也不要在另一位客人刚到之时就立即告辞，应稍坐片刻再走。

当接待者显得疲乏，或意欲他为或还有其他客人，便应适时告辞。

一旦提出告辞，便要“言必信，行必果”，不要“走了”说过几次，却口动身不移。辞行时要向其他客人道别，并感谢主人的热情款待。

出门以后，应与主人握手作别，并请主人就此留步。如有意邀主人回访，可在同主人握别时提出邀请。

从对方的公司或寓所里出来后，切勿在回程的电梯及走廊中窃窃私语，以免被人误解。

此外，在商务拜访中，还有一些细节需要注意。例如，为了对主人表示敬重之意，拜访做客时要做到仪表端庄，衣着整洁，并准备适当的小礼物。在双方谈话的时候，最好将手机关机，以免来电打扰到会谈的进行，因为谈话中频接电话往往让人感觉你没有诚意。

【扩展阅读 5-1】

中国古代的拜访礼

中国人的生活，常以礼为指南。在进行礼宾待客、拜贺、庆吊、酬酢宴饮以及馈赠赏赐等社交活动时，无不奉行以礼相待，崇尚“投之以木桃，报之以琼瑶”“来必报之以礼，往必答之以礼”。拜访礼就是最常应用的礼仪之一。

拜访礼也称造访礼，古语称“拜谒”，一般用于下对上、幼对长的请见。拜谒还有几种区别，请求托见叫“请谒”；有所求而请见叫“干谒”。求见或拜谒某人得先投“刺”。“刺”又称“名刺”“寸楮”“名帖”，类似现在的名片。逢年过节，邻里亲朋，理应登门拜访庆贺，加深彼此的感情交流。若忙不过来，就赠送一张名刺。投寄名刺不一定本人亲自前去，可以由人代劳。甚至不太熟悉的人，也可送一张名刺拜贺，以示尊重。古代客人来访，必定要带见面礼，称为“执贽”。中国自古就有“不以珍奇为贽”的社交礼俗。在选择礼物时，凡是天时所不生的，地上所不长的，君子则不用之为礼。古人的“执贽”完全受礼制以及本人社会地位的约束限定，不同于后世串亲访友拜见尊朋故旧时的酬酢馈赠，它除了表示社交礼貌外，主要作用在于表明身份，属礼节行为。

第三节　邀约礼仪

在商务活动中，邀约是指因为各种各样的实际需要，商务人员对一定的交往对象发出邀请，邀请对方出席某项活动，或前来做客的行为。商务邀约是在商务交往中经常发生的一项必不可少的工作。

从商务交往这一角度来看待邀约，它实质上是一种双向约定行为。当一方邀请另一方或多方人士，前来自己的所在地或者其他某处约会，以及出席某项商务活动时，不能单凭主观意愿出发，而是必须取得被邀请方的同意，以便达成合作。作为邀请者，不能不自量力，要根据实际需要邀请必须邀请的人。如果为了讲排场、图虚名，比如在店庆、厂庆、公司周年庆等活动中，把重要的和不重要的、特殊的和一般的客户统统都邀请来，结果弄得手忙脚乱，接待很不周到，那样，显然是自寻烦恼，既麻烦别人，又自讨没趣。作为被邀请者，则需要及早地做出合乎自身利益与意愿的反应。不论是邀请者还是被邀请者，都必须把邀约当作一种正规的商务约会来看待，遵循一定的行为规范，也就是遵循邀约礼仪。

一、邀约的发出

对邀请者而言，发出邀请，是一种礼仪要求很强的行为邀请的内容和形式，它不仅要力求合乎礼仪规范，取得被邀请者的良好回应，而且还必须使之符合双方的身份、双方之间关系的现状。

邀约有正式邀约和非正式邀约之分。正式的邀约，既讲究礼仪，又要设法使被邀请者备忘，故此多采用书面的形式。非正式的邀约，通常是以口头形式来表现的，相对而言，它要显得随意一些。

正式的邀约有请柬邀约、书信邀约、传真邀约、电报邀约、便条邀约等具体形式，它适用于正式的商务交往。非正式的邀约有当面邀约、托人邀约以及打电话邀约等不同形式，它多适用于商界人士非正式的接触。前者可统称为书面邀约，后者则可称为口头邀约。

在比较正规的商务往来中，都应当以正式邀约作为邀约的主要形式。这也是商务礼仪中我们必须遵守的礼仪规范之一。因为对于正规的商务往来，大家都会以慎重的态度来处理，通过正式的邀约方式，被邀请者会对你所发的邀约更加重视。下面是关于正式邀约形式的具体介绍。

(一)请柬邀约

在正式邀约的诸多形式之中，档次最高，也最为商界人士所常用的当属请柬邀约。凡精心安排、精心组织的大型活动与仪式，如舞会、宴会、发布会、纪念会、庆祝会、单位的开业仪式等，只有采用请柬邀请嘉宾，才会被来宾视为与其档次相称。

请柬又称请帖，它一般由正文与封套两部分组成。不管是购买印刷好的成品，还是自行制作的请柬，在格式与行文上，都应当遵守成规。

①请柬正文的用纸通常较考究，多用厚纸对折而成。以横式请柬为例，对折后的左面外侧多为封面，右面内侧则为正文的行文之处。封面通常采用红色，并标有“请柬”二字。请柬内侧，可以同为红色，或采用其他颜色，但民间忌讳的黄色和黑色，通常不可采用。在请柬上亲笔书写正文时，应采用钢笔或毛笔，并选择黑色、蓝色的墨水或墨汁。红色、紫色、绿色、黄色以及其他鲜艳的墨水，都不宜采用。

②商务交往中所采用的请柬，基本上都是横式请柬。它的行文是自左而右、自上而下书写的。除此之外，还有一种竖式请柬，它的行文是自上而下、自右而左书写的。这种竖式请柬多用于民间的传统性交际应酬。

③请柬行文中，通常包括活动形式、活动时间、活动地点、活动要求、联络方式以及邀请人等项内容。

④请柬左下方应注有“备忘”二字，意在提醒被邀请者届时前往。在国际上，这是一种习惯的做法。西方人在注明“备忘”时，通常使用法文缩写“P. M.”。

⑤一般情况下，被邀请者的名字写在封套上，而不在正文中出现，但并不禁止在正文中出现。另外，在正文中，“请柬”二字可以有，也可以没有。

⑥在对外交往中使用的请柬应采用英文书写。在行文中，全部字母均应大写，应不分段，不用标点符号，并采用第三人称。这是其习惯做法。

⑦在请柬的封套上，被邀请者的姓名要写清楚、写端正，这是为了向对方表示敬意，也是为了确保它被准时、准确送达。

请柬正文范例

请　柬

谨定于2024年10月31日下午6:00在陕西省西安市海天大酒店梅花厅举行××集团公司成立十周年庆祝酒会，敬请届时光临。

联络电话12341234×××

××集团公司

2024年9月12日

(二)书信邀约

以书信形式对他人发出的邀请，称为书信邀约。与请柬邀约相比，书信邀约显得要随便一些，故此多用于关系融洽且非重大庄严的小型商务交往之中。

①用来邀请他人的书信，内容应当以邀约为主，最好以打印的形式，并由邀请人亲笔签名。书信的措辞不必过于拘束，基本要求是言简意赅，既能说明问题，同时又不失友好之意。正规的邀请信，有时也叫邀请书或邀请函。

②在装帧与款式方面，书信邀约均不必过于讲究，其封套的写作，与书信基本相同。

邀请信范例

尊敬的超越公司负责人： “2022·国际高新技术展览会”定于2022年9月6日至26日在北京国际展览中心举行，欢迎贵公司报名参展。 报名时间：7月1日至7月20日 报名地点：北京西城区展览馆路10号 联系电话：12341234 组委会敬邀 2022年6月26日

（三）传真邀约

传真邀约，指的是利用传真机发出传真的形式，对被邀请者所进行的一种邀约。在具体格式、文字方面，其做法与书信邀约大同小异，但是由于它利用了现代化的通信设备，因而传递更为迅速，并且不易丢失。此外，电子邮件邀约的做法基本与传真邀约相似。

（四）电报邀约

电报邀约，即以拍发专电的形式，对被邀请者进行的邀约。

①电报邀约与书信邀约在文字上都要求热情、友好、恳切、得体。除此之外，电报邀约在准确、精练方面要求得更高，这是由电报这一形式本身所决定的。

②电报邀约速度快、准确率高。因此，多用于邀请异地的客人。在具体内容上，它与书信邀约大致类似。

（五）便条邀约

在某些时候，商界人士进行个人接触时，还会采用便条邀约。便条邀约，即将邀约写在便条纸上，然后留交或请人代交给被邀请者。在书面邀约的各种形式中，它显得最为随意，也正因如此，反而往往会使被邀请者感到亲切、自然。

①便条邀约的内容，只要写清楚即可，有什么事写什么事。它所选用的纸张，应以干净、整洁为好。

②依照常规，用以邀约他人的便条不管是留交还是代交对方，均应装入信封之中，一同送交。

便条邀约范例

刘劲飞先生： 兹与五洲集团公司陈林董事约定，下周五中午12时在成都印象酒家共进工作餐。敬请光临。 余晓娟　留上　5月2日

一般情况下，不论以何种书面形式邀约他人，均须做得越早越好。通常应当至少提前一周送达对方手中，以便对方有所准备。“临阵磨枪”，让对方措手不及，不仅给对方以逼人就范的感觉，而且也是非常不尊重对方的行为。

二、邀约的回复

任何书面形式的邀约，都是在邀请者经过慎重考虑后才发出的。因此，在商务交往中，商界人士不管接到来自任何单位、任何个人的书面邀约，都应该及时地、正确地进行处理。自己不论能不能接受对方的邀约，均须按照礼仪的规范，对邀请者待之以礼，给予明确、合“礼”的回答：或者应邀，或者婉拒。置之不理、厚此薄彼、草率从事，都有可能带来不好的影响。

商界人士在接到以书面形式通知的正式邀约后，必须认定：邀请者是真心实意地希望自己能够接受邀请的。对方所看重的，或许是我方单位的名气和地位，或许是被邀请者本人的身份和影响，或许是对方单位与我方单位、对方本人与被邀请者本人的良好关系，或许是希望能够借此机会增进、发展双方单位或个人之间的关系。但不管怎么说，对方邀请我方，尤其是以书面的形式正式地邀约我方，基本上都是对我方尊重与友好的一种表示。“来而不往非礼也”，所以在接到邀约后，应当做出积极的反应。

积极反应的第一步，就是要尽快答复邀请者，自己能否接受其邀请。

考虑到同时受到邀请的往往不只是一方，为了使邀请者做到对他所发起的有关约会胸有成竹、避免失败，任何被邀请者在接到书面邀请之后，不论邀请者对于答复有无规定，出于礼貌，都应尽早将自己的决定通知对方。

事实上，为了了解被邀请者对邀约有何反应，许多邀请者在发出书面邀约时，就对被邀请者有所要求，请对方对能否到场必须做出答复。

通常，类似的规定往往会在书面邀约的行文中出现。例如，要求被邀请者“如蒙光临，请予函告”或“能够出席，敬请答复”以及“盼赐惠复”等。

为了确保被邀请者准确无误地将有关信息反馈给邀请者，在书面邀约正文的左下方，依照惯例要将邀请者的具体联络方式详尽地提供给被邀请者，通常包括电话号码、传真号码、电传号码、电子邮箱、通信地址以及邮政编码等。以上这些内容不必全部列出，可以根据具体情况从中选择。不过联络或咨询的电话号码这一项，原则上是不能缺少的。

某些商务往来中所使用的正式邀约，尤其是请柬邀约，依照国际惯例，在正文之中行文时，对被邀请者所做的要求答复的请求，通常都采用英文或法文的专用词组和缩写来表示。例如：

“To remind”意即“备忘”，用在书面邀约中，带有提醒被邀请者务必注意以及勿忘之意。

“R. S. V. P.”意即“不论出席与否，均望答复”。

“Regrets only”意即“不能出席时，请予以答复”。

这些外文词组与缩写在行文时，一般书写在正文的左下方。

有些善解人意的商界人士为了体谅被邀请者，在发出书面邀约时，往往会同时附上一份专用的“答复卡”。上面除了“接受邀请”“不能接受”这两项内容外，再没有其他任何内容。这样，被邀请者在答复时，只需在以上两项之中，做一回“选择题”，在二者之上画上一道钩，或是涂去其一，然后再寄回给邀请者就行了。

没有接到“答复卡”，并不意味着不必答复。答复是必要的，只不过需要自己亲自动手罢了。

对书面邀约所进行的答复，通常采用书信的形式。在商务礼仪中，它被称为回函。回函大多亲笔书写，以示重视。如果打印回函，则至少应当亲笔签名。

所有的回函，不管是接受函还是拒绝函，均需在接到邀约之后3日之内回复，而且回复得越早越好。在回函的行文中，应当对邀请者表示尊重、友好，并且应当对能否接受邀约这一关键性问题做出明确答复，切勿避实就虚，让人觉得“难解其中味”。如果拒绝，只要讲明理由即可。回函的具体格式，可参照邀请者发来的书面邀约，在人称、语气、措辞、称呼等方面与之不相上下就不算失礼。

接受邀约的回函示例

四海公司董事长兼总经理刘健先生非常荣幸地接受奥美影视广告公司总裁王锴先生的邀请，将于3月12日上午9时准时出席奥美影视广告公司的开业仪式。谨祝开业大吉，并顺致敬意。

书写接受函时，应将有关的时间与地点重复一下，以便与邀请者核实无误。在写拒绝函时，则不必这样做。

回函通知邀请者自己决定接受邀请后，就不能失约了。因为这类临时的变卦，会给邀请者增添许多麻烦。

拒绝邀约的理由应当充分。卧病、出差、有约在先等，均可采用。在回绝邀约时，切勿忘记向邀约者表示谢意，并预祝其组织的活动圆满成功。

拒绝邀约的回函示例

尊敬的孙明亮先生：

我深怀歉疚地通知您，由于本人明晚将乘机飞往英国伦敦市洽谈生意，故而无法接受您的邀请，前往铂尔曼酒店出席贵公司举办的迎春茶话会。恭请见谅，谨致谢忱。

此致

敬礼

张鹏 敬上

2月15日

对于邀约上书面规定的赴约要求，被邀请者在原则上都应当接受，并且“照章办事”。

第四节 接待礼仪

随着商务活动的增加，对外交往面的扩大，商务接待工作的重要性日益凸显。要想从各种形式的商务接待中获得真正的价值，就必须讲究接待的艺术性，把握接待工作的礼节。

【应用案例5-2】

接待冷淡，断送生意

泰国某政府机构为泰国一项庞大的建筑工程向美国工程公司招标。经过筛选，最后剩下四家候选公司。泰国政府派遣代表团亲自到美国去与各家公司商谈。代表团到达芝加哥时，那家工程公司在忙乱中出了差错，又没有仔细复核飞机到达时间，未去机场迎接泰国客人。尽管泰国代表团初来乍到，还是自己找到了芝加哥商业中心的一家旅馆入住。他们打电话给该工程公司那位正局促不安的美国经理杰克，在听了他的道歉后，泰国代表团同意第二天11点在经理办公室会面。第二天杰克按时到达办公室等候，直到下午4点才接到客人的电话说：“我们一直在旅馆等候，始终没有人来接我们。我们对这样的接待实在不习惯。我们已订了下午的机票飞往下一目的地。再见吧！”

芝加哥工程公司失礼之处有二：

①应提前了解并核实泰国代表团所乘坐飞机的确切抵达时间，派专人到机场迎接，并为对方安排好住宿。

②第二天应派车到泰国代表团下榻的宾馆将其接到本公司进行谈判，因为泰国政府来访人员初来乍到，不熟悉该工程公司所在的具体地点。

一、接待的原则

商务交往有其特殊性，商务接待和一般老百姓的待客之道不大一样，和一般公司、企业的前台接待也有所区别。在商务接待工作中，必须按照商务礼仪的惯例和规范，坚持身份对等和讲究礼宾秩序的原则。

(一)注意身份对等

身份对等，是指己方作为主人，在接待客户、客商时，要根据对方的身份，同时兼顾对方来访的性质及双方的关系，安排接待的规格，以便使来宾得到与其身份相称的礼遇，从而促进双方关系的稳定、融洽发展。

身份对等，是商务礼仪的基本原则之一。这项原则要求，商务人员在接待工作中应把对方的身份置于首要位置，一切具体的接待事务均应依此来确定。

根据身份对等原则，己方出面迎送来宾的主要人员应与来宾的身份大体相当。若己方与来宾身份对等的人员身体不适、忙于他事难以脱身或不在本地，因而不能亲自出面迎送来宾时，应委派副手或与其身份相近的人员出面接待，并在适当的时候向来宾做出令人信服的说明和解释，以表示己方的诚意。

己方人员在与来宾进行礼节性会晤或举行正式谈判时，也必须使己方到场的人数与来宾的人数基本相等。另外，己方在为来宾安排宴请活动或为其准备食宿时，亦应尽量使之在档次、规格等方面与来宾的身份相称，并符合客人的生活习惯，以体现东道主对客人的关心与照顾。在接待外商时，更应注意这一点。

在商务往来中贯彻身份对等的原则，是为了更好地确定宾主双方都能够接受并感到满意的接待标准，也是为了充分地表达东道主对来宾的尊重与敬意。在某些特殊的情况下，有的企业为强调自己对宾主双方特殊关系的重视和对于来宾的敬重，特意打破常规，提高对来宾的接待规格，也是可行的，但不宜多用。

(二)讲究礼宾秩序

礼宾秩序所要解决的是多边商务活动中的位次和顺序的排列问题。在正式的商务活动中，礼宾秩序可参考下列方法。

1. 按身份与职务的高低顺序排列

如接待几个来自不同方面的代表团时，确定礼宾秩序的主要依据是各代表团团长职务的高低。

2. 按姓氏笔画排列

在国内的商务活动中，如果双方或多方关系是对等的，可按参与者的姓名或所在单位名称的汉字笔画多少排列。具体做法是：首先，按个人姓名或组织名称的第一个字的笔画多少，依次按由少到多的次序排列。当两者第一字笔画数相等时，则按第一笔的笔顺点、横、竖、撇、捺、弯钩的先后关系排列。当第一笔笔顺相同时，可依第二笔，依次类推。当两者的第一个字完全相同时，则用第二个字进行排列，依次类推。

3. 按国家或企业名称的英文字母顺序排列

在涉外活动中，一般应将参加者的组织或个人按英文或其他语言的字母顺序进行排列。具体方法是：先按第一个字母进行排列。当第一个字母相同时，则依第二个字母的先后顺序排列；当第二个字母相同时，则依第三个字母的先后顺序，依次类推。但每次只能选一种语种的字母顺序进行排列。

4. 其他排列方式

除了上述方式外，也可以按照有关各方正式通知东道主自己决定参加此项活动的先后顺序，或正式抵达活动地点的时间先后顺序排列。

二、接待的种类

商务人员的送往迎来是最为常见的工作内容，特别是对外接待，若不懂得各种接待的种类和性质，便很难做好这项工作。因此，对各种不同性质的接待进行了解，是商务人员的必修课之一。下面是常见的几种商务接待。

(一)业务往来接待

业务往来接待，主要是指和本企业有商务交往的单位之间的往来，包括一切商品流通交往过程中的交流、沟通、洽谈的业务往来。它直接关系到企业的经济效益，而业务往来接待工作的好坏，又直接影响彼此交往合作的顺利与否。所以，业务往来接待是接待工作的重点。有关人员应有充分认识，注重交往中的各项礼节，以赢得主动。

(二)顾客投诉接待

商品流通过程的最后环节是产品的销售。接待顾客的投诉，是商业企业特别是零售企业经常遇到的问题。一般来说，投诉的主要原因是产品质量问题，其次是服务态度问题，对此，接待人员要以热情的态度、温和的方式、委婉的语气来安抚客人的情绪，认真倾听投诉者的倾诉。同时，要对产品给用户造成的损失表示同情，调查属实后应尽快给予妥善解决。

(三)商务宣传活动接待

商务宣传活动主要是指企业为与大众沟通、树立形象而进行的宣传、庆典活动，主要包括新闻发布会、贸易展览会、茶话会、庆典、开业等活动。这项活动在商业营销、业务交往中发挥着重大作用。它不仅具有强有力的说服力、感染力，有助于主办单位广交朋友，而且可以借助个体传播、群体传播、大众传播等各种方式，使主办单位的信息广泛传播，提高其知名度和良好声誉。正因如此，主办单位在接待各方来宾时，要时时注意礼仪规范，服务热情周到，举止从容大方、彬彬有礼，以优雅的言谈、行为塑造良好的企业形象。

三、接待的准备

接到来客通知后，接待工作进入准备阶段。这是整个接待工作的重要环节，一般应从以下几个方面入手。

(一)了解客人基本情况

接到来客通知后，首先要了解客人的单位、姓名、性别、职务、民族、来访的人数、来宾的生活习惯、个人爱好、饮食禁忌等。其次要掌握客人来访的意图，了解客人的目的、要求以及在住宿和日程安排上的计划。最后要了解客人的来访路线、交通工具，抵达和离开的具体时间等。

(二)制定接待方案

了解客人的基本情况后，应及时向主管领导汇报，以确定接待规格，并通知有关部门及相关人员。对于一般客人，可根据惯例直接接待。但对于重要客人和高级团体，就要事先制定接待方案。接待方案的内容包括：客人的基本情况、接待工作的组织分工、陪同人员和迎送人员名单、食宿地点及房间安排、伙食标准及用餐形式、交通工具、费用支出意见、活动方式及日程安排、汇报内容的准备及参加人员等。接待方案应提前报主管领导审批。

(三)布置接待环境

良好的环境是对来宾的尊重与礼貌的表达。接待室的环境应该明亮、安静、整洁、幽雅，应配置沙发、茶几、衣架、电话，以备接待客人进行谈话和通信联系。室内应适当点缀一些花卉盆景、字画，增加雅致的气氛；还可放置几份报刊和有关本单位或公司的宣传材料，供客人翻阅。

四、正式接待的程序

商务接待工作非常复杂、烦琐，又十分具体，事无巨细都关系到接待的质量和企业的形象，稍有疏忽就可能给企业造成不可估量的损失。所以，从事接待工作的人员，应当积累经验，把接待工作程序化，做到周密细致、有条不紊，以避免临时忙乱、疏漏。

(一)迎接客人

客人到达后，应安排专人迎接。迎接人员的安排一般遵循对等原则，即按照客人的身份、职务等级安排身份相当、专业对口或宗教习俗相近的人员接待。对于一般客人，可以由业务部门或经理秘书等人员到车站(机场、码头)迎接，对于重要客人，有关领导要亲自前去迎接。由于特殊原因，身份职位相当的人员不能前往，前去迎接的人员应向客人作出礼貌的解释。

在商务场合，迎接人员应着西装提前到达车站(机场、码头)恭候客人的到来，决不能迟到而让客人久等，给客人造成失职和不守信誉的印象。

若对所要迎接的客人不熟悉时，应提前准备写有“热烈欢迎××先生(女士)”及本单位名称的迎接牌。

接到客人后，应率先向来宾及其随行人员握手致意，表示欢迎。若有需要，还可送上鲜花。若是第一次见面，则应向对方作简单的自我介绍，并将名片送给对方。

(二)安顿宾客

客人抵达后，不宜立即谈公事，应先安排客人休息。如果是所在地来宾，可在单位会议室或接待室稍作休息，并提供茶水、饮料等。若是远道而来的客人，应把客人送至事先安排好的酒店客房休息。接待人员向来宾告别前，应把活动计划、日程安排、就餐地点及时间告诉客人，并留下自己的联系方式，以便随时联络。

(三)组织活动

客人食宿问题解决以后，应按照接待方案组织客人进行商务洽谈、参观游览等活动。

客人在商务洽谈、游览活动中提出的意见必须及时向有关领导反馈，尽可能满足客人的需求。

活动结束后，安排时间让有关领导和客人见面，以示对客人的尊敬。倘若在整个活动过程中，客人都没有见过公司领导，必然会对公司产生看法，影响公司形象。

如果客人有旅游或购物意向，可准备好地图、旅游图及介绍当地风土人情、自然景观、名胜古迹、特产等的材料送给客人。

(四)送别客人

了解客人返程时间后，应按照客人的要求，尽快为其预订机票、车船票。

根据客人的身份地位和迎接的规格确定送别的规格。一般来说，主要接待人员都应参加送别活动。如果客人系贵宾，则视具体情况，举行专门的欢送仪式。送别人员可直接前往客人下榻处，与客人一起乘车到达机场、车站或码头。在客人登上飞机、火车、轮船之前，送行人员应按照身份和职位的高低一一与客人握手告别。在客人登上飞机、火车、汽车或轮船时，送行人员要向客人挥手致意，直至飞机、火车、汽车或轮船在视野里消失方可离去。

【小思考 5-3】

东北某集团公司计划和某著名企业进行合作。一切准备就绪后，该企业派来了全权代表。既是远道而来的客人，又是将来的合作者，礼遇可想而知。在欢迎晚宴上，集团公司特别安排了东北名菜“猪肉炖粉条”和朝鲜族的特色菜“红烧狗肉”来招待几位远道而来的客人。本来和谐而热烈的晚宴，在这两道特别安排的压轴菜上来后，气氛发生了急剧变化，其中两位重要客人脸色阴沉，气愤地甩袖而去。第二天，他们郑重地发来一份声明，声明表示他们是穆斯林，该集团公司居然用猪肉和狗肉来招待他们，这是对他们的不敬、对伊斯兰教的轻蔑、对神灵的亵渎。就这样，这桩合作彻底泡汤了。

思考：

你认为接待方有什么地方做得不对?

五、来访接待的礼仪要求

来访接待主要是指业务往来接待用户，及未经预约的商业往来拜访。接待时应注意以下礼节问题。

(一)热情接待

无论来访者身份如何，目的为何，都应热情接待。这不仅涉及企业形象问题，同时对工作能否顺利开展也有很大影响。切不可让客人坐“冷板凳”，或以貌取人，言语不周。

拜访者到来时，接待者要起立，主动握手，表示欢迎。客人落座后，应马上敬茶水、饮料或送上糖果。

(二)善于倾听

在接待过程中，要善于倾听客人的谈话，与客人交流时，应正视对方，适时地以点头表示尊重，且一举一动都要表示出在认真听对方的陈述，切忌做与交谈无关的动作，如翻看报纸、写东西等，以免让客人有被慢待的感觉。

(三)尽可能地不接电话

在接待客人时，不停地接听电话或打断对方的讲话都是一种不礼貌的行为，当客人到来时，应告诉秘书尽量不要让电话打扰。如有重要电话应先向客人说“对不起”，在得到客人谅解后再接听，且要长话短说。

(四)尊重与沟通

在交谈过程中，不要随意打断、驳斥对方，也不要轻易许诺。不同意对方的观点，要克制情绪，委婉地表达自己的意见。意见一致时也不要喜形于色。同时，能马上答复或解决的事不要故意拖延时间，暂时不能解决的事情，应告诉对方一个解决方案，并约定再次联系的时间。

(五)难题的处理

如果交谈中出现某些使自己为难的场面，可以直截了当地拒绝某一要求，也可以含蓄地暗示自己无法做到，请求对方理解。但要注意方式和态度，尽量不要让对方误认为是瞧不起他或有能力而不愿帮忙。如果想结束会见而对方又未察觉，可以婉言告之如“对不起，我还有个十分重要的会议”等，也可以用身体语言提示对方，如间隔性地抬腕看表等。

【扩展阅读 5-2】

茶与待客

据史书记载，西汉时期，茶是宫廷及官宦之家的一种高雅消遣。两晋、南北朝时期，人们对尚茶品饮已习以为常，以茶会友、以茶遣兴成为社交待客礼仪，并被一些文人雅士视为象征养廉、雅志、修身的美德。到了唐朝，被后人尊称为茶圣的陆羽的《茶经》更是推动了饮茶之风的普及和茶叶品饮艺术的提高，品茶成了人们风雅的文化生活之一，正所谓“琴棋书画诗酒茶”。清朝的乾隆皇帝就是一位品茗行家，嗜茶如命，他曾说过“君不可一日无茶”，可见茶在皇室生活中具有举足轻重的地位。而在民间，也有“开门七件事，柴米油盐酱醋茶”之说。茶在我国不仅是生活必需品，还是交际必需品。来人敬茶，是应有的待客之道。否则，便会被人说“这人真小气，连茶都不让人喝一口”。

第五节 馈赠礼仪

馈赠作为社交活动的重要手段之一，受到古今中外人士的普遍肯定。馈赠作为一种非语言的重要交际方式，是以物的形式出现，以物表情，礼载于物，可以起到寄情言意的“无声胜有声”的作用。馈赠也是商务活动中不可缺少的交往内容。得体的馈赠，恰似无声的使者，能给商务活动锦上添花，给人们之间的感情和友谊注入新的活力。我们只有在明确馈赠目的和遵循馈赠基本原则的前提下，注重馈赠活动对礼仪的要求，才能真正发挥馈赠在商务交往中的重要作用。

【应用案例 5-3】

“千里送鹅毛，礼轻情意重”的由来

唐朝的云南土官缅氏为表示对李唐王朝的拥戴，派特使缅伯高向唐太宗进献天鹅。

路过沔阳河时，好心的缅伯高把天鹅从笼子里放出来，想给它洗个澡。不料，天鹅展翅飞向高空。缅伯高急忙伸手去捉，但还是让天鹅飞走了，他只扯得几根鹅毛。缅伯高急得捶胸顿足、号啕大哭。随从们劝他说天鹅已经飞走了，哭也没有用，还是想想补救的办法吧。缅伯高一想，也只能如此了。

到了长安，缅伯高拜见唐太宗，并献上礼物。唐太宗见是一个精致的绸缎小包，便命人打开，一看是几根鹅毛和一首小诗。诗曰："将鹅贡唐朝，山高路途遥。沔阳河失去，倒地哭号号。上复唐天子，可饶缅伯高。礼轻情意重，千里送鹅毛。"唐太宗感到莫名其妙，缅伯高随即讲出事情原委。唐太宗不但没有怪罪他，反而认为缅伯高忠诚老实。

资料来源：王玉苓、徐春晖：《商务礼仪》，北京，人民邮电出版社，2014。

一、馈赠的目的

馈赠通常都是带有一定目的的，或为交友结谊，或为祝颂庆贺，或为酬宾谢客，或为其他。

(一)以交际为目的

这类馈赠是一种为达到交际目的而进行的馈赠，它有两个特点：一是送礼目的与交际目的的一致。无论是个人还是组织机构，在社交中为达到一定目的，针对交往中的关键人物和部门，通过赠送一定礼品，以促使交际目的达到。二是礼品的内容与送礼者的形象一致。对于礼品的选择要掌握一个非常重要的原则，要使礼品能反映送礼者的寓意和思想感情的倾向，并使寓意和思想倾向与送礼者的形象有机地结合起来。

(二)以巩固和维系人际关系为目的

这类馈赠即人们常说的"人情礼"。在人际交往过程中，无论是个人之间抑或组织机构之间，必然会产生各类关系和各种感情。人与生俱来的社会性，又要求人们必须重视人际关系和感情，因而，围绕如何巩固和维系人际关系和感情，人们采取了许多办法。其中之一就是馈赠。这类馈赠强调礼尚往来，以"来而不往非礼也"为基本行为准则。因此，这类馈赠从礼品的种类、价值的轻重、档次的高低、包装的精美、蕴含的情谊等方面都呈现多样性和复杂性。这在民间交际中尤其具有重要的作用。

(三)以酬谢为目的

这类馈赠是为答谢他人的帮助而进行的。因此在礼品的选择上十分强调其物质价值。礼品的贵贱厚薄，首先取决于他人帮助的性质。帮助的性质分为物质的和精神的两类。一般来说，物质的帮助往往是有形的、能估量的，而精神的帮助则是无形的、难以估量的，然而其作用又是相当大的。其次取决于帮助的目的，是慷慨无私的，还是另有所图的，还是公私兼顾的。只有那种真正无私的帮助，才是值得真心酬谢的。最后取决于帮助的时机，一般情况下，危难之中见真情。因此，得到帮助的时机是日后酬谢他人的最重要的衡量标准。

(四)以公关为目的

这类馈赠从表面上来看不求回报，实质上其索取的回报往往更深地隐藏在其后的交往中，或是金钱，或是权势，或是其他功利，是一种为达到某种目的而用馈赠礼品的形式进行的活动。多发生在对经济、政治利益的追求和其他利益的追逐活动中。

二、馈赠的原则

(一)礼轻情重

馈赠礼品要突出纪念意义，无须过分强调价值、价格，礼物是表情达意的，在商务交往中提倡“礼轻情意重”，过分贵重的礼品会让受礼者产生“重礼之下，必有所求”的猜测。选择礼物的“轻重”，应根据双方关系、身份、送礼的目的和场合来判断。一般来说，应小、巧、少、轻。小指小巧玲珑，易送易存；巧指立意新颖；少指少而精；轻指价格适中。

(二)投其所好

礼品一定要有特点，送礼前应先了解受礼人的身份、爱好、民族习惯等，应该根据对方兴趣爱好去选择一些富有意义、耐人寻味、品质不凡的礼品。这样的礼品才能投其所好，对方才会喜欢。

(三)因人赠礼

选择礼品时要因人而异，考虑礼品的思想性、艺术性、趣味性、纪念性等多方面因素，力求别出心裁、不落俗套。一般来说，对家贫者，以实惠为佳；对富裕者，以精巧为佳；对恋人、爱人、情人，以纪念性为佳；对朋友，以趣味性为佳；对老人，以实用为佳；对孩子，以启智新颖为佳；对外宾，以特色为佳。此外，赠礼还要考虑是赠送给单位还是个人，一般来说，赠送给单位的礼物要考虑单位的性质、经营规模、经营项目；赠送给个人的礼品则要考虑其性格、品位、爱好等。

(四)明确目的

礼品是感情的载体，任何礼品都表达了送礼人的特有心意，或酬谢、或求人、或联络感情，等等。馈赠礼品时要根据馈赠目的选择恰到好处的礼品，例如，朋友结婚，可送鲜花、书画、工艺品、衣物等喜礼；企业开张、大厦落成、厂庆等，可送花篮、工艺品等贺礼。

三、馈赠的注意事项

要使对方愉快接受馈赠并不是件容易的事情。即便是精心挑选的礼品，如果不讲究赠礼的艺术和礼仪，也很难达到馈赠的预期效果。

(一)注意礼品的禁忌

得体的礼品馈赠，能给交际活动锦上添花，若是把一些不宜作为礼品的物品赠送出去，则会对双方关系产生一定程度的影响。

①我国普遍有“好事成双”的说法，因而凡是喜庆之事，所送之礼，均好双忌单，但广东人则忌讳“4”这个偶数，因为在广东话中，“4”听起来就像是“死”，是不吉利的；而在西方国家，奇数是吉利的象征，但“13”是不吉利的。

②切莫送一些会刺激别人感受或禁忌的东西。例如，送给一位基督徒一尊佛像，就算那是一件古玩也是不妥的；不要送香港商人茉莉花和梅花，因为“茉莉”与“没利”谐音，

“梅花”的“梅”与倒霉的“霉”同音；在我国还常常讲究给老人不能送钟表，给夫妻或情人不能送梨，看望病人不能送剑兰，朋友间不要送伞，因为“送钟”与“送终”，“梨”与“离”，“剑兰”与“见难”，“伞”与“散”都是谐音，是不吉利的礼物。

③白色虽有纯洁无瑕之意，但中国人比较忌讳，因为在中国，白色常是大悲之色和贫穷之色。同样，黑色也被视为不吉利的凶灾之色、哀丧之色。

④不能给健康人送药品，不能为异性朋友送贴身的用品，不要送带有价格标签的礼物。

此外，一般因公赠礼时，不允许选择以下几类物品作为正式赠予交往对象的礼品：一是现金、信用卡、有价证券；二是价格过于昂贵的奢侈品；三是烟、酒等不合时宜、不利于健康的物品；四是易使人产生误解的物品；五是触犯受赠对象禁忌的物品。

(二)注意礼品的包装

精美的包装不仅使礼品的外观更具艺术性和高雅的情调，显示出赠礼人的文化艺术品位，而且还可以避免给人俗气的感觉。

送给他人的礼品，尤其是在正式场合送人的礼品，一般应认真地进行包装，应用专门的纸张包裹礼品，或是把礼品装入特制的盒子、瓶子之内。

包装礼品，既要量力而行，又要反对华而不实。进行包装时，要讲究材料、包封、图像及捆扎、包裹的具体方式。在信奉基督教的国家中，应避免把丝带结成十字交叉状。

(三)注意赠礼的时机

馈赠要注意时间，把握好机会。

①节假良辰。遇到我国传统的节日，如春节、端午节、中秋节等，还有法定节日，如元旦、五一国际劳动节、六一儿童节、教师节、国庆节等都可以送些适当的礼物表示祝贺。

②喜庆日子。晋升、获奖、厂庆等日子，可考虑送礼品以示庆贺。

③企业开业庆典。在参加某家企业的开业庆典活动时，可赠送花篮、牌匾或室内装饰品以示祝贺。

④拜访、做客。这种时候可以备些礼物送给主人，特别是女主人或小孩。

⑤感谢帮助、礼尚往来、略表寸心。当你在生活或工作中遇到困难得到别人的帮助时，为了表达感激之情，可经常送些礼品酬谢。

(四)注意赠礼时的态度、动作和言语表达

赠送礼品时，只有态度平和友善、动作落落大方并伴有礼节性的语言，才容易让受礼者接收礼品。比如向受礼者说明送礼原因时，可说一些“祝贵公司前程似锦”“愿我们合作愉快”等客套话。千万不要说“没有准备，临时才买来的”，“没有什么好东西，凑合着用吧”，你的本意可能是劝对方不要拒绝，但这些话容易被对方当真。你应该说“这是我为你精心挑选的”“相信你一定会喜欢”。

若同时向多人赠送礼品，应先长辈后晚辈、先女士后男士、先上司后下级，按照次序，有条不紊地进行。

(五)注意赠礼的场合

馈赠的场合选择很重要，尤其那些出于酬谢、应酬或有特殊目的的馈赠，更应注意赠礼场合的选择。通常情况下，当众只给一群人中的某一个人赠礼是不合适的，因为那

会使受礼人有受贿和受愚弄之感，而且会使没有受礼的人有受冷落和受轻视之感。给关系密切的人送礼也不宜在公开场合进行。只有礼轻情重的或能表达特殊情感的特殊礼品，如锦旗、牌匾、花篮、纪念品等才可在众人面前赠送。

(六)注意赠礼的方式

馈赠的效果不仅受馈赠礼物的影响，还受馈赠方式的影响，适宜的馈赠方式会增加礼物的价值，而不适宜的馈赠方式会有损礼物的价值。当面赠送是一种最为常见的赠送礼品的形式，因为这种赠礼方式便于观察受礼人对礼品的感受，并能适时解答和说明礼品的功能、特性等，还可有意识地向受礼人传递你选择礼品时独具匠心的考虑，从而激发受礼人对你一片真情的感激和喜悦。

【小思考 5-4】

某大型商务公司开业第一天，很多合作单位都送来了具有纪念意义的礼品，公司的李总经理非常高兴。正在这时，天气骤变，突然下起雨来，半小时之后，李总经理的朋友孙先生拿着 20 把雨伞作为礼物送到了李总经理的手中，只见李总经理的脸像外面骤变的天气一样沉了下来。

思考：

孙先生送的礼物有什么问题呢?

四、受礼礼仪

作为商务活动的重要内容之一，馈赠活动越来越受重视，并得到广泛的使用。大多数人很幸运地接受过礼品，却并不是每个人都能礼貌地接受别人的礼品。

(一)双手捧接

当他人口头宣布有礼相赠时，不管自己在做什么事，都应立即中止，起身站立，面向对方，以便有所准备。在对方取出礼品，预备赠送时，不应伸手去抢、开口相询，或者双眼盯住不放，但求“先睹为快”。此时此刻，需要保持风度。

在赠送者递上礼品时，要尽可能地用双手前去“迎接”。不要一只手去接礼品，特别是不要单用左手去接礼品。在接受礼品时，勿忘面含微笑，双目注视对方的两眼。接过来的若是对方所提供的礼品单，则应立即从头至尾细读一遍。

(二)表示感谢

在接到礼品时你可能对礼品赞不绝口，但这是不够的。在双手接过他人礼品的同时，应向对方连声道谢。“谢谢你”三个字表明你谢的不是礼物本身，而是对方对你的美意。

你还可以找一些动听的话来说，即便是模棱两可的话也是令人开心的。你可以感谢送礼人所花费的心血：“你能想到我太好了。”你还可以感谢对方买到合适的礼品所付出的努力，如“你竟然还记得我收集邮票”等。

(三)当面拆封

如果现场条件许可，如时间充裕、人数不多、礼品包装考究，那么，在接过他人相赠礼品之后应当尽可能地当着对方的面将礼品包装拆封。这表示自己看重对方，同时也很看重获赠的礼品。在启封时，动作要井然有序，舒缓文明，不要乱扯、乱撕、乱丢包装用品。

(四)表示欣赏

当面拆开包装之后，要以适当的动作和语言，表达你对礼品的欣赏。例如，可将他人所送的鲜花捧在身前闻闻花香，随后再将其装入花瓶，并置于醒目之处。如果别人送了一条围巾给自己，则可以马上围上围巾，照一照镜子，并告诉赠送者及其他在场者“我很喜欢它的花色”或是“这条围巾真漂亮”。千万不要拿礼物开玩笑，除非那是一件恶作剧的礼物。

(五)写感谢信

在口头表达感谢之外，别忘了写封感谢信，它表明你花了一些时间感谢馈赠者，就像送礼人花费时间来挑选礼物一样。

接受了他人的馈赠，如有可能应予以回礼。有礼有节的馈赠活动，有利于拉近双方的距离，增加合作的机会。

五、拒礼礼仪

一般情况下，不应当拒绝受礼。但如果觉得送礼者别有所图，就应向他明示自己拒收的理由，态度要坚决，方式要委婉。

符合社交礼仪的拒收礼品的方法因人因事而异，一般常见的有如下方式。

(一)婉言相告法

婉言相告法即采用委婉的、不失礼貌的语言，向赠送者暗示自己难以接受对方的礼品。例如，当对方向自己赠送手机时，可告知对方：“谢谢，我已经有一部手机了。”

(二)直言缘由法

直言缘由法即直截了当而又所言不虚地向赠送者说明自己之所以难以接受礼品的原因。在公务交往中拒绝礼品时，此法尤其适用。例如，拒绝他人所赠的大额现金时，可以这样讲：“我们单位有规定，接受现金要按受贿论处。”拒绝他人所赠的贵重礼品时，可以说：“按照有关规定，你送我的这件东西，必须登记上缴。”

(三)事后退还法

若在大庭广众下拒绝他人所送的礼品，往往会使受赠者有口难言，使赠送者尴尬异常。遇到这种情况，可采用事后退还法来处理，即当时接受礼品，不拆启其包装。事后，尽快(通常情况下不超过 24 小时)把礼品退还给赠送者。

【扩展阅读 5-3】

鲜花的礼仪

现代社会，鲜花作为礼物在联系情感、增进友谊等方面起到很重要的作用，人们越来越多地用鲜花作为礼物来馈赠他人。结婚时送鲜花，表示甜蜜、爱恋；乔迁时送鲜花，表示隆重、庆贺；生日时送鲜花，表示祝福、喜庆；探病时送鲜花，表示慰问、祝福；情人节送鲜花，表示浪漫。千姿百态的花朵述说着千言万语，因此什么时候送什么花，什么场合选什么花，什么人喜欢什么花，都需要根据具体情况，因时因地因对象进行精心设计，否则因考虑不周而闹出误解，反而会失去馈赠鲜花的目的。

1. 赠送鲜花的时机

赠送鲜花一般有以下几种时机。

①道喜、道贺。如结婚之喜、生子之喜、乔迁之喜、开业之喜等。

②慰问。如生病、住院、家里遭遇不幸等。

③奖励、鼓励。如各类颁奖典礼等。

④表达爱情，传递友谊。

2. 赠送鲜花的形式

(1)花束

花束包括普通花束和新娘捧花。它们主要使用各类包装纸、丝带等配材，对组合好的鲜花进行各种不同风格的包装，单手可握，双手可捧。可用于迎送客人、访友、庆典仪式上的献花、馈赠礼品、结婚等场合。

(2)花插

花插是指使用针盘、花瓶等容器将花材固定在花泥等固定物上，形成不同的风格。可用于办公室、餐厅、接待处、饭店前台、会议室等场所。

(3)花篮

花篮是在篮子内放入花泥，将鲜花插于花泥上，创作出不同风格的插花形式。可用于馈赠礼品、舞台摆放、厅堂装饰、庆典开幕以及追悼会等场合。可分为礼品花篮、庆典花篮、装饰花篮、悼念花篮等几个类型。

(4)装饰花

装饰花包括胸花、头花、腕花、肩花等，一般用于出席各类大型集会、重要会议、晚会、开幕式、结婚典礼等场合，可佩戴于胸前、头上、腕上。制作装饰花只需较少的花材和配叶，典雅大方的花形可以起到很好的装饰效果。

(5)礼品盆花

礼品盆花是指对种植于花盆中的观花、观叶、观果等植物，进行礼品的包装，使之成为馈赠品。礼品盆花主要用于拜访亲戚、朋友时。

(6)花环

一些少数民族和国家，通常把自己喜欢的鲜花做成花环，挂在他人的脖子上或套在手腕上，表示祝福、吉祥。

3. 通用花语

人的情感与花是相通的，花中融进了人类的感情。例如，月季、冬青枝、唐菖蒲(剑兰)代表“友谊长青”；柳枝代表“送别、依依不舍”；菊花代表“高洁”；红枫代表“老有所为、老当益壮”；兰花代表“德高望重”；牡丹代表“深深的祝福”；红石竹、香石竹(康乃馨)代表“母爱”；萱草代表“忘忧”；玫瑰、月季、蔷薇、海棠、碧桃、山茶代表“爱情、相爱”；含笑、茉莉、白兰、栀子、晚香玉、夜来香、君子兰代表“传情、爱慕、思念”；石榴代表“多子、早生贵子”；芍药代表“惜别”；桂花代表“光荣”(桂冠、蟾宫折桂)；木棉(攀枝花)代表“英雄”；木兰代表“扬眉吐气”；马蹄莲代表“春风得意”(唐朝诗人孟郊金榜题名，作诗云：春风得意马蹄疾，一日看尽长安花)；紫薇花代表“好运气”(紫气东升)。

习题与实训

一、填空题

1. 主人亲自驾驶双排五人座轿车时，上座依次为前排副驾驶、________、________、后排中座。

2. 预约的方式一般有三种，即________、________和________。

3. 所有的回函，不管是接受函还是拒绝函，均需在接到邀约之后的________之内回复，而且回复得越早越好。

4. 接待工作进入准备阶段，一般应从三个方面入手：了解客人的基本情况、制定接待方案和________。

5. 符合社交礼仪的拒收礼品的方法因人因事而异，一般分为三种方式：________、________和________。

二、简答题

1. 乘坐轿厢式电梯时，要注意哪些问题？

2. 预约拜访时，要重视哪些问题？

3. 正式商务邀约的方式有哪些？回复邀约时应注意哪些事项？

4. 商务接待准备工作的内容是什么？如何做好正式接待工作？

5. 你知道如何收受礼物吗？怎样拒收礼品呢？

三、案例分析

1. 即将毕业的研究生李明在刘老师的推荐下，前去刘老师的同学孙总家拜访，希望通过此次拜访能获得一个发展的机会。拜访时间是晚上 7 点整。李明知道孙总是一个著名的企业家，又是推荐老师的朋友，于是精心打扮一番后早早出门，结果下午 6 点就到达了孙总家门口。孙总很客气地把李明迎进家里，并邀请李明共进晚餐。李明一想自己没吃晚饭，就不客气地和孙总一家人坐在了餐桌上。出于礼貌，孙总问李明喝酒吗？李明平时就喜欢喝酒，一听马上说喜欢喝白酒，孙总于是拿出了一瓶五粮液放在桌子上，并给李明倒了一小杯，自己推辞不喝。而李明也不客气地一个人自斟自饮起来，高兴之余还拿出香烟叼在嘴上“吞云吐雾”。转眼已经到了 8 点，李明才算酒足饭饱，于是拿出了自己的简历对孙总说：“我虽然刚毕业，但我的能力很强，老师也很欣赏我，孙总给我个部门经理干干如何?”孙总听后微微一笑……结果李明自然是未得到任何机会。

结合以上案例，分析李明的这次拜访有哪些不妥之处。

2. 我国某市与韩国某市缔结友好城市，在某饭店举办大型中餐宴会，邀请本市最著名的演员助兴。这位演员到达后，费了很长时间才找到自己的位置。当他入座后发现同桌的许多客人都是接送领导和客人的司机，演员感到自尊心受到了伤害，没同任何人打招呼就悄悄离开了饭店。当时宴会的组织者并未觉察到这一点，直到宴会主持人拟邀请这位演员演唱时，才发现演员并不在现场。幸好主持人头脑灵活，临时改换其他节目，才算没有出现冷场。

分析上述案例中，演员为什么不辞而别？接待方有什么地方做得不妥？

四、实训题

1. 秘书小李陪同经理乘坐小轿车去机场接一位客人，请分别就专职司机驾车和经理驾车这两种方式安排座次。

2. 假如你是某公司业务经理，某日，要去拜访一位重要客户，你该怎样做?

3. 几位远道而来的重要客户将要拜访你们公司，作为办公室主任的你应做哪些安排?

4. 假如你是某单位办公室主任，你所在单位的长期合作伙伴最近新开了一家贸易公司。请问：你将选择什么礼品、什么时间、采用何种方式赠送?

第六章

商务办公礼仪

子曰："可与言而不与之言，失人；不可与言而与之言，失言。知者不失人，亦不失言。"

——《论语·卫灵公》

技能目标

◆ 掌握办公室、电话、网络和商务交谈中的礼仪

◆ 能够正确地遵循商务办公礼仪完成商务活动

知识目标

◆ 了解基本的商务沟通礼仪规范

◆ 理解商务人员在商务通信中要严格遵守礼仪规范的重要意义

导入案例

张倩的困惑

张倩是一家公司的业务员，她外形靓丽漂亮，对于流行元素非常敏感，穿着打扮非常时尚。发型每隔一段时间就会有新变化，颜色也在不断调整，金黄色、酒红色……总是让同事眼前一亮。面部妆容也如同她经常翻新的服装一样，变化多端。有着一副好身材的她，在夏季，紧身衣、透视装、露脐装、低腰裤轮流着换，各种小配饰不断更新，办公室的一些男士都觉得张倩很养眼，经常跟她开玩笑，张倩从不恼怒。注重个人形象的她，喜欢照镜子，并常在办公室补妆，若是看到哪位女同事的口红、眼影是自己没有的，她一定会缠着别人借来试用，看看效果如何。热情开朗的张倩，不论是与同事还是与客户，交谈时都喜欢靠得很近，眼睛一直关注着对方，手势语非常丰富。

张倩入职这家公司三年了，工作主动性非常强，常常加班，工作业绩也不错，近年来发展了不少客户。与张倩同时入职这家公司的李尚，虽然业绩不如张倩，却已经升迁为主管，而张倩只是增加了薪酬，却一直没有得到升迁机会。很希望在事业上有所发展

的张倩，感到很困惑：难道我的工作能力不如李尚，领导为什么不提拔自己呢？

思考：

为什么靓丽而且工作业绩不错的张倩没有得到提拔呢？

第一节　办公室礼仪

一、办公室布置礼仪

办公室是企业的门面，是来访者对企业的第一印象。通常情况下，办公室由办公场所、文件柜、电话机、办公桌四部分组成，其布置标准主要是指从礼仪学角度如何合理、有效地布置和装饰。

(一)办公室场所的布置礼仪

办公室场所是指专门用于办公的房间，即办公室。办公室应有鲜明的标志，在对外的房门上或门旁可以挂上一个醒目、美观的招牌。办公桌应放在房间内采光条件较好、正对门口的地方，与窗户保持1.5～2米的距离。如果是多人的办公室，可采用不同规格的隔板，把各个工作人员的办公区域分割开来，以保持各自工作区域的独立，保证彼此的办公不受影响，提高工作效率。

办公室的布置应给人以高雅、宁静的感觉。商业企业是一个开放的系统，办公室既是工作的地方，也是社交的场所。因而，可以根据工作性质和整个企业的经营宗旨，以及企业形象和办公室大小，选择一些风景画、盆景、有特殊意义的照片、名人字画、企业的徽标等作为办公室的装饰，创造浓厚的企业文化气息。但是要注意的是，不管多好的装饰品，它所占的位置绝不能影响工作人员的工作。

办公室应保持整洁。地板、天花板、走道要定期打扫，玻璃、门窗要擦洗得干净、明亮。

(二)文件柜的摆放礼仪

办公室文件柜的摆放应以有利于工作为原则。通常情况下，应靠墙角放置，不宜占据较大的办公空间；也可放置在离工作人员较近的地方，以便随时查找资料，整理、收藏文件；所有文件应及时按类、按月归档，装订整理好后，放入文件柜，并要及时清理、归档、建立目录，使之系统化、条理化。另外，还要注意防虫、防蛀。有的办公室还放置有保险柜，一些重要的文件、清单、保险单、账目、现金、支票等应放置在保险柜中，以防遗失和被盗。所有的公务文件和票据均不得私自带出办公室。

(三)办公桌和电话机的摆放礼仪

办公桌设置摆放要有标准定置图，与工作无关的物品不要摆放在办公桌上，时刻保持桌面整洁。桌面上只放些必要的办公用品，且摆放整齐。切记，不要将杂志、报纸、餐具、皮包等物品放在桌面上。正确的摆放方法为：中上侧摆放台历或水杯(烟缸)等；电话的摆放以方便接听为原则，一般放在桌面的右前缘，如果在同一桌面上安置多部电话，则应放置在桌面的左右前缘；右侧摆放文件盒、等待处理的管理资料等；中下侧摆放需马上处理的业务资料；左侧摆放有关业务资料；正在办理的文件，下班后应锁入办公桌内；办公桌的玻璃板下，主要放与工作有关的文字及数字资料，不能放过多家人的照片。

工作人员离开办公室，但在办公楼内时，座位保持原位；如果短时间外出离开办公室时，座位应半推进；如果离开办公室超过 4 小时或去休息，座位应该完全推进。

二、办公室举止礼仪

办公室的所有工作人员都应当坚持以高标准、严要求遵守举止礼仪。进入办公室就应该进入一种工作状态，要全身心地投入工作中，以免破坏办公环境与气氛，甚至影响到企业形象。

(一)个人形象礼仪

一个机关、企业的整体形象，从某种意义上讲，是人们通过对若干个人形象的了解和观察逐渐形成的。所以，每位办公人员不论职位高低，都要通过塑造良好的个人形象，来维护企业良好的整体形象。

1. 仪表端庄

在进入办公室工作之前，要对自己的仪表进行修饰，工作时的形象应当严肃、庄重，切不可标新立异、奇装异服，更不可华丽妖艳。庄重、得体的着装不仅可以建立良好的个人形象，而且可以使自己备受周围人的尊重。

男职员要着重做到庄重、整洁、得体、职业化。要每天进行剃须、修面，保持面部的清洁。要随时注意保持口气清新。不留长发，头发要梳理得美观大方，可以衬托出良好的精神状态和工作责任感。男性的着装风格相对单一，如果没有硬性规定，应穿着深色西服套装、白衬衣，打素色领带，配深色皮鞋。服装必须平整、干净，衬衫下摆扎到裤腰里，不能穿花衬衫、拖鞋、运动服上班。

办公室里的女职员着装一定要适合周围的环境、工作性质，适合个人的相貌、气质、身材。既要大方得体，又要舒适，便于行动，要体现出自己的职业身份和专业素质。一般来说，女职员上班提倡穿颜色素雅、做工精细的西服套裙。既不能过分追求性感、前卫、新潮，也不需要过分保守和呆板。避免穿着休闲装、运动装上班。不宜穿旅游鞋、露脚趾的凉鞋上班。不要在皮鞋跟上钉铁钉，以免在办公室走动时发出扰人的声响。办公室女性提倡化淡妆，首饰佩戴要合乎身份，以少为宜。发型要整齐规范，不可太新潮。

2. 举止稳重

在办公室里，要注意行为举止稳重、自然、大方、有风度。走路时要身体挺直，速度适中，步子稳重，给人以正派、积极、自信的印象。不要匆匆忙忙地走路，也不要慌慌张张地做事，让人感到毛手毛脚、不可信任。不要一边走路一边大声说笑，以免干扰别人办公。如果没有突发意外情况，一般不允许在工作场所内跑动，但可以快走。站立时，要收腹挺胸，给人以精神饱满的感觉。坐姿要端正优美，背要直，女职员坐下时要注意双膝并拢。不要趴在桌上，让人感到懒洋洋的，更不要把脚架到桌上，这是很不文明的表现。

递接物品时，不可以尖端对人。递给客户笔、剪刀等物品时，应当自己握住尖端，把安全的一端递给客户。

上班不迟到，下班不早退，否则会显得对工作不投入、不敬业。

进入别人的办公室之前，要轻轻敲门，得到允许后方可进入。开门关门的动作要轻，不要发出声响。不准在工作岗位上吃零食、刮胡子、看小说、打瞌睡。不能高挽袖口、裤脚。不能叼着烟在办公室里到处乱逛。

(二)办公室招呼礼仪

在办公室，应向经过自己办公桌的人主动打招呼，无论他们是一般员工还是公司老板，都要一视同仁，不要躲闪或者假装看不见。这是人际交往中一个最基本的礼仪问题，也是一个人修养和工作态度的体现。

1. 称呼

一句恰当、得体的称呼会给他人留下好的印象，相反称呼不当，会为人际关系设置人为的障碍。打招呼时的称呼应视情况而定，对于职位明确的上级，可以称其行政职务。一般来说，对于下属，上司可以用全名及先生、小姐等称呼，若职员主动表示可称呼其名字，上司也可照办。其他同事之间如非常熟悉或得到对方许可，可直称其名，但无论如何不应在工作场合使用不雅、戏谑的绰号或小名、昵称，也不应在工作场合称兄道弟。

2. 日常打招呼

上班应微笑着向与你见面的同事问好，下班也要与大家微笑着道一声“再见”。在离开办公室时，应先向主管打招呼，询问是否还有吩咐，然后再离开。中午休息吃饭、中间有事暂时离开时，一定要致意打招呼，告诉同事你的去向以及需要同事帮忙代办的工作，以防有事或有人找你时找不到。

对于上司，态度要礼貌周到。如果到领导身边，要站好后再打招呼；对一般熟悉的同事则不必拘束，可以用互相了解的对方喜欢的方式打招呼。打招呼时应将对方姓氏讲清楚，不能叫“喂”或“那个谁呀”，因为这样做十分失礼。如同事正忙于工作，可客气地说：“抱歉，打扰一下”，再交代事项，以免惊扰了同事。

三、办公室交往礼仪

(一)与同事相处

在一个商业组织中，不管公司制度有多完善，都需要同事之间的相互配合。同事是与自己一起工作的人，与同事相处得如何，直接关系到自己的工作、事业的进步与发展。如果同事之间关系融洽、和谐，人们就会感到心情愉快，则有利于工作的顺利进行，从而促进事业的发展；反之，同事关系紧张、相互拆台、经常发生摩擦，就会影响正常的工作和生活，阻碍事业的正常发展。处理好同事关系，在礼仪方面应遵循以下几点。

1. 尊重同事，密切合作

相互尊重是处理好任何一种人际关系的基础，同事关系也不例外。同事关系不同于亲友关系，它不是以亲情为纽带的社会关系。亲友之间一时的失礼，可以用亲情来弥补；而同事之间的关系是以工作为纽带的，一旦失礼，创伤将难以愈合。所以，处理好同事之间的关系，最重要的是尊重对方。多跟别人分享看法，多听取和接受别人的意见，相互合作、真诚相待、加强沟通、注重团队协作，只有这样才能赢得同事的支持，使工作顺利地展开。

2. 物质上的往来应一清二楚

同事之间可能有相互借钱、借物或馈赠礼品等物质上的往来，但切忌马虎，每一项都应记得清楚明白，即使是小的款项，也应记在备忘录上，以提醒自己及时归还，以免遗忘而引起误会。向同事借钱、借物，应主动给对方打借条，以增进同事对自己的信任。有时，借出者也可主动要求借入者打借条，这并不过分，借入者应予以理解。如果所借钱、物不能及时归还，应每隔一段时间向对方说明一下情况。在物质利益方面，无论是有意或无意地占对方的便宜，都会在对方的心理上产生不快，从而降低自己在对方心中的人格。

3. 对同事的困难表示关心

同事的困难，通常首先会选择亲朋帮助，但作为同事，也应主动问询。对自己力所能及的事应尽力帮忙，这样可以增进双方的感情，使关系更加融洽。

4. 不在背后议论同事的隐私

每个人都有隐私，隐私与个人的名誉密切相关。背后议论他人的隐私，会损害他人名誉，引起双方关系的紧张甚至恶化，因而是一种不光彩的、有害的行为。而不搬弄是非，给予同事适当的赞美，和每一位同事保持友好的关系，尽量不要被人认定你是属于哪个圈子的人，才是与同事交往的明智之举。

5. 宽大为怀，处事灵活有分寸

同事之间经常相处，一时的失误在所难免。如果出现失误，应主动向对方道歉，征得对方的谅解；对双方的误会应主动向对方说明，不可小肚鸡肠、耿耿于怀。

与同事相处时，处事灵活有原则，要懂得在适当的时候采纳他人的意见。但不能万事迁就、毫无主见，这样只会给人留下懦弱、办事能力不足的坏印象。

(二)与上司相处

随着竞争日益激烈，人们越来越意识到，在职场中处理好人际关系的重要性。而在同事关系中，与领导关系的处理显得尤为重要。

1. 注意个人的职业形象

个人的着装、打扮，是否迟到、早退，是否遵守单位的规章制度等，这些不仅是个人习惯的问题，也从另一个方面反映了一个人的综合素质和职业素养。

2. 敬业精神

敬业精神是一个老生常谈的话题。从领导关系的角度讲，当前有相当一部分人严重缺乏敬业精神，而同时还有相当一部分人不善于表现自己的敬业精神。

我们提倡敬业，但也提倡会敬业，这里有三方面的技巧：

①对工作要有耐心、恒心和毅力。

②苦干加巧干。勤勤恳恳、埋头苦干的敬业精神值得提倡，但必须注意工作效率，注意工作方法。

③敬业也要能干会“道”。“道”就是让领导知道或感受到你付出的努力，不必永远做幕后英雄。要知道，领导既没必要、也没义务花时间去仔细探究这些细节。

3. 要服从第一领导

下级服从领导本来就是天经地义的事情。这不仅体现了个人的素质，还体现出个人的职业素养和团队精神，以及对本单位的认可和对别人的尊重。所以，要善于服从、巧于服从。

①对有明显缺陷的领导，积极配合其工作是上策。

②当领导交代的任务确实有难度，其他同事缩手缩脚，而自己有一定把握时，应该勇于承担，以此来显示你的胆略、勇气和能力。

③反应要快。上级布置的工作一定要争取提前完成，对于不能按照要求完成的任务，应提前和上司沟通。

④主动争取领导的安排。因为有很多领导，并不希望通过单纯地发号施令来推动下属开展工作。

⑤善于听取上司意见。对上司的批评或要求要认真听取，不要因小事而同上司翻脸。有不同意见，可以慢慢与上司沟通。

⑥不要轻易在上司面前告别人的状。

⑦不向上司提过高的有利于自己的要求。因为有的要求会使上司很为难。

⑧要多多请示。聪明的下属，总是善于在关键的地方，恰到好处地向领导请示，征求其意见和看法，把领导的意志融入自己负责的工作中。这是下属主动争取领导的好办法，也是下属做好工作的重要保证。这样既体现了自己对领导的尊重，也体现了自己对工作的严谨和细心。

4. 工作要有独立性

下属工作有独立性才能让领导省心，领导才有可能委以重任。虽然作为下属要听从上级的安排，依照所布置的工作行事。但有些事，如果能想在上级的前边，当好上级的参谋，合适地提出自己独到的见解，做事能独当一面，善于把同事和领导忽略的事情承担下来，才是一个好下属必备的素质。

①要学会苦中求乐。不管接受的工作多么艰巨，即使鞠躬尽瘁也要做好，千万别表现出你做不来或不知从何入手的样子。

②要勇于承担压力与责任。社会在发展，公司在成长，个人的职责范围也随之扩大，不要总是以“这不是我分内的工作”为由来逃避责任。当额外的工作指派到你头上时，不妨视之为一种机遇。

③善于学习。要想成为一个成功的人，必须树立终身学习的观念。既要学习专业知识，也要不断拓宽自己的知识面，往往一些看似无关紧要的知识可能会对你的工作起到巨大作用。

④保持冷静。面对任何困境都能处之泰然的人，一开始就取得了优势。上级和同事不仅钦佩那些面对危机声色不变的人，更欣赏能妥善解决问题的人。

⑤说话谨慎。对于工作中的机密，必须守口如瓶。

5. 要学会为自己争取利益

工作过程中，在利益面前不要逆来顺受，也不要过分谦让，应大胆地向领导要求自己应该得到的。获得物质利益是工作的根本目的之一，在法律规定和单位政策允许的范围内获得自己的利益是合情合理的。在执行重大任务以前，可以根据具体情况和要求获得利益承诺，最好是书面的，或者企业规定里早已明确的；但是要求利益时，要把握好“度”，见机行事，不能见利就钻、唯利是图，否则终将失去领导的信任。

四、办公室接待礼仪

接待来访者是办公室的一项日常工作，需要遵守礼节，礼貌待客。有客人来访时，接待人员要从座位上站起身来，主动迎上几步，与客人握手寒暄，不能让客人久等，要尽快安排客人与访问对象见面。如果客人要找的访问对象不在，接待者应在表示歉意的同时询问能否由其他人代理，或者明确告诉对方访问对象的去向以及返回时间，并请客人留下电话、地址，同时明确下一次是客人再次来公司，还是我方相关人员到对方公司去拜访。如果我方相关人员由于种种原因不能马上会见客人时，要向客人说明等待理由与等待时间。若客人愿意等待，应该将客人引领到会客室。当客人走入房间时，接待人员应用手示意客人就座，并向客人提供饮料、杂志等。如果客人并没有指定访问的具体对象，应先倾听其来意，然后联络相关部门处理。要做好这项服务，平常必须多了解单位各部门的业务。

在引导来客进入领导办公室之前，要先轻轻叩门，得到允许后方可进入，切不可贸然闯入。进入房间后，应先向领导点头致意，再把客人介绍给领导。介绍完毕走出房间时应自然大方，保持较好的行姿，出门后应回身轻轻把门带上。

如果来访的客人比较多，作为接待人员要保持冷静，维持好接待秩序，按照“先到先受理”的原则逐一进行安排。当轮到下一位客人时，要礼貌地说：“下一位，请。”如果客人等候了很长一段时间，在轮到他时应表示歉意：“让您久等了!”很多时候，一些突如其来的紧急事件会打乱你的时间安排，若有事脱不开身，须让对方等待，记住千万不要冷落客人，要向对方说明原因，表示歉意，并且要尽可能地安排他人代为接待或另约时间。

对第一次登门或不曾预约的客人，可在委婉地问明身份和来意后，引领客人进入会客厅或者公共接待区，并为其送上饮料；如果是在自己的座位上会客，应该注意声音不要过大，以免影响周围同事。同时注意在交谈过程中应始终面带微笑。与访客谈论工作时，必须客观，不带臆测，只讲必要的话。在会见中，用语要恭敬，要经常有意识地提到对方的名字，如“正如王先生您所说的……”以免言语不当，失礼于人，引起客人不快。如果对方找自己办事，应尽量提供帮助。对客人提出的要求应认真考虑，不能立即答复的，要诚恳地向客人说明，或向有关部门、领导汇报后再进行答复。无法办到时，不可生硬地说“不行”，这样会令客人难堪。客人告辞离开时，要起身将客人送到门口，并礼貌地说：“感谢您的光临”“欢迎您再来”等。

第二节 电话礼仪

自从1876年美国发明家贝尔发明电话至今，电话已经成为人们传递信息的重要手段，亲朋好友的感情联络，企业之间的业务联系很多时候都是通过电话进行沟通。为了树立个人及企业的良好形象，商务人员在拨打电话时，应该学会运用电话礼仪。电话礼仪运用得当，可以为通话者树立深刻而良好的电话形象。良好的电话形象能够真实地体现出通话者的个人素养、待人接物的态度及其所在单位的整体水平。而且在商业活动中电话的运用已经非常广泛，因此，从事商务活动的相关人员正确地运用电话礼仪，对个人及其企业形象的树立尤为重要。

一、拨打电话的礼仪

(一)打电话的时间选择

拨打电话时应注意时间的选择，应选择对方方便接听电话的时间，以下时间段除了紧急要事外不宜拨打电话：三餐的时间，中午午休时间，早晨7点以前，晚上10点半以后。打公务电话时，注意不要占用他人的私人时间，尤其是节假日时间。

每周一的上午尤其是一大早最好不要打电话，因为经过一个周末，对方会有许多要处理的公务。而且下班的前几分钟打电话也不合时宜，因为快下班时对方也许还有些事情要处理，处理完还要下班回家，所以此时耽误对方的时间不合适。

如果是有国际业务的单位，需要拨打国际长途电话时，应该注意地区的时差，中国的白天，恰巧是好几个国家的深夜，所以在拨打电话时务必要注意时差，不要一个电话过去打扰了对方的睡眠，这样会让对方感到很不高兴。

(二)通话时间的长短

电话交谈的时间一般以3～5分钟为宜，以短为佳，宁短勿长，一般限定在5分钟之内，尽量不要超过这一限定，应尽量使用简洁明了的语言将该说的话说完讲清，避免啰唆而浪费别人的时间。如果事情真的很重要，需要超过5分钟才能说清楚，可以先征求对方的意见，看能否延长通话时间。

(三)通话中的礼仪

通话时要注意文明用语，当所拨的电话接通后，在受话方发出声音后要向其礼貌地问好，然后再说明你要说的事情。通话结束时，要向对方道一声“再见”或者“晚安”。挂断电话时应该双手轻放，切不可给对方造成听觉上的“致命一击”。

教学演示：电话礼仪

在通话过程中要多用敬辞、谦辞，如“您好”“麻烦”“谢谢”等。如果拨错了电话，一定要向对方表示歉意，说明自己拨错了电话，打扰了对方，不要一声不响地把电话挂断，这样很不礼貌。

在举止方面，商务人员应对自己严格要求，拨号时不要用笔去拨号码，通话时，声音不宜过高，而且不要把话筒夹在脖子下，不要趴着、仰着打电话，也不要坐在桌上打电话，或把双腿高架在桌子上。

【应用案例6-1】

对方“看得到”你打电话时的表情

日本有一个特别有名的销售员，有人结合他的经历写了一本书，叫《史上最伟大的推销员》。这个推销员的伟大之处在哪儿呢？他的工作中又有哪些有趣的故事？

有一天晚上，他回到家后，感到特别累，决定先睡一觉。但他定了一个闹钟，并告诉夫人，到晚上十点的时候一定要把他叫醒，因为他跟一个很重要的客户约好在十点半的时候通电话。到了十点，没等夫人叫他，闹钟响起他就醒了，然后去洗手间洗漱，接着刮胡子、穿衬衫、打领带，还穿上了西装和皮鞋。最后，他拿了一个本子，在电话机旁正襟危坐，一到十点半就准时给客户打电话。业务谈得很顺利，十几分钟就搞定了。但是他这番举动让夫人感到很奇怪：不就是打一个电话吗？有必要搞得这么隆重吗？大半夜的还要起来精心打扮一通，就好像现在不是晚上，而是星期一一大早。你猜他是怎么解释的？他说，如果我很邋遢、很懒散的话，对方虽然看不到我的样子，但我自己的精神面貌不好，会通过我的语气传达给对方。经过这么一番打扮，我看起来正式多了，人也精神多了。虽然看不见对方，我也要尊重对方，我相信，对方一定能感受得到！

一个人的成功与伟大，从来都不是无缘无故的。他凭着这样的好心态赢得了众多的客户。很多客户觉得，不管什么时候和他通电话，都能感觉到他精神百倍，全心全意地在做这件事。客户如果能感觉到你是全心全意的，哪怕只是一次通话，他也会觉得得到了极大的尊重。

资料来源：陈乾文：《别说你懂职场礼仪》，北京，科学出版社，2010。

二、接听电话的礼仪

(一)尽量尽快接听

电话铃声响了之后，如果手头没有急事，不要故意拖延时间不接听电话，让对方久等，这样不仅有些失礼，而且还会耽误事情。电话铃声响起时，若自己确实正在忙手头的工作或者有客人，可以先放下手头工作或者跟客人打个招呼再去接电话。接起电话后应先说“您好”，接着自报家门。在接听电话时应该聚精会神，认真听对方讲话，不要与身边的人小声谈论别的事情，这样是非常不礼貌的，在接听中可以不时地说些“好”“嗯”等，表明自己在认真地听对方的讲话，而且有所反应。

(二)接听电话要文明

接听者在和对方通话时也要注意语言的文明性，如果对方没有报上自己的身份，接听者应该礼貌、客气地询问对方：“请问您是哪位？”

如果对方打错了电话，应及时告诉对方，口气要和善，不要表现出恼怒之意。

【应用案例 6-2】

打错电话获“真相”

一天，宏远公司的张董事长要找 A 公司咨询商务事宜，但拿起电话时却顺嘴说成了要找 B 公司。A 公司的小王一听对方要找自己的竞争对手，马上说“你打错了”，并“啪”地一下就挂断了电话。张董事长回过神后，觉得心里很不舒服。他以前也跟接电话的小王联系过几次，对方给他留下了很好的印象，没想到对方的温文尔雅都是装出来的，实际是这副尊容。张董事长非常失望，下决心再也不和 A 公司合作了。

(三)复述来电要点

在电话接听完毕之前，一定要复述一遍对方来电的要点，以保证工作质量和效率，防止记录错误或者偏差给工作带来麻烦，尤其是时间、地点、联系电话等方面的信息要认真核对校正，尽可能避免出现错误。

(四)结束通话

接听电话者要等对方先挂断电话，或等上级、长辈先挂断电话，然后自己再轻轻地放下话筒。在通话过程中，接听方不宜先提出终止通话要求，如果确实需要中断电话，应向对方说明原因，并告知对方：“一有空闲，我马上给您打电话。”

【小思考 6-1】

某杂技团计划于下月赴美国演出，该团团长刘明就此事向市文化局进行请示，于是他拨通了市文化局局长办公室的电话。

可是电话响了足足有半分钟时间也没人接听。刘明正纳闷着，突然电话那端传来一个不耐烦的女高音："什么事啊?"刘明一愣，以为自己拨错了电话："请问是文化局吗?""废话，你不知道自己往哪儿打的电话吗?""哦，您好，我是市杂技团的，请问王局长在吗?""你是谁啊?"对方没好气地问。刘明心里直犯嘀咕："我叫刘明，是杂技团的团长。"

"刘明？你跟我们局长什么关系?"

"关系?"刘明更是丈二和尚摸不着头脑。

"我和王局长没有私人关系，我只想请示一下我们团出国演出的事。""出国演出？王局长不在，你改天再来电话吧。"没等刘明再说什么，对方就"啪"地挂断了电话。

刘明感觉像是被人戏弄了一番，拿着电话半天没回过神来。

资料来源：张岩松、李桂英：《现代商务礼仪》，北京，清华大学出版社、北京交通大学出版社，2009。

思考：

本案例中"女高音"在接听电话时有哪些地方不符合礼仪规范?

三、挂电话的礼仪

很多人认为挂电话者应为拨打方，实际上，挂电话也有礼仪规范。一般有如下几种情况可以先挂电话：客人先挂电话，上级先挂电话，女士先挂电话，长辈先挂电话。需要注意的是，挂电话时必须轻拿轻放。

四、手机使用的礼仪

当前，智能手机的使用已经非常广泛，在工作场合中的使用频率更是越来越高，因为手机可以随身携带，方便接听。但是，手机在工作社交场合的使用却成为礼仪的最大威胁之一。

(一)会议或者安静场所的手机使用

在会议中，如果有人携带的手机发出铃声，将严重影响会场的气氛。同样，在图书馆、音乐会、影院、展览馆、课堂等需要保持安静的场所，来电铃声也会打扰现场的环境，所以在这些场合，手机必须关机，或者将手机调为静音或震动模式。如果需要接听电话，应到不妨碍他人的地方接听，这是对现场人员的一种尊重。

【小思考 6-2】

张女士正在上海音乐厅欣赏一场由著名大师指挥的交响乐音乐会。音乐演奏到高潮处时，全场鸦雀无声、凝神谛听，突然一位观众的手机铃声响起，在宁静的大厅中显得格外刺耳。演奏者、观众的情绪都被打断，大家纷纷回头用眼神责备这位不知礼者。

思考：

本案例中的这位观众违反了手机礼仪中的哪些礼仪规范?

(二)加油站、医院的手机使用

因为加油站的汽油挥发性很强，汽油蒸气和空气混合会形成可燃气体，手机拨打或接听的时候有可能在手机内部出现静电火花，即使是微弱的火花遇到可燃气体，也可能引发爆炸。因此在加油站内禁止使用手机，以免酿成火灾。

因为手机具有很强的电磁辐射，如果在医院使用手机，强烈的电磁辐射会干扰医疗设备的使用，例如，心电图设备在测心脏或脑部时，如果旁边有人在用手机通话，那么仪器上就会有一道错误的心电波反映出来，从而影响对患者病情的判断，以致做出错误的治疗。而且医院本来是需要安静的地方，病人需要休息养病，因此不宜在医院拨打电话。如果确需通话，则应尽量缩短通话时间，同时将手机提前调至静音或者震动状态。

另外，在一切标有禁用手机相关文字或图示的地方，均须遵守规定。

(三)乘飞机时的手机使用

飞机在飞行过程中，需要利用机载无线电导航设备启用仪表着陆系统进行降落，也就是利用跑道上的盲降台向飞机发射电磁波信号与地面导航台保持实时联系，控制飞行航线。手机不仅在拨打或者接听过程中会发射电磁波信号，在待机状态下也在不停地和地面基站联系。在它的搜索过程中，虽然每次发射信号的时间很短，但具有很强的连续性，因此手机发出的电磁波会对飞机的导航系统造成干扰，是威胁飞行安全的“杀手”。所以乘坐飞机时应自觉地关闭手机。

第三节 电子邮件礼仪

电子邮件，又被称为电子函件或电子信函，是利用计算机所组成的互联网络，向交往对象发出的一种电子信件。使用电子邮件进行对外联络，安全保密，节省时间，不受篇幅的限制，清晰度极高，而且还可以大大降低通信费用。在职场中，每个人都要使用电子邮件，因此，正确使用电子邮件是每个职场人士都应掌握的礼仪。

一、撰写与发送

(一)撰写与发送的基本要求

从礼仪的角度来说，电子邮件的撰写与发送要遵循以下基本要求。

①办公时所撰写的必须是公务邮件，不可损公肥私，将单位邮箱用作私人联系之用，不得将本单位邮箱地址告诉亲朋好友。

②在地址板上撰写时，应准确无误地输入对方邮箱地址，并应简短地写上邮件主题，以使对方对所收到的信息有所了解。

③在消息板上撰写时，应遵照普通信件或公文所用的格式和规则。邮件篇幅不可过长，以便收件人阅读。

④邮件用语要礼貌规范，以示对对方的尊重。撰写英文邮件时不可全部采用大写字母，否则就像是发件人对收件人盛气凌人地高声叫喊。

⑤不可随便发送无聊、无用的垃圾邮件，无端增加网络的拥挤程度。

⑥要保守国家机密，不可发送涉及机密内容的邮件，不得将本单位邮箱的密码转告他人。

(二)关于主题

主题是接收者了解邮件的第一信息，因此要提纲挈领，使用有意义的主题，这样可以让收件人迅速了解邮件内容并判断其重要性。

①标题一定不要空白，这是最失礼的。

②标题要简短，不宜冗长，应尽量避免出现用“……”才能显示完标题的情况。

③标题要能真实反映文章的内容和重要性，切忌使用含义不清的标题，如“王先生收”“有个问题”等。

④一封邮件尽可能只针对一个主题，不在一封邮件内谈及多件事情，以便于日后整理。

⑤可适当使用大写字母或特殊字符(如“*”“!”等)来突出标题，以引起收件人注意，但应适度，特别是不要随便使用“紧急”之类的字眼。

⑥回复对方邮件时，可以根据回复内容更改标题，不要在标题中出现一大串“Re”。

(三)关于称呼与问候

1. 注意把握称呼尺度

邮件的开头要称呼收件人。这既显得有礼貌，也明确提醒收件人，此邮件是面向他的，要求其给出必要的回应。在多个收件人的情况下可以称呼“大家”或@所有人。

如果对方有职务，应按职务尊称对方，如“××经理”；如果不清楚职务，则应按通常的“××先生”“××女士”称呼，但要把性别弄清楚。

不熟悉的人不宜直接称呼英文名，对级别高于自己的人也不宜称呼英文名。称呼全名也是不礼貌的，更不宜随意使用“Dear ××”，显得很熟络。

2. 多用问候语

最简单的邮件开头可以写“你好”，英文邮件可写“Hi”。结尾写“祝您顺利”“Best Regards”之类的祝福语。俗话说得好，“礼多人不怪”，礼貌一些，总是好的，即便邮件中有些地方不妥，对方也能平静地看待。

(四)关于邮件正文

1. 简明扼要、清晰明确、行文通顺

电子邮件正文应简明扼要地说清楚事情，最好不要让对方拉滚动条才能看完邮件。如果具体内容确实很多，正文应只做摘要介绍，然后单独写个文件作为附件进行详细描述。

正文行文应通顺，多用简单词汇和短句准确清晰地表达，不要出现晦涩难懂的语句。如果事情复杂，最好用“1、2、3、4”列几个段落，清晰明确地进行说明。要保持每个段落简短不冗长，因为没人愿意看不分段的长篇大论。

2. 论述语气恰当

写邮件时可根据收件人与自己的熟悉程度、等级关系，邮件是对内还是对外性质的不同，选择恰当的语气进行论述，以免引起对方不适和反感。为了表示对对方的尊重，“请”“谢谢”之类的语句要经常出现。电子邮件可轻易地转给他人，因此对别人意见的评论必须谨慎而客观。“邮件门”就是深刻的教训。

3. 信息交代完整

最好在一封邮件中把相关信息全部说清楚，说准确。不要过两分钟之后再发一封“补充”或者“更正”之类的邮件，这会让人很反感。

4. 避免差错

在电子邮件撰写过程中，应尽可能避免拼写错误和错别字，注意使用拼写检查。正确拼写是对别人的尊重，也是自己态度的体现。

二、接收与回复

商务人员接收与回复电子邮件时，通常应注意以下几点。

①应当定期打开收件箱，最好是每天都查看一下有无新邮件，以免遗漏或耽误重要邮件的阅读和回复。

②应当及时回复公务邮件。凡公务邮件，一般应在收件当天予以回复，以确保信息的及时交流和工作的顺利开展。若涉及较难处理的问题，则可先电告发件人已经收到邮件，再择时另发邮件予以具体回复。

③若由于因公出差或其他原因而未能及时打开收件箱查阅和回复邮件时，应迅速补办具体事宜，尽快回复，并向对方致歉。

④不要未经他人同意向对方发送广告邮件。

⑤发送容量较大的邮件时需要先对其进行必要的压缩，以免占用他人邮箱过多的空间。

⑥尊重隐私权，不要擅自转发别人的私人邮件。

第四节　交谈礼仪

交谈是交流思想和表达感情最直接、最快捷的途径。在商务交往过程中，常常因为不注意交谈的礼仪规范，或用错了一个词，说了不该说的话，或者没有注意礼貌等而导致商务交谈失败。为了达到良好的交谈效果，在交谈中必须遵从一定的礼仪规范。

一、交谈中应遵循的原则

(一)与他人保持适当的距离

说话通常是为了与别人沟通思想，要达到这一目的，首先必须注意说话的内容，其次必须注意说话时声音的轻重，要让对话者能够听明白。这就要求我们在说话时必须注意保持与对话者的距离，其中也涉及礼貌的问题。我们在说话时如果与对方离得过远，会使对话者误认为你不愿向他表示友好和亲近，这显然是失礼的；而在较近的距离和人交谈，稍有不慎就会把唾沫溅到别人脸上，这也是令人讨厌的。因此从礼仪角度来讲，交谈时保持一两个人的距离最为适合。这样做，既能让对方感到一种亲切的气氛，又保持了一定的社交距离，在常人的主观感受上，这也是最舒服的。

与他人保持适当的距离就是控制界域。所谓“界域”，即交往中相互距离的确定，主要受到双方关系状况的决定和制约，同时也受到交往的内容、交往的环境以及不同文化、心理特征、性别差异等因素的影响。美国西北大学人类学教授霍尔(E. T. Hal)博士在他的“人体近身学”研究成果中提出了广为人知的四个界域：亲密距离、个人距离、社交距离、公众距离。

①亲密距离。亲密距离是指在15厘米之内或15～46厘米，是人际交往的最小距离，适用于亲朋、夫妻和恋人之间拥抱、搂吻，但不适宜在社交场合和大庭广众面前出现。

②个人距离。其近段距离在46～76厘米，适用于握手、相互交谈；其远段距离在0.76～1.2米，普遍适用于公开的社交场合，这段距离可以使别人自由进入这个交往空间交往。

③社交距离。社交距离主要适合于礼节性或社交性的正式交往。其近段距离为1.2～2.1米，多用于商务洽谈、接见来访或同事交谈等。其远段距离在2.1～3.6米，适合于同陌生人进行一般交往，也适合领导同下属的正式谈话，高级官员的会谈及较重要的贸易谈判。

④公众距离。公众距离近段应在3.6～7.6米，远段则在7.6米以外，主要适用于作报告、演讲等场合。

(二)恰当地称呼他人

之前学的称谓礼仪(详见本书第四章第一节)这时就可以派上用场了，这里不再做过多的阐述。

(三)敬重对方

商务礼仪以尊重为本，在商务交谈中商务人员应给予对方足够的敬重，如果能将商务关系成功地转化为朋友关系，那么商务交往将事半功倍。

敬重是一种礼貌。在商务交谈过程中，商务人员在衣着外貌、言行举止等方面对对方以礼相待，是对对方的敬重。若对方有了被敬重的满足感，就会大大缩短彼此心理和情感上的距离，促进双方建立起相容的关系，从而有益于商务合作的顺利推进。

敬重是一种策略。拜访客户前，应了解对方的生活习惯、性格爱好、兴趣特长、处事态度等，针对对方特点，选择容易让对方接受的有效方法或方式；在交谈过程中，投其感情之所好，心理之所需，让对方在得到满足的同时有被敬重之感，这种情形下的交谈和合作就容易成功。

商务交谈中，商务人员应充满自信，态度要真诚，语言表达要得体。敬重是战胜对方的利器和法宝，只要用心、用脑、用行动，处处体现出对对方的敬重，商务活动中的难题将迎刃而解。

【应用案例6-3】

美国柯达公司的创始人伊斯曼捐巨款建了一批建筑物，为承接这批建筑物内的座椅制作项目，许多制造商去找伊斯曼但都一无所获。在这种情况下，“优美座位公司”经理亚当森前来会见伊斯曼，伊斯曼问道：“先生有何见教?”亚当森没有直接谈生意，而是说：“伊斯曼先生，我在等你的时候，仔细观察了这间办公室，我本人长期从事室内木工装修，但从未见过装修这么精致的办公室。”伊斯曼回答：“哎，你提醒了我差不多忘记了的事情，这间办公室是我亲自设计的，刚建好时，我喜欢极了，但后来一忙，一连几星期都没有仔细欣赏这个房间。”亚当森走到墙边，用手在木板上一擦，说：“这是英国橡木，是不是？意大利橡木质地不是这样的，是吧?”伊斯曼高兴地站起身说：“那是从英国进口的橡木，是一位专门研究室内细木的朋友专程去英国为我订的货。”伊斯曼心情极好，把办公室所有的装饰一件件向亚当森介绍，直到亚当森告别，两人始终未谈生意，但这笔生意却落到了亚当森手里。而且，此后两人成了极亲近的朋友。

资料来源：王玉苓、徐春晖：《商务礼仪》，北京，人民邮电出版社，2014。

(四)注意语速、语调和音量

交谈中陈述意见要尽量做到平稳中速。在特定的场合下，可以通过改变语速来引起对方的注意，加强表达的效果。对于一般问题的阐述应使用正常的语调，保持能让对方清晰听见而不易引起反感的高低适中的音量。

二、交谈的态度

交谈时所表现的态度，往往是一个人内心世界的真实反映。商务人员若想使交谈顺利进行，必须对自己的谈话态度予以准确把握、适当控制。具体而言，在交谈时应当体现出以诚相待、以礼相待、谦虚谨慎、主动热情的基本态度，切不可逢场作戏、虚情假意、敷衍了事、油腔滑调。

(一)表情自然

表情，通常是指一个人面部的表情，即一个人面部神态、气色的变化和状态。人们在交谈时所呈现出来的种种表情，往往是个人心态、动机的无声反映。为了体现自己的交谈诚意和热情，应当对表情予以充分注意。

①交谈时目光应专注，或注视对方，或凝神思考，从而和谐地与交谈进程相配合。眼珠一动不动，眼神呆滞，甚至直愣愣地盯视对方，都是极不礼貌的。目光游离，漫无边际，则是对对方不屑一顾的失礼之举，也是不可取的。如果是多人交谈，就应该不时地用目光与众人交流，以表示交谈时大家可以畅所欲言，彼此是平等的。

②在交谈时可适当运用眉毛、嘴、眼睛在形态上的变化，表达自己对对方所言的赞同、理解、惊讶、迷惑，从而表明自己的专注之情，并促使对方强调重点、解释疑惑，使交谈顺利进行。

③交谈时的表情应与说话的内容相配合。与上级领导谈话，应当恭敬而大方；与群众谈话，应当亲切而温和；在秉公执法时说话，应当严肃而认真。

(二)举止得体

人们在交谈时往往会做出一些有意无意的动作举止。这些肢体语言通常是自身对谈话内容和谈话对象的真实态度的反映。因此，务必要对自己的举止予以规范和控制。

①适度的动作是必要的。例如，发言者可用适当的手势来补充说明其所阐述的具体事由。倾听者则可以点头、微笑来反馈“我正在注意听”“我很感兴趣”等信息。可见，适度的举止既可表达恭敬之意，又有利于双方的沟通和交流。

②避免过分、多余的动作。与人交谈时可有动作，但动作不可过大，更不要手舞足蹈、拉拉扯扯、拍拍打打。为表达恭敬之意，切勿在谈话时左顾右盼，或是双手置于脑后，或是跷起二郎腿，甚至剪指甲、挖耳朵等。交谈时应尽量避免打哈欠，如果实在忍不住，也应侧头掩口，并向他人致歉。尤其应当注意的是，不要在交谈时以手指指人，因为这种动作有轻蔑之意。

(三)遵守惯例

除了表情和举止之外，在交谈时往往能通过一些细节来体现自己的谈话态度。为表达自己的诚意、礼貌与热忱，在这些细节的处理上要遵守一定的惯例。

①注意倾听。倾听是与交谈过程相伴的一个重要环节，也是交谈顺利进行的必要条

件。在交谈时务必要认真聆听对方的发言，用表情举止予以配合，从而表达自己的敬意，并为积极融入交谈中做充分的准备。切不可追求“独角戏”，对他人发言不闻不问，甚至随意打断对方的发言。

②谨慎插话。交谈中不应当随便打断别人的话，要尽量让对方把话说完再发表自己的看法。如确实想要插话，应先向对方打招呼：“对不起，我插一句行吗?”但所插之言不可冗长，一两句话点到即可。

③礼貌进退。参加别人谈话之前应先打招呼，征得对方同意后方可加入。相应地，他人想加入己方交谈，则应以握手、点头或微笑表示欢迎。如果别人在个别谈话，不要凑上去旁听。若确实有事需与其中某人说话，也应等到他们谈完后再提出要求。谈话中若遇有急事需要处理，应向对方打招呼并表示歉意。值得注意的是，男士一般不宜参与女士圈子的交谈。

④注意交流。交谈是一个双向或多向的过程，需要各方的积极参与。因此在交谈时切勿造成“一言堂”的局面。自己发言时要给其他人发表意见的机会，别人说话时自己要适时发表个人看法，互动式促进交谈进行。

三、交谈的语言

语言是交谈的载体，交谈过程即语言的运用过程。语言运用是否准确恰当，直接影响着交谈能否顺利进行。因此，在交谈中尤其要注意语言的使用问题。

(一)文明礼貌

日常交谈虽不像正式发言那样严肃和郑重，但也需讲究用语的文明礼貌。

①在交谈中，要善于使用一些约定俗成的礼貌用语，如“您好”“谢谢”“对不起”等。尤其应当注意的是，在交谈结束时，应当与对话方礼貌道别，如“有空再聊吧”“谢谢您，再见”等。即使在交谈中有过争执，也应不失风度地道别，切不可来上一句：“说不到一块儿就算了”“我就是认为我对”等。

②交谈中应当尽量避免一些不文雅的语句和说法，不宜明言的一些事情可以用委婉的词句来表达。例如，交谈者想要上厕所时，宜说：“对不起，我去一下洗手间。”或说：“不好意思，我去打个电话。”

③交谈时切不可意气用事，以尖酸刻薄的话对他人冷嘲热讽，也不可夜郎自大、目中无人，处处教训指正别人。

(二)简洁明确

在交谈时所使用的语言应当力求简单明了，言简意赅地表达自己的观点和看法，切忌喋喋不休、啰啰唆唆。简洁明确的语言表达不仅能提高工作效率，而且还可以体现自己的精明强干。交谈时最基本的一点，就是要让他人准确无误地听懂自己的发言。因此交谈时务必要使用明确的语言。这里的“明确”，包含以下两层意思。

①要求发音标准，吐字清晰。交谈时最基本的一点是要让对方听清自己的话，否则就根本谈不上交流。需要注意的是，交谈时忌用方言、土语，而应以普通话作为标准用语。

②要求所说的话含义明确，不能模棱两可，以免产生不必要的误会。例如，“咱们单位里老张是长寿冠军，您排第二。可上周老张不幸去世了，所以这回该是您了!”这句话

原意是说对方已取代老张成为长寿冠军了，可乍一听却容易让人以为是在说对方也要步老张后尘赴黄泉路了。可见语言明确是十分必要的。

【应用案例 6-4】

周总理的机智和幽默

在 1972 年中美打开交往大门的那段日子，双方的谈判异常艰苦。周恩来总理的机智和幽默在谈判中发挥了巨大的作用。

在《中美上海公报》即将发布前，美国国务卿罗杰斯对已达成协议的《公报》草案不满意，因此有可能出现许多麻烦。为了打破窘困的局面，周总理决定亲自去拜访罗杰斯。当周总理来到罗杰斯居住的饭店时，发现罗杰斯刚好被安排在了第 13 层。西方人很忌讳“13”这个数字，因而罗杰斯手下的工作人员极为恼怒。周总理泰然处之，说：“这次中美两国打开大门，是得到您主持的国务院支持的，几十年来，国务院做了不少工作。我尤其记得当我们邀请贵国乒乓球队访华时，贵国驻日本使馆就英明地开了绿灯，你们的外交官很有见地……”

周总理对美国国务院的赞扬顿时使室内的紧张空气缓和了下来。

“周总理也是很英明的。我真佩服你们想出请乒乓球队的一招，太漂亮了！”罗杰斯笑颜顿开。

接着，周恩来总理幽默地说：“有个很抱歉的事，我们疏忽了，没想到西方风俗有‘13’的忌讳。我们中国有句笑话，一个人怕鬼的时候，越想越可怕，等他心里不怕鬼了，到处是鬼，鬼也就不见了……西方的‘13’就像中国的‘鬼’。”

所有在场的人都被周总理的一番话逗得哈哈大笑。后来，罗杰斯曾对记者说：“周恩来这个人真是令人倾倒。”

资料来源：绳传冬：《现代礼仪实用教程》，大连，大连理工大学出版社，2008。

四、交谈的内容

教学微课：交谈礼仪——内容礼仪

交谈的内容是关系到交谈成败的决定性因素。交谈者所选择的交谈内容，往往被视为其品位、志趣、教养和阅历的集中体现。交谈内容的选择应当遵循一定的原则和要求。

(一)切合语境

语境即说话的语言环境，它指的是说话的客观现场环境，包括时间、地点、目的以及交谈双方的身份等内容。在交谈内容的选择上要切合语境，同样要遵守 TPO 原则，即交谈内容务必要与交谈的时间、地点与场合相对应，否则就有可能犯错误。

(二)因人而异

所谓因人而异，是指在交谈时要根据交谈对象的不同而选择不同的交谈内容。

①谈话的本质是一种交流与合作，因此在选择交谈内容时，就应当多为谈话对象着想，根据对方的性别、年龄、性格、民族、阅历、职业、地位而选择适宜的话题。如果完全不考虑这些因素，交谈就难以引起对方的共鸣，难以达到沟通和交流的目的，甚至出现对立的情况。

②由于交谈各方往往存在性别、年龄、阅历和职业等差异，交谈中经常会发现彼此有不同的兴趣爱好、关注话题等。遇到此种情况，应当本着求同存异的原则，选择大家

都感兴趣的话题作为谈话内容，使各方在交谈过程中有来有往、彼此呼应、热情参与、皆大欢喜。如果选择了双方都不感兴趣或者只有一方感兴趣的话题，交谈只能是不欢而散。可见，交谈必须“求同”。

③如果交谈各方在交谈中对某一问题产生了分歧，不妨进行适度的辩论。但这种辩论是建立在理性基础上的，如果谁也不能说服谁，就应当克制自己的情绪，保留歧见。切不可为了强行说服别人而争得面红耳赤，导致不欢而散。可见，交谈必须“存异”。

（三）话题得当

除去上述几条具体原则外，在选择交谈内容时还应遵循以下四点。

①选择高雅的内容。应当自觉地选择高尚、文明、优雅的内容，如哲学、历史、文学、艺术、风土人情、文化传统、历史典故以及政策国情、社会发展等话题。不宜谈论庸俗低级的内容，如男女关系、凶杀惨案等，更不应道听途说。

②选择轻松的内容。在交谈时要有意识地选择那些能给交谈对象带去开心与欢乐的轻松的话题，除非必要，切勿选择那些让对方感到沉闷、压抑、悲哀、难过的内容。

③选择擅长的内容。交谈的内容应当是自己或者对方所熟知甚至擅长的内容。选择自己所擅长的内容，就会在交谈中驾轻就熟，得心应手，并令对方感到自己谈吐不俗，对自己刮目相看。选择对方所擅长的内容，则既可以给对方发挥长处的机会，调动其交谈的积极性，也可以借机向对方表达自己的谦恭之意，并可取人之长，补己之短。应当注意的是，无论是选择自己擅长的内容，还是选择对方擅长的话题，都不应当涉及另一方一无所知的内容，否则会使对方感到尴尬难堪，或者令自己贻笑大方。

④回避忌讳的内容。每个人都有自己忌讳的话题，因此在交谈时务必要注意回避对方的忌讳，以免引起误会。如不干涉对方的私生活，不询问对方单位的机密事宜等。由于中外生活习惯的差异，许多国内司空见惯的话题往往是触碰外国人禁忌的敏感内容。因此，在涉外商务活动中尤其要注意回避对方忌讳的话题。例如，过分关心他人的行动去向，了解他人年龄、婚姻、收入状况，询问他人身高、体重等，都被外国人视为对其个人自由和隐私权的粗暴干涉，是交谈所不宜涉及的。

五、交谈的方式

交谈的方式，即人们在与他人进行交谈时所采用的具体形式。交谈方式的选择恰当与否，对于能否正确进行人际沟通、恰当表达个人思想、友善传递尊敬之意都起着十分关键的作用。一般而言，可供选择的谈话方式主要有如下六种。

（一）倾泻式交谈

倾泻式交谈，就是人们通常所说的“打开窗户说亮话”，知无不言，言无不尽，将自己的所有想法和见解都讲出来，以便让对方全面、客观地了解自己的内心世界。倾泻式交谈方式的基本特征是以我为主，畅所欲言。

采用倾泻式交谈方式，易赢得对方的信任，而且可以因势利导地掌握交谈主动权，控制交谈走向。但此种交谈方式会给人以不稳重之感，有可能泄密，而且还会被人误以为是在和对方套近乎。

（二）静听式交谈

静听式交谈，是指在交谈时有意识地少说多听，以听为主。当别人说话时，除了予以必要的配合，自己主要是洗耳恭听。在听的过程中努力了解对方思路，厘清头绪，赢得时间，以静制动。

静听式交谈的长处在于它既是表示谦恭之意的手段，亦可后发制人，变被动为主动。但此种方式并非要人自始至终一言不发，而要求以自己的片言只语、神情举止去鼓励、配合对方，否则就会给人以自命不凡之感。

教学微课：交谈礼仪——形式礼仪

【应用案例 6-5】

失败的采访

有位年轻记者满怀信心地去采访一位女性科学家。他这样提问道："请问您毕业于哪所大学?"科学家回答道："对不起，我没有上过大学。我搞科研靠自学。我认为自学也能成才。"她的回答不免使记者有几分尴尬。为了缓和气氛，他急忙转移话题，想先谈谈生活，于是说道："您的孩子在哪儿上学?"不料科学家十分不悦，答道："我早已决定把毕生精力贡献给自己的事业，因此，我一直独身至今。请原谅，这个问题我不愿意多谈，如果你没有其他问题的话，就谈到这儿吧。我还要工作。"

显然，这位记者忽视了问话的内容，他如果接着自学这个话题提问，可能会给对方留下良好印象从而愿意展开进行深入交谈。

(三)启发式交谈

启发式交谈，是指交谈一方主动与那些拙于辞令的谈话对象进行合作，在话题的选择或谈话的走向上对对方多方引导、循循善诱，或者抛砖引玉，鼓励对方采用恰当方式阐述己见。

采用此种交谈方式时切勿居高临下，企图以此控制对方，也不可存心误导对方、愚弄对方，令对方丢人现眼。

(四)跳跃式交谈

跳跃式交谈，即在交谈中，倘若一方或双方对某一话题感到厌倦、不合时宜、无人呼应或难以回答时，及时地转而谈论另外一些较为适当的、双方都感兴趣的话题。

跳跃式交谈的长处在于可使交谈者避免冷场的尴尬，恢复交谈的顺利进行。跳跃式交谈虽可对交谈话题一换再换，但交谈者切勿单凭个人兴趣，频繁跳换话题，让对方无所适从。最佳选择应是使交谈双方处于平等的地位，共同选择适当的内容。

(五)评判式交谈

评判式交谈，即在谈话中听取了他人的观点、见解后，在适当时刻，以适当方法恰如其分地进行插话，来发表自己就此问题的主要看法。此种方式的主要特征是在当面肯定、否定或补充、完善对方的发言内容。

在涉及根本性、方向性、原则性问题的交谈中，有必要采取评判式交谈方式。采用这种方式的关键是要注意适时与适度。同时要重视与对方彼此尊重、彼此理解、彼此沟通。切不可处处以"仲裁者"自居，不让他人发表观点，或是不负责任地信口开河，对他人见解妄加评论，甚至成心与他人唱反调，粗暴无礼地打断别人的谈话。

(六)扩展式交谈

扩展式交谈，即围绕大家共同关心的问题，由此及彼、由表及里地进行探讨，以便拓展思路、加深印象、提高认识或达成一致。扩展式交谈的目标在于使各方各抒己见，交换意见，以求集思广益。

扩展式交谈方式能使参与交谈的有关各方统一思想，达成共识，或者交换意见，完善各自观点。基层公务员在进行扩展式交谈时，一定要注意就事论事，以理服人，善于听取他人意见，切不可自命不凡、强词夺理。

【扩展阅读 6-1】

问候要遵从职业特色

1. 不同时间可以用不同的问候语

问候语除了“你好”之外，还可以因时、因人、因地而变。早上 10 点以前，可以问声“早安”，10 点到 12 点问声“上午好”，12 点到 14 点问声“中午好”，14 点到 18 点问声“下午好”，18 点到 21 点问声“晚上好”。21 点以后，如果没有急事，就不要再给对方打电话了，以免影响他人休息。

2. 问候要遵从职业特色

随着社会服务意识的增强，许多单位对接听电话如何打招呼有严格的规定，如果本单位有接听电话规定，那就要严格执行，如“您好，这里是××服务热线，我是××号××”，训练有素的职业问候会让拨打电话者感到信赖。宾馆饭店等也有类似的接听问候规定。不过，现在许多高档酒店的前台接线员都是先说英文，再说中文，让人感到不舒服。在中国，还是应该先说中文、后说英文。否则，对于一些完全不懂英文、初次拨打宾馆电话的人来说，会以为自己拨错了电话。

3. 问候可以因对象不同而不同

如果是跟家里人、同事，或者熟悉的朋友打电话，可以不用拘泥于一板一眼的“你好”，而可以用多种方式来问候。比如，给熟悉的朋友家里打电话，如果是朋友母亲接电话，自己与朋友母亲也很熟，那就可以说：“大妈，小雨在吗?”直接称呼一声“大妈”，比“你好”更加自然温馨。

4. 问候要先通报自己的姓名

给人打电话说完“你好”之后，应该马上通报自己的姓名。如果马上接着说正事，对方会一时反应不过来，或许还会给对方造成困扰。对方可能不好意思问：“你是哪位?”因为如果听不出特别熟悉的人的声音，也会让接电话者不舒服。尤其是上级给下级打电话，更要先通报姓名。

5. 问候要注意语气、声调

电话交流时，双方都看不到对方的表情，唯一交流的途径是听觉。因此问候时要语气适当、声调适度、咬字清晰，不宜说方言。过快、过慢、过于大声或者有气无力的问候都会让对方产生不良感觉，从而影响整个电话交流的效果。

习题与实训

一、单项选择题

1. 下列物品中不应该摆放在办公桌上的是(　　)。

A. 手头正在处理的工作资料　　B. 精致小巧的相架

C. 笔筒和稿纸　　D. 用来随时检查妆容的镜子

2. 比较适合在办公室里穿的是(　　)。

A. 高档的天鹅绒旗袍　　B. 漂亮的吊带裙

C. 素色的西服套裙　　D. 潇洒的T恤牛仔裤

3. 商务人士的手机正确的放置位置是(　　)。

A. 裤子口袋里　　B. 公务包里

C. 挂在腰带上　　D. 随手拿着

4. 办公室里，正确的接听电话礼仪是(　　)。

A. 电话响一声就立即接听　　B. 一声不吭地听对方讲电话

C. 电话响好久再接　　D. 高声接听

5. 商务人员在与客户交谈中正确的做法是(　　)。

A. 目光呆滞　　B. 说话咄咄逼人

C. 文明礼貌　　C. 语气傲慢

二、简答题

1. 办公桌上电话机的摆放礼仪是什么?

2. 商务人员在发送电子邮件时，关于邮件的主题应注意哪些礼仪?

3. 交谈中应遵循的原则有哪些?

三、案例分析

王芳(女)是在某公司工作多年的秘书，主要负责接待及外线电话的转接。她现在已经是一名优秀的秘书了，可在她成长过程中也出现了许多大大小小的错误。现仅举两个典型例子。

其一，王芳刚做秘书工作时，认为打电话不过是连3岁小孩都会做的简单事情，但后来发生的一件事情让她改变了这种观点。一次，总经理让她询问对方对合同中几个条款的看法。她没有认真研究这几个条款，也没有询问总经理的意见，马上拨通对方电话。当对方提出几个方案的时候，她无法和对方进行任何交流，自然也无法达到通过她侧面了解对方真实意图的目的。慌乱之中，她竟忘了做电话记录，整整半小时的通话，在她脑中是一片空白。幸好她比较坦诚，如实向总经理做了汇报。总经理亲自给对方打电话，表示了歉意，这才如期签署合同。王芳是一个负责任的秘书。自从这件事情发生后，她专门准备了一个记录用的笔记本，并将有关计算机文件也及时保存、备份。

其二，王芳每天负责处理大量的电子邮件，除了那些垃圾邮件，她将所有往来邮件都保留在电子邮箱中。这样做确实也带来很多方便，即使出差也可以从邮箱中查阅历史文件。但有一段时间，她连续7天没有收到任何邮件，给客户的邮件也没有一个回复。她用电话跟客户联系，客户说发出去的邮件全部退回。她赶紧请教有关计算机人员，才发现这是由于邮箱空间爆满所致。

结合以上案例，分析打电话前应该思考哪些问题?使用电子邮箱时应注意什么?

四、实训题

1. 将3～5名学生分为一组，自编小品表演办公室日常办公场景，可以将办公室中不规范的礼仪表现出来。

2. 请学生模拟以下接电话的过程，并指出其中错误的礼仪行为。

(电话铃声响起，响了五六声)

女：喂!通达愉悦公司，你找谁?

客：我买的电视好像出了问题，请问要找谁处理呢?

女：你等一下。

(转接声音很久……)

男：喂！找谁?

客：我买的电视出了问题，有一位小姐帮我转到这里的。

男：我们这里是业务部，不管电视修理的问题(不耐烦)。

客：我应该找谁呢?可以帮我转一下吗?

男：好啦！你等一下。

(转接声又响了好久……)

女：喂！

客：我买的电视出了问题，请问如何……(被打断)

女：电话转错了！

客：那我到底要怎么办?

女：我再帮你转转看。

(电话又响了很久……无人接听)

客：怎么搞的(骂声)?

“啪”！客户挂掉了电话。

3. 如果你是一位客户经理，有一天，有位客户登门拜访来到你的办公室，作为客户经理的你，应该怎样接待并和他交谈相关的业务?请用你学过的礼仪知识完成场景模拟，其中交谈的内容可以自定，要求体现出接待和交谈的礼仪。

第七章

商务宴请礼仪

或饮食，或坐走。长者先，幼者后。

——《弟子规》

技能目标

◆ 能够正确地组织或者参加商务宴请活动

知识目标

◆ 了解基本的商务宴请礼仪
◆ 了解宴会的基本形式及不同形式的宴会要求
◆ 遵循商务宴请礼仪，了解如何在宴请前做好充分的准备工作
◆ 尤其要注意中餐礼仪和西餐礼仪

导入案例

就餐的失误

林先生到一家大公司应聘主管职位，负责招聘工作的副总经理对他很满意，希望他尽快来上班。此时正好公司午间工作餐的时间到了，副总经理邀请林先生共进午餐。吃饭时，林先生不言不语、风卷残云，很快就吃完了。午饭后，副总经理对林先生说林先生缺乏沟通能力，缺少管理人员应有的素质，不能聘用他。林先生想不明白，只不过吃了一顿饭，煮熟的鸭子怎么就飞了？

资料来源：罗树宁：《商务礼仪与实训》，北京，化学工业出版社，2008。

思考：

为什么林先生到手的工作因一顿饭就丢了呢？

第一节　商务邀宴、赴宴礼仪

自古以来，无论是交朋友，还是会谈庆功，设宴款待都是常用的方法。宴请是人们

交往中表示欢迎、庆贺、答谢、饯行等以增进友谊和融洽气氛的重要手段，是一种常见的礼仪招待活动。对于商务人员来讲，商务用餐肯定是在所难免的，愉悦、放松的用餐状态非常有利于进一步达成共识。但是，在商务餐饮过程中，一动一静都关乎礼仪。礼仪不仅是个人的事情，也关系到公司的形象，因此，对于这种必要的礼仪、应酬，我们要认真对待，以免在商务宴请中闹出笑话或造成尴尬的局面，而达不到宴请的最终目的。

一、常见的宴请形式

宴请的形式可以根据设宴的目的、规格和宴请的范围综合考虑。一般来说，对于规格较高、内容较正式的宴请活动，应选择宴会的形式；对于庆祝性、纪念性的活动，为使气氛轻松活泼，可以选择酒会；如果宴请的规格不高，或虽然较高，但出席人员身份复杂，人数众多，则可以选择冷餐会；如果是以商谈某项具体事宜为目的，而时间又比较紧张，则可以选择工作餐。

(一)宴会

1. 国宴

国宴是指由国家元首或政府首脑作为国家的代表，为庆祝国际、国内重大节日，或为欢迎外国元首、政府首脑的来访而举办的国家级宴会。国宴在宴会中规格最高，礼仪要求最为严格。宴会厅里必须悬挂国旗、设乐队、奏国歌。国宴的请柬、席卡、餐单上印有国徽。席间，宾主双方相互致辞、祝酒，由乐队演奏双方国家的民间乐曲作为席间乐。国宴使用讲究的餐具，对菜肴的道数以及服务人员的装束仪态都有严格的规范要求。

【扩展阅读 7-1】

法国的国宴

从路易十四开始，法国在外交方面形成了一个重要的外交宴请传统。法国著名的烹饪著作《口味心理学》的作者勃利亚·萨代林有句名言："告诉我爱丽舍宫吃些什么，我就告诉你法国是一个怎样的国家。"这句话流传了一百多年，至今仍为法国人津津乐道。他们认为，爱丽舍宫的餐桌，是法国的"橱窗"，是国家的命运、生活的艺术和款待客人礼节的某种象征。一句话，它关系到国家的威望。因此，在爱丽舍宫，无论是便宴还是国宴，一切都需要精心遴选和细致安排。首先，菜肴和用酒都是由总统亲点。就拿密特朗总统来说，因为他喜欢传统的菜肴，因此，近几年爱丽舍宫的宴席上从未出现过野味和猪肉，牛肉也很少，吃得最多的是鱼、羊、鸡、鸭。

爱丽舍宫宴席有四大主管，人称"四大天王"。其中一人专管宴席上的鲜花摆设，一人专管厨房的首席大厨，另外两位专管宴席上的用酒。爱丽舍宫的酒窖就在厨房的旁边，内藏 1.5 万瓶各种名酒，随用随补。1989 年 7 月，法国大革命 200 周年大庆期间，来爱丽舍宫参加宴会的贵宾达 5 400 名，光是名贵的藏酒就喝掉 3 200 瓶！这个酒窖属于国家重要机密之一，总统府的大总管绝对不会允许任何人进去参观，哪怕是国际上最有权威的品酒师。久而久之，爱丽舍宫的酒窖便蒙上了一层神秘的面纱。

1987 年，时任中国国家主席李先念访法期间，密特朗总统为他举行了高规格的宴会，法国议长、总理、外交部部长均出席。服务员身穿黑色礼服，打着领结，垂手侍立。主菜只有两道：蒸龙虾和烤小鸭，其余为点心和甜食，外加一个生菜沙拉。每道菜都放在大盘里，由服务员端到客人左方，由客人用餐刀自行取用。在悠扬的乐曲声中，国宴圆满结束，却不见桌上杯盘狼藉，这是客人自行取菜的好处，吃多少拿多少，不想吃就不必拿。堂堂国宴，气氛热烈，却杜绝浪费。

资料来源：张百章、何伟祥：《公关礼仪》，大连，东北财经大学出版社，2005。

2. 正式宴会

正式宴会是一种隆重而正规的宴请。它往往是为宴请客人而在比较高档的饭店或其他特定地点举行的、讲究排场及气氛的大型聚餐活动。对于到场人数、穿着打扮、席位排列、菜肴数目、音乐演奏、宾主致辞等，往往都有十分严谨的要求和讲究。

3. 非正式宴会

非正式宴会中常见的有便宴和家宴两种形式。

(1)便宴

常见的有午宴、晚宴，有时候也举行早宴。便宴同样适用于正式的商务交往。便宴形式简便、灵活，并不注重规模档次。一般来说，便宴只安排相关人员参加，不邀请配偶。对穿着打扮、席位排列、菜肴数目往往不做过高要求，而且也不安排音乐演奏和宾主致辞。有时还可以以自助餐形式，自由取餐，更显亲切随和。

(2)家宴

严格地讲，家宴是便宴的一种形式。它是在家里举行的宴会，相对于正式宴会而言，家宴最重要的是要营造亲切、友好、自然的气氛，使赴宴的宾主双方感觉轻松、自然、随意，能彼此增进交流，加深了解，促进信任。通常，家宴在礼仪上没有特殊要求。为了使来宾感受到主人的重视和友好，基本上是由女主人亲自下厨烹饪，男主人充当服务员，或男主人下厨，女主人充当服务员，来共同招待客人，使客人有宾至如归的感觉。

(二)招待会

1. 冷餐会

冷餐会又称自助餐，是一种现在很流行、很灵活、很便利的宴请形式。其特点是以冷菜、酒类、点心、饮料、水果等招待宾客，也可搭配少量热菜。各种菜式连同餐具均事先摆放于长桌上，客人可随意取食，但不可浪费。冷餐会的地点可在室内，也可在室外花园里。对年老、体弱者，要准备桌椅，并由服务人员招待。这种形式适宜招待人数众多的宾客。我国举行大型冷餐招待会，往往用大圆桌，客人可以自由走动，相互攀谈，虽然有设座的冷餐会，但并不安排座次。食品和饮料均事先放置于桌上，招待会开始后，自行进餐。

2. 酒会

酒会又称鸡尾酒会，适用于各种节日庆典、仪式及招待性演出前后。以各种酒水，特别是以各类鸡尾酒为主，适当配一些小吃、果汁等。酒会形式灵活，便于宾客之间更广泛地接触与交流。鸡尾酒是用多种酒配成的混合饮料，酒会上不一定都用鸡尾酒。通常鸡尾酒会备置多种酒品、果料，但不用或少用烈性酒。酒水由服务人员用托盘端送，也可由客人到附近放置的小桌上自行取用。酒会一般采用站立形式，不设座椅，更无座次之分，只设小桌或茶几若干，便于客人休息之用。酒会举办的时间也比较灵活，各时间段均可安排，客人可在其间任何时间到达或离开，来去自由，不受时间约束。

(三)茶会

茶会是一种简便的招待形式，一般在上午 10 时、下午 4 时举行。茶会不排座次，如果是为贵宾举行的茶会，入座时应有意识地将主宾和主人安排在一起，其他人员可随意就座。茶会上一般备有茶水、点心或地方风味小吃，方便客人边品尝边交谈。茶会对茶叶的品种、沏茶的用水和水温，以及茶具都颇有讲究。茶叶的选择要照顾到客人的嗜好和习惯，茶具要选用陶瓷器皿，不要用玻璃杯，也不要用热水瓶代替茶壶。欧洲人一般喜欢饮红茶，日本人喜欢乌龙茶，美国人用袋茶。另外，有外国人参加的茶会，还可以准备咖啡和冷饮。

二、商务邀宴

(一)确定宴会宴请的对象、目的、形式

1. 宴请的对象

商务人员在确定主宾名单时一定要考虑周全，包括主宾的身份、国籍、习俗、爱好等，切忌遗漏，以便确定宴会的规格、主陪人、餐式等。如果我们无法确定拟请的客人名单，最好的办法是先拟出一个大名单送领导圈定。在确定客人名单后，还应确定陪同人员名单，要遵循两个原则：一是要考虑双方级别和人数的对等；二是与宴请主题无关或对宴请目的没有帮衬作用的人最好不要出现在宴会上。

2. 宴请的目的

商业设宴的目的有很多种，既可以是洽谈业务、签订合同、择日开张、扩大销售、加强联系等，也可以是庆祝节日、纪念庆典、开幕闭幕；可以用公司部门等单位名义设宴，也可以用经理等个人名义设宴。总之，设宴的目的不同，宴会的规格、内容、形式也就不同。所以，设宴的目的必须明确，不但举办人要清楚，还应尽可能让应邀者和具体承办者明了，以便彼此配合，达到宴请的目的，实现预期效果。

3. 宴请的形式

商务宴会是宴会交往中一种重要的社交活动，正式的宴会形式一般选用晚宴，目前比较盛行的晚宴通常在酒楼举行。国际上的大型商务活动采用鸡尾酒会形式，当然根据情况也可以采用茶会形式。具体采用哪种宴会形式要根据商务活动的目的，有助于达到商务目的的宴请形式才是最合适的。

(二)选择宴请时间和地点

1. 确定时间

商务人员在安排宴会时，应考虑主宾双方的具体情况，所确定的时间应使主宾双方都能接受，一般不应选择在重大节假日，也不应安排在双方的禁忌日。如宴请西方客人一般不选择 13 日和星期五；伊斯兰教徒在斋月内白天禁食，宴请宜在日落后举行；中国香港、澳门地区同胞禁忌数字 4，认为它是一个不吉利的数字，宴请时应注意避开。选择宴会时间时要与主宾双方进行协商，先征求客人的意见，主宾双方都同意后，确定时间，再发出邀请。

2. 选择地点

在准备商务聚餐时，用餐地点的选择也是非常重要的，在考虑这一问题时，商务人员应着重注意以下三点。

(1)优雅的环境

宴请不仅仅是为了“吃东西”，也要“品文化”。如果用餐地点档次过低，环境不好，即使菜肴再有特色，也会使宴请效果大打折扣。在可能的情况下，一定要争取选择清净、优雅的地点用餐。

(2)良好的卫生

在确定商务聚餐的地点时，商务人员一定要注意查看其卫生状况是否良好，如果用餐地点过脏、过乱，不仅卫生问题让人担心，还会破坏用餐者的食欲。

【小思考 7-1】

某生物制药企业计划到某地级市开办一家生物制药企业，该市宣传的一个亮点是环境状况特别优越。在宴请该企业负责人的宴会上，该企业负责人惊奇地发现，酒店居然设有两名工作人员专门进行拍打蚊蝇的工作，自然，该合作没有实现。

思考：

该合作没有实现的原因在哪里？此案例说明了什么问题？

(3)方便的交通

商务人员要充分考虑所选聚餐地点的交通是否方便，有没有公共交通线路通过，有没有停车场，是否需要为聚餐者预备交通工具，以及该地点设施是否完备等一系列具体问题。

总之，宴请活动的地点，要根据宴请活动本身的目的、性质、规格、形式以及主人意愿和实际状态恰当地选择，既不能“装穷”，也不可“摆阔”，要讲究一切从实际出发的原则。适当的地点能使主人和来宾都感到光彩和舒适。

(三)邀请礼仪

1. 邀请名义

以谁的名义出面邀请最为恰当，即为邀请名义。邀请者与宴会的具体主持者是有区别的。一般来说，邀请者应与被邀请者的主要宾客，在身份、职别、专业等方面尽量对等对口。邀请名义既可以单位名义，也可以个人名义，即使以单位名义邀请，也应签注主要领导人的姓名，以示庄重。

2. 邀请形式

邀请形式一般分为发送请柬、电话邀请和当面邀请。

(1)发送请柬

发送请柬是较常用的邀请形式。一般是在举办较为隆重的宴请，被邀请者也比较多的情况下采用。即使近在咫尺，也需要送请柬，它既表示对客人的尊重，也表明邀请者对此事的心意和态度。

请柬可以用市场统一印制的通用型，也可以用本单位特别印制的专用型。格式大同小异，内页要写明宴请目的、被邀请人的姓名、宴请的类型、地点和时间、主办者。行文中所提到的人名、单位名称、节庆名称都应用全称；行文中不用标点符号；落款处写清邀请人的姓名；请柬可以印刷也可以手写，手写更为郑重和正式。如若是涉外宴请，还应有中外文对照或直接用客人所在国文字印刷请柬。请柬应视主、宾之间的地理位置远近和通信联系的方便程度，至少提前一周发出，有些地方甚至须提前一个月发出，一方面在时间上给宾客留有余地，以便他们能安排好自己的工作；另一方面也可防止投递延误而误期。

正式宴会的请柬在制作和发送时，还应注意：如果事先已口头(或电话)预约过、通知过对方，仍应在宴会前发送一份请柬，以示正式和真诚；如能确定对方"一定会来"，可在请柬上注明客人的桌号，以便他赴宴时落座不乱。同时为了表达主人的真诚，也为了减少活动的失误，宴请者在宴请前夕，还要确认被邀请者是否收到请柬，并对是否能够出席宴会予以确认。

(2)电话邀请

电话邀请可提前 2～3 天打电话通知对方，电话邀请要从语音、语调上让对方感受到诚挚、亲切。

(3)当面邀请

非正式的宴会通常只需口头打个招呼，在得到对方明确首肯后进行。口头邀请时语言表述要清楚，语气要恳切，一般要提前 1 天邀请。

三、赴宴礼仪

(一)回复邀请

参加宴会是一项重要的社交活动。在接到邀请后，应对能否出席尽快答复对方，以便主人及时安排。接受邀请后，不能随意改动，如果出现特殊情况不能出席，尤其是作为主宾时，要尽早向主人解释、深致歉意，包括登门道歉，以取得主人的谅解。应邀出席之前，要核实宴请的主人、时间、地点及其他要求。

(二)修饰装扮

无论是在国内还是在国外，赴宴都被视为一种重要的社交活动。所以，在出席宴会前，最好稍作梳洗打扮，容光焕发地赴宴，这会使整个宴会形成一种比较隆重的氛围。通常，正式宴会的请柬上都注有对衣着的要求，赴宴时应按照要求穿着。如果请柬上没有注明着装要求，赴宴时应按照宴会性质和当地习俗，选定例行服装，要做到干净整洁，高雅得体。赴宴前，还要注意修饰自己的仪容，女宾应认真修饰，适度化妆。男宾赴宴前，要理发、修面，手要洗净，修剪指甲，给人以庄重高雅的印象。

(三)按时赴宴

赴宴，一定要准时抵达宴会地点。抵达过早或过晚，均为失礼。除长者、尊者、女士出席可略晚一点外，其他宾客一般均宜提前 5 分钟或正点到达，到达后先向主人问候致意，再向其他客人问好，无论相识与否都要打招呼。若因特殊情况不能到达或迟到的，应提前通知主人；迟到时，应向主人和众人致歉，并说明原因。

(四)按位入席

到达宴请地点后，赴宴者由服务人员引导，先到衣帽间寄存外衣或帽子，然后去迎宾处，主动趋前向主人问好致意。如带有礼物(花束、花篮等)，可恭敬献上，然后和先到的客人相互致意。进入宴会厅前，要事先了解自己的桌次和座次，按指定座位就座。如果没有明确排定座位，可以遵从主人的安排，并注意与其他人谦让。就座时，应等主人夫妇与主宾夫妇就座后，再入座。一般应从自己行进方向的左侧入座，落座后，椅子与餐桌之间不要过远或过近，距离最好为20厘米左右。双手不宜放在邻座的椅背或餐桌上，更不要两肘托腮撑在餐桌上。不要把玩桌上的酒杯碗盆等餐具，更不可用餐巾擦拭餐具。

(五)离席

用餐完毕，要等主人和主宾餐毕先起身离席，客人才能依次离席。离桌时，应把椅子放回原位。男士应帮身边的女士移开座椅，并帮其放回原处。离开时客人应向主人道谢、告别，并向其他客人告别。如果客人确实有事要提前离席，则应向主人说明情况后离开，或在事先说明届时离席，并要向同席的客人致歉。

第二节　商务中餐礼仪

一、菜肴的选择

(一)宜选的菜肴

1. 中餐特色的菜肴

在宴请外宾的时候，选用具有中餐特色的代表性菜肴尤为重要。如中餐中的龙须面、蛋炒饭、煮元宵、炸春卷、烤白薯、蒸饺子、土豆丝、狮子头、宫保鸡丁、鱼香肉丝、麻婆豆腐、酸辣汤、榨菜肉丝汤等，均为寻常百姓之食，并非佳肴美味，但因其具有鲜明的中餐特色，所以在国外知名度较高，受到众多外国人的推崇。

2. 本地特色的菜肴

中国的饮食文化既有共性也个性鲜明。名扬天下的八大菜系便是中餐中各地分支的主要代表。在宴请他人，尤其是宴请外地人时，如有必要的话，应尽量安排一些具有本地特色的菜肴。

【小思考7-2】

某经销商到某市寻求制造企业合作伙伴，众多合作伙伴纷纷选择豪华酒楼宴请经销商，经销商天天喝得醉醺醺的，合作意向一天天消减。

甲制造企业秘书晓艾策划了一个宴请方案，宴请地点放在一艘湖面小船上，菜肴以当地土菜为主，结果，经销商选定了甲制造企业作为合作伙伴。

思考：

为何经销商最终选定了甲制造企业？

3. 餐馆的招牌菜

大凡名声在外的餐馆，自然都少不了自己的看家菜，高档餐馆尤其如此。商务人员在知名餐馆点菜时，应尽量安排一些看家菜，因为大家就是奔着它们而去的。上一桌餐馆的招牌菜，能说明主人的细心和对被邀请者的尊重。

(二)忌选的菜肴

商务人员在安排菜单时，还须兼顾来宾的饮食禁忌，尤其是要对主宾的饮食禁忌予以高度重视，通常要注意以下四点。

1. 宗教禁忌

对于宗教方面的饮食禁忌，一定要认真对待。如穆斯林不吃猪肉，而且不喝酒。国内的佛教徒在饮食上禁食荤腥之物，不仅不吃肉食，也不吃包括葱、蒜、韭菜、芥末之类气味刺鼻的食物。

2. 地区禁忌

在不同的地区，人们的饮食偏好往往不同。对于这一点，商务人员在安排餐单时要兼顾。例如，湖南人普遍喜欢吃辛辣食物，少吃甜食；英、美等国的人通常不吃宠物、稀有动物、动物内脏、动物的头部和脚爪；等等。

3. 职业禁忌

由于某种原因，有些职业的从业人员在餐饮方面往往也有各自不同的特殊禁忌。例如，国家公务员在执行公务时不准吃请；在公务宴请时不准大吃大喝，不得超过国家规定的用餐标准，不准饮烈性酒。再如，驾驶员在工作期间不得饮酒。如果忽略了这一点，不仅是对对方的不尊重，还有可能使其因此犯错误、惹麻烦。

4. 个人禁忌

由于种种因素的制约，有些人也会有一些与众不同的饮食禁忌。例如，有的人不吃肉，有的人不吃鱼，有的人不吃辣椒等。对这类个人饮食禁忌，也应予以充分照顾。不要明知故犯，或是对此说三道四。

二、中餐席位排列

(一)桌次排列礼仪

中餐宴会习惯使用圆桌，桌次的安排可根据宴会厅的形状来确定。中餐宴会桌次的安排，无论是两桌，还是十桌、百桌，其排列原则大致相同。先确定主桌，主桌的确定以“面门为上，居中为尊”为原则；主桌排定后，其余桌次的高低以离主桌的远近而定，离主桌越近的桌次越高，离主桌越远的桌次越低，平行桌右高、左低。桌数较多时，应摆设桌次牌，以便客人辨认入座。在正式的宴会厅内安排桌次时，要按照以下几条规矩。

①以右为上。各桌横向并列时，以面对宴会厅正门的为准，右侧的餐桌高于左侧的餐桌。

②以远为上。各桌纵向排列时，以距离宴会厅正门的远近为准，距其越远，餐桌的桌次越高。

③居中为上。各桌围绕在一起时，居于正中的餐桌应为主桌。

④临台为上。宴会厅内若有专用的讲台时，背靠讲台的餐桌应为主桌。若宴会厅内

没有专用讲台，有时也可以背临主要画幅的餐桌为主桌。

常见的中餐桌次排列方法如图 7-1 所示。

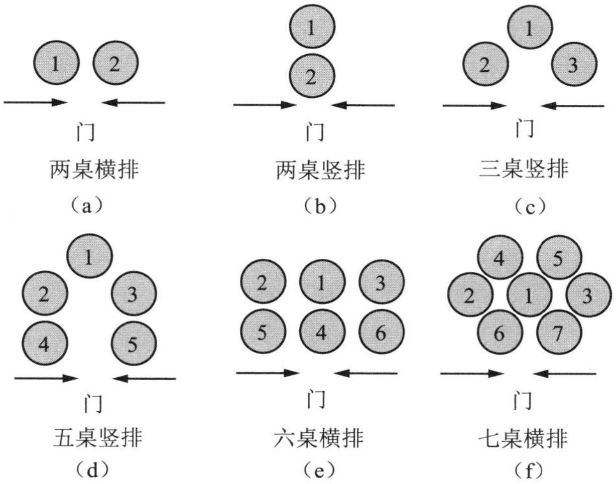

图 7-1　中餐桌次排列方法

(二)座次排列礼仪

1. 位次排列的原则

宴请时，每张餐桌上的具体位次也有主次、尊卑之分。席位的排列在不同情况下有一些差异，但一般应遵循以下几个原则。

①面门为主。是指在每一张餐桌上，以面对宴会厅正门的正中座位为主位，通常应请主人在此就座。若宴会厅无正门，则一般以面对主屏风的正中的座位为主位。

②各桌同向。指在举行大型宴会多桌宴请时，每桌都要有一位主人的代表在座。位置一般和主桌主人同向，有时也可面向主桌主人。

③近上远下。每张桌子上位次的尊卑，距离该桌主人相同的位次，应以面对宴会厅正门时为准，右侧的位次高于左侧的位次。一般情况之下，可将主宾安排在主人右手，而将主宾夫人安排在其左手。主人的夫人，则往往被安排在主宾的右侧就座。

2. 座次排列的方法

根据上述排列原则，如果每桌主位数量不同，圆桌位次的具体排列可以分为以下两种情况。

①每桌一个主位的排列方法。特点是每桌只有一名主人，主宾在右手就座，每桌只有一个谈话中心，如图 7-2(a)所示。

②每桌两个主位的排列方法。特点是主人夫妇在同一桌就座，以男主人为第一主人，女主人为第二主人，主宾和主宾夫人分别在男、女主人右侧就座，每桌客观上形成两个谈话中心，如图 7-2(b)所示。

另外，在安排客人座位时，主人还应考虑客人之间是否相识，有无共同语言。如果事先已了解到某些人想通过宴会彼此相识，就可以将他们安排在一起就座。最好在宴会开始前，主人先对大家进行介绍，以便相互了解，也使宴会气氛更融洽。

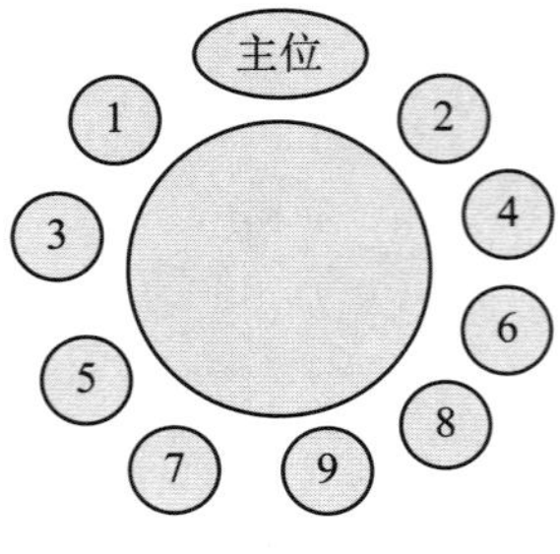

一个主位时的位次排列
(a)

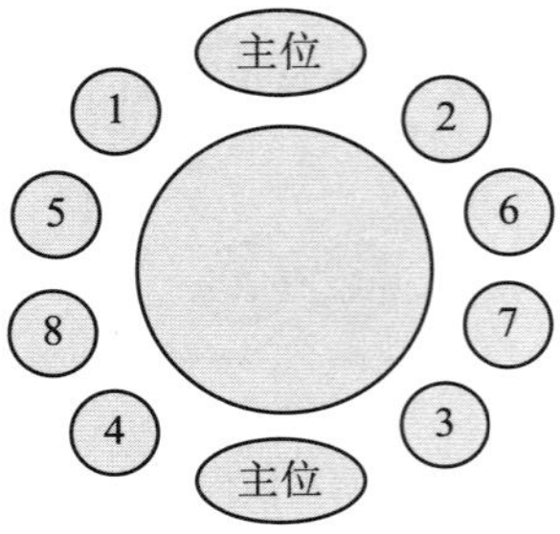

两个主位时的位次排列
(b)

图 7-2 中餐座位排列方法

三、中餐用餐礼仪

(一)迎宾礼仪

在宴会开始前 30 分钟，主人及其随从人员应仪表端庄、精神抖擞地站在宴会大厅门口迎接客人。如果是官方正式活动，还可以有少数主要官员陪同主人夫妇排列成行迎宾，称为迎宾线。在有些国家，正式隆重的宴会，在客人到达时，还可雇请专人协助唱名介绍。当宾客到达时，主人要迎上前热情问好，不能冷落任何一位客人。如果客人相互间不熟悉，主人要逐一介绍，使彼此有所了解，以增进宴会的友好气氛。客人握手后进入休息厅，如无休息厅则直接进入宴会厅，但不可以入座。通常，宴前主人应陪同主宾一道入席，随从人员负责安排其他客人就座。

(二)按时开席

客人落座后，主人要按时开席，不能因个别客人误时而影响整个宴会的进行。如果是主要客人或是主宾在开席前尚未到达，可以暂时不开席，同时尽快联系，在弄清楚后，根据情况再决定，并向其他客人表示歉意。一般情况下，宴会开席延误 10～15 分钟是允许的，万不得已时最多不能超过 30 分钟，否则将冲淡宾客的兴致，影响宴会的气氛。

(三)宴会致辞

宴会开始前，一般都由主人或其他代表致辞，并对来宾的光临表示热烈欢迎。致辞时手持酒杯，可以在主桌旁起立讲话，也可以到布置好的讲台上讲话。内容主要是表明设宴的目的和要求，并对来宾表示敬意。致辞可事先写好，按稿宣读，也可即席讲话，但不论哪种方式，用词要明快、生动、简练。有时还可邀请重要嘉宾讲话、致辞或即兴发言。

(四)席间礼仪

1. 进餐礼仪

①上菜后，不要先动筷，应等主人邀请，主宾动筷时再动。

②取菜时要相互礼让，不可争抢，取菜要适量，不要浪费也不要专拣自己喜爱的菜吃。

③进餐时，尽量夹取离自己较近的菜肴，对不方便夹取或离自己较远的菜肴可少吃或不吃，或请人帮助，不要起身甚至离座去取。

④不要只盯着菜吃，要照顾到别的客人，谦让一下，尤其要招呼两侧的女宾。要用公筷给客人或长辈夹菜，每当上来新菜时，应请客人或长辈先动筷子，以表示尊敬和重视，也可以把离客人或长辈较远的菜肴送到他们跟前。

【小思考 7-3】

A 城市接待了一位外商。这位外商是美国人，他来这座城市是进行投资考察的。考察进行得比较顺利，双方达成了初步的合作意向。这天接待方设宴款待这位外商，宴会的菜肴很丰盛，主客双方交谈得比较愉快。这时席间上来了一道特色菜，为表示我方的热情，一位接待方领导便为这位外商夹了一筷子菜放到他的碟子里。这位外商当即露出不悦之色，也不再继续用餐，双方都很尴尬。

思考：

这位外商为什么露出不悦之色？

⑤进餐时不要发出声音，喝汤时最好用汤匙一小口一小口地喝，不宜把碗端到嘴边喝，不能用嘴使劲吹出声音来。

⑥必须小口进食，不要大口地塞；食物未咽下，不能再塞入口。

⑦进餐时不要打嗝，也不要出现其他声音。如果出现打喷嚏、肠鸣等不由自主的声音时，应向同桌客人表示歉意；如果需要有清嗓子、擦鼻涕、吐痰等举动，尽早去洗手间解决。

【小思考 7-4】

在与自己的同事一道外出参加一次宴会时，财政局干事李君因为举止有失检点，从而招致了大家的非议。

李君当时在宴会上为了吃得畅快，在开始用餐之后便一而再、再而三地减轻自己身上的“负担”。他先是松开自己的领带，接下来又解开领扣、松开腰带、卷起袖管，到了最后，竟然还悄悄地脱去了自己的鞋子。尤其令人感到不快的是，李君在吃东西的时候，总爱有意无意地咂吧嘴，吃得大声作响，并且其响声“一波未平，一波又起”。

李君在宴会上的此番作为，不仅令他身边的人瞠目结舌，而且也叫他的同事们无地自容。

思考：

参加宴会时应该注意哪些用餐礼仪？李君在餐桌上的不良表现有哪些不利影响？

2. 交谈礼仪

宴请可以增进友情、加强沟通，席间一味地埋头吃菜是不礼貌的，要适时地和自己左、右两侧就餐的人进行交谈以调和气氛。主、宾双方应就共同感兴趣的话题亲切交谈。可以选择一些愉悦的话题，而不宜深入谈论具体的、实质性的问题，要“多叙友情，少谈工作”，千万不要把餐桌变成谈判桌，也不要在公共场所交流一些低级趣味的话题。

(五)中餐餐具使用礼仪

中餐的餐具主要有杯、碗、碟、筷、匙等。在正式宴会上，水杯应放在餐盘上方，酒杯应放在右上方，筷子与汤匙则放在专用的架子上。

1. 筷子

中国人使用筷子用餐是从古代流传下来的，古时又称其为“箸”，日常生活当中对筷子的运用是非常讲究的。在使用过程中，用餐前筷子一定要整齐码放在饭碗的右侧，用餐后则一定要整齐地竖向码放在饭碗的正中，在使用筷子时要注意以下问题。

一忌敲筷。在等待就餐时，不能用手拿筷子随意敲打餐具。

二忌扔筷。在餐前发筷子时，不能乱丢；为与你距离较远的人发筷子时，可以请人递过去，不能随手扔在餐桌上。

三忌叉筷。筷子要摆放整齐，不能一横一竖交叉摆放，更不能一根是大头，一根是小头。

四忌插筷。在用餐中途因故需暂时离开时，要把筷子轻轻搁在餐桌上或餐碟边，而不能插在饭碗里。

五忌巡筷。在夹菜时，不能拿筷子在菜盘里上下乱翻。遇到别人也来夹菜时，要有意避让，谨防“筷子打架”。

六忌舞筷。不要一边挥舞着筷子，一边与人说话。也不要在请别人用菜时，把筷子戳到别人面前，这样做是失礼的。

七忌舔筷。不要“品尝”筷子，不论筷子上是否残留着食物，都不要去舔它。

八忌迷筷。不要在夹菜时将筷子持在空中，犹豫不定取哪道菜。

九忌粘筷。在就餐过程中，即使很喜欢某道菜，也不要好似筷子粘住了菜盘，不停地夹取。

十忌剔筷。不要将筷子当牙签使用。

2. 汤匙

汤匙的主要作用是舀取菜肴、食物，或在用筷子取食时用汤匙来辅助。

用汤匙取食物时，不要过满，免得溢出来弄脏餐桌或自己的衣服。在舀取食物后，可以在原处停留片刻，汤汁不会再往下流时再移回来。

用汤匙取食物后，要立即食用或放在自己的碟子里，不要再把它倒回原处。而如果取用的食物太烫，不可用勺子舀来舀去，也不要用嘴对着吹，可以先放到自己的碗里等凉了再吃。

用汤匙喝汤时，不要全部放入口中。不要把汤匙塞到嘴里，或者反复吮吸、舔食。

暂时不用汤匙时，应放在自己的碟子上，不要把它直接放在餐桌上，或是放在食物中。

3. 碗、碟

①碗。在中餐里，碗的主要作用是盛放主食、汤羹等。商界人士在正式场合用餐时，用碗主要注意以下几点。

一是不要端起碗来食用碗内盛放的食物，应该以筷、匙加以辅助。

二是碗内若有食物剩余时，不可将其直接倒入口中，也不可用舌头伸进去乱舔。

三是暂且不用的碗不宜乱装东西，更不能把碗倒扣过来放在餐桌上。

②碟。稍小一些的盘子，被称作碟子。盘子使用的讲究与碗相同。盘子在餐桌上一般应保持原位，不被搬动，而且不宜多个摞在一起。使用中应注意以下几点。

一是不要一次取放过多菜肴。

二是不要将多种菜肴堆放在一起。

三是不宜入口的残渣、骨和刺不要吐在地上、餐桌上，而应将其轻轻取放在食碟前端，必要时再由侍者取走、换新。

4. 辅助餐具

①水杯。水杯主要用来盛放清水、汽水、果汁、可乐等饮料。不要用水杯来盛酒，

也不要倒扣水杯。另外，放进嘴里的东西不能再吐回水杯。

②湿巾、餐巾。用餐前的湿巾只能用来擦手，绝不可以用来擦脸、擦嘴、擦汗；正式宴会结束前，再上一块湿巾，只能用来擦嘴。餐巾应铺放在并拢的大腿上，不能围在脖子上，或衣领里、腰带上。可用于擦嘴和手，但不能擦餐具或汗。

③水盂(洗指盅)。有时，品尝中餐者需要手持食物进食。此刻，往往会在餐桌上摆一个水盂，即盛放清水的水盆。它的用法是：两手轮流沾湿指尖，然后轻轻浸入水中刷洗。洗毕，应将手置于餐桌之下，用纸巾擦干。

④牙签。牙签用于清理牙齿，应在万不得已情况下使用。剔牙时应用餐巾或手遮挡一下，不可完全暴露于旁人面前。不要将牙签长时间含于嘴中，吸来吸去。牙签有些时候也可用来扎取水果丁。

(六)中餐饮酒礼仪

1. 斟酒

敬酒之前需要斟酒。按照规范来说，除主人和服务人员外，其他宾客一般不要自行给别人斟酒，如果主人亲自斟酒，应该用本次宴会上最好的酒斟，宾客要端起酒杯致谢，必要的时候起身站立。主人斟酒时要注意三点：一要面面俱到、一视同仁，不能有挑有拣，只为个别人斟酒；二要注意顺序，可以从自己所坐之处开始按顺时针方向斟酒，也可以先为尊长、嘉宾斟酒；三是斟酒需要适量，白酒与啤酒均可以斟满，而其他洋酒则无此讲究。

侍者斟酒时，客人要向其道谢，但不必拿起酒杯。但当主人亲自来斟酒时，客人必须端起酒杯致谢，必要时还需起身站立，或欠身点头致意。

2. 敬酒

①敬酒的时机。敬酒应该在特定的时间进行，并以不影响来宾用餐为首要考虑。敬酒有正式敬酒和普通敬酒之分。正式敬酒，一般是在主、宾入席后，用餐前就可以开始。而普通敬酒，只要在对方不咀嚼食物的时候，认为对方可能愿意接受你的敬酒时就可以开始。如果向同一个人敬酒，应该等身份比自己高的人敬过之后再敬。

②敬酒的顺序。一般情况下，敬酒应以年龄大小、职位高低、宾客身份为序，敬酒前一定要考虑好敬酒的顺序，分清主次，避免出现尴尬的情况。即使你分不清或职位、身份高低不明确，也要按统一的顺序敬酒，比如，先从自己身边按顺时针方向开始敬酒，或是从左到右、从右到左进行敬酒等。

【小思考 7-5】

在某公司举办的商务宴会上，主办方的总经理逐一向客人敬酒，当敬到某一桌时，却漏敬了一位客人，而这位客人又特别在意，于是他要求总经理必须自罚一杯，否则，错误不可原谅。总经理毫不犹豫，给自己斟满一杯，一饮而尽。

思考：

在宴请中，主办方应该如何避免上述情况的出现?

③敬酒的举止。无论是主人还是宾客，如果是在自己的座位上向集体敬酒，首先应站起来，面含微笑，手拿酒杯，面朝大家。当主人向集体敬酒、说祝酒词的时候，所有人应该一律停止用餐或喝酒。主人提议干杯的时候，所有人都要端起酒杯，站起来，互相碰杯。按国际通行的做法，敬酒不一定要喝干。但即使平时滴酒不沾的人，也要拿起酒杯抿上一口，

以示对主人的尊重。除了主人向集体敬酒，宾客也可以向集体敬酒。宾客的祝酒词可以说得更简短、甚至一两句话都可以。别人向你敬酒时，要手举酒杯到双眼高度，在对方说祝酒词或“干杯”之后再喝，喝完后，手拿酒杯和对方对视一下，这一过程才算结束。

在中餐里还有一个讲究，即主人亲自向你敬酒干杯后，要回敬主人，和他再干一杯。回敬的时候，要右手拿着杯子，左手托底，和对方同时喝。干杯的时候，可以象征性地和对方轻碰一下酒杯。不要用力过猛，非听到响声不可。出于敬重，可以使自己的酒杯低于对方酒杯。如果和对方相距较远，可以以酒杯杯底轻碰桌面表示碰杯。

【扩展阅读 7-2】

碰杯的由来

喝酒为什么要碰杯？有两种说法。

一种说法是这是由古希腊人创造的。传说古希腊人注意到这样一个事实，在举杯饮酒之时，人的五官都可以分享到酒的乐趣：鼻子能嗅到酒的香味，眼睛能看到酒的颜色，舌头能够辨别酒味，而只有耳朵被排除在这一享受之外。怎么办呢？古希腊人想出一个办法，在喝酒之前，互相碰一下杯子，杯子发出的清脆响声传到耳朵里。这样，耳朵就和其他器官一样，也能享受到喝酒的乐趣了。

另一种说法是，喝酒碰杯起源于古罗马。古罗马崇尚武功，常常开展“角力”竞技。竞技前选手们习惯于饮酒，以示相互勉励之意。由于酒是事先准备的，为了防止心术不正的人在给对方喝的酒中放毒药，人们想出一种防范的方法，即在“角力”前，双方各将自己的酒向对方的酒杯中倾注一些。以后，这样碰杯便逐渐发展成为一种礼仪。

④敬酒的其他注意事项。不要强人所难，灌人以酒。平时嗜酒如命的，在正式宴会中也必须有所收敛。不胜酒力的，不一定要喝酒，喝水、喝饮料也行。没必要非得碰杯，尤其是使用玻璃器皿的时候。主人应该是第一个敬酒的人，不要越俎代庖。不要敲杯子以吸引大家的注意。

3. 拒酒

宴会上，特别是在中式宴会上，要适当拒酒，这不仅是自我保护的需要，也是营造良好、健康气氛的需要，并可有效避免过量喝酒引起的失态甚至彼此间的不愉快。假如因为生活习惯或健康等原因不能饮酒，可以婉言谢绝他人的劝酒。说明自己不能饮酒的客观原因，或主动以其他软饮料代酒，还可以委托亲友、部下或晚辈代为饮酒。谢绝饮酒时，不能在他人为自己斟酒时又躲又藏、乱推酒瓶、倒扣酒杯，或将自己杯中酒偷偷倒掉，更不能把自己喝了一点的酒倒入别人杯中，这些都是不礼貌的行为。

【扩展阅读 7-3】

用餐的注意事项

要自觉做到不吸烟。

不要擅自做主为他人夹菜。不论对方是否喜欢，主动为其夹菜、添饭，会让人为难。

用餐期间，不要梳理头发、化妆补妆、宽衣解带、脱袜脱鞋等。

用餐的时候不要离开座位、四处走动。如果有事要离开，也要先和旁边的人打声招呼。

喝酒的时候不酗酒、不灌酒。一味地给别人劝酒、灌酒，吆五喝六，特别是给不胜酒力的人劝酒、灌酒，都是失礼的表现。

四、告辞礼仪

(一)中途道别礼仪

客人在席间或在主人没有表示宴会结束前离席是不礼貌的。赴宴过程中应尽量避免中途退场。如确因有事需中途离席，要特别注意相关礼仪，包括以下三点。

1. 说明情况

如果席前就已准备中途告别，最好在宴会开始之前就向主人说明理由，并表示歉意，届时向主人打个招呼便可悄悄离去。

临时因事需要提早道别，同样应向主人说明理由，并表示歉意。

2. 选好时机

中途道别离席，不要选择在席间有人讲话时或刚讲完话之后，这容易让人误以为告辞者对讲话者不耐烦。

最好是在宴会告一段落时，如主、宾之间相互敬了一轮酒或客人均已用完饭后道别。

3. 减少影响

中途道别只需和主人打招呼或向左右宾客点头示意即可，道别后应马上离开。千万别和谈话圈里的每一个人一一握手告别，闹得人人皆知。

主人也不必离席远送，尤其是在宴请宾客人数较多时更不应该如此，以免影响他人用餐，甚至影响整个宴会气氛。

(二)席终告辞及宴后致谢礼仪

1. 席终告辞礼仪

只有主人才有权利表示宴席结束，在主人和主宾离开座席后，其他宾客才能散席。主宾先向主人告辞，其他宾客随后致谢告辞。道别的顺序是男宾先向男主人道别，女宾先向女主人道别，然后再交叉道别。告辞时，客人应向主人有礼貌地握手致谢，称赞宴会组织得好，菜肴丰盛精美，但不可过头，更不要探听宴席价格。

2. 宴后致谢礼仪

在参加宴会后的2～3天内，写信或打电话向主人表示感谢。重申宴会上的友谊，加深相互之间的良好印象，为今后进一步合作打好基础。

第三节　商务西餐礼仪

一、西餐简介

(一)西餐的概念

西餐这个词是由它特定的地理位置所决定的。“西”是西方的意思，一般指欧洲各国。

“餐”就是饮食菜肴。我们通常所说的西餐主要包括西欧国家的饮食菜肴，当然同时还包括东欧各国、中海沿岸等国和一些拉丁美洲如墨西哥等国的菜肴。而东南亚各国的菜肴一般统称为东南亚菜，但也有独有一种菜系的，如印度菜。西餐一般以刀叉为餐具，以面包为主食，多以长形桌台为台形。西餐的主要特点是主料突出，形色美观，口味鲜美，营养丰富，供应方便等。西餐大致可分为法式、英式、意式、俄式、美式、地中海等多种不同风格的类型。

【扩展阅读 7-4】

不同国度宴请习惯趣闻

美国人爱请客，但主随客便是一大特色，主人往往在电话里先征求客人意见，以便有针对性地做好准备。一般晚宴，宴前是糕点、奶酪、点心；宴中只是烧牛排或烤乳猪之类的一两道主菜，传着让大家各取所需；再就是面包薄片，自抹黄油奶酪等辅料；最后是甜点、水果之类；至于饮酒更是随意，不劝酒、不猜拳。

德国人宴请，陪客要自掏腰包。如大学宴请来宾，只有校长不付钱，其他应邀的作陪者都要自己付钱。假如有谁吃完了嘴巴一抹、屁股一拍，一走了之，账单就会送至财务处，从工资里扣除，一点也不含糊。

乌干达的国宴有香蕉饭。客人光临，先敬一杯香蕉酒，再品尝流着糖胶的烤焦点心。正餐家宴主食就是香蕉饭。

爱斯基摩人好客，串门不用敲门，走进去后食物可以随便吃。有时，谁家有特色美味，还会特地花钱出广告，有意者可事先打个招呼，前往品尝鉴赏。

每年的 1 月 17 日是西班牙的莫洛尔几纳地区的“口福节”。这一天，每村的人不分男女老幼，从晚餐开始，每家带一份自己烹制的食品来到篝火旁交换品尝；半夜，围着篝火吃淡米饭，然后喝鳗鱼汤、吃鳗鱼肉馅饼；凌晨，大家在篝火堆上烤香肠。篝火堆一圈有多长，香肠就有多长。天亮，太阳初升，大家一同手捧香肠享用，象征美好的生活地久天长。

资料来源：曹艺、王葳、张涛：《商务礼仪》，北京，清华大学出版社，2009。

(二)西餐的类型

1. 西菜之首——法式大餐

法国人一向以善于吃并精于吃而闻名，法式大餐至今仍名列世界西菜之首。法式菜肴的特点是：选料广泛(如蜗牛、鹅肝都是法式菜肴中的美味)，加工精细，烹调考究，滋味有浓有淡，花色品种多；法式菜还比较讲究吃半熟或生食，如牛排、羊腿以半熟鲜嫩为特点，海味的蚝也可生吃，烧鸭一般以六成熟即可食用等；法式菜肴重视调味，调味品种类多样。用酒来调味，什么样的菜选用什么酒都有严格的规定，如清汤用葡萄酒，海味品用白兰地酒，甜品用各式甜酒或白兰地等；法国菜和奶酪，品种多样。法国人十分喜爱吃奶酪、水果和各种新鲜蔬菜，如图 7-3 所示。

法式菜肴的名菜有：马赛鱼羹、鹅肝排、巴黎龙虾、沙福罗鸡、鸡肝牛排等。

2. 简洁与礼仪并重——英式大餐

英国的饮食烹饪，素有家庭美肴之称。英式菜肴的特点是：油少、清淡，调味时较少用酒，调味品大多放在餐台上由客人自己选用。烹调讲究鲜嫩，选料注重海鲜及各式蔬菜，菜量要求少而精。英式菜肴的烹调方法多以蒸、煮、烧、熏、炸见长，如图 7-4 所示。

英式菜肴的名菜有：鸡丁沙拉、烤大虾苏夫力、薯烩羊肉、烤羊马鞍、冬至布丁、明治排等。

图 7-3　法式大餐

图 7-4　英式大餐

3. 西菜始祖——意式大餐

在罗马帝国时代，意大利曾是欧洲的政治、经济、文化中心，虽然后来意大利落后了，但就西餐烹饪来讲，意大利却是始祖，可以与法国、英国媲美。意式菜肴的特点是：原汁原味，以味浓著称。烹调注重炸、熏等，以炒、煎、炸、烩等方法见长。意大利人喜爱面食，做法、吃法甚多。其制作面条有独到之处，各种形状、颜色、味道的面条至少有几十种，如字母形、贝壳形、实心面条、通心面条等。意大利人还喜食意式馄饨、意式饺子等，如图 7-5 所示。

意式菜肴的名菜有：通心粉素菜汤、焗馄饨、奶酪焗通心粉、肉末通心粉、比萨饼等。

4. 营养快捷——美式大餐

美国菜是在英国菜的基础上发展起来的，继承了英式菜简单、清淡的特点，口味咸中带甜。美国人一般对辣味不感兴趣，喜欢铁扒类的菜肴，常用水果作为配料与菜肴一起烹制，如菠萝焗火腿、菜果烤鸭。喜欢吃各种新鲜蔬菜和各式水果。美国人对饮食要求并不高，只要营养、快捷，如图 7-6 所示。

图 7-5　意式大餐

图 7-6　美式大餐

美式菜肴的名菜有：烤火鸡、橘子烧野鸭、美式牛扒、苹果沙拉、糖酱煎饼等。

5. 西菜经典——俄式大餐

沙皇时期俄国的上层人士非常崇拜法国，贵族不仅以讲法语为荣，而且饮食和烹饪技术也主要学习法国。但经过多年的演变，特别是俄国地带，食物讲究热量高的品种，逐渐形成了自己的烹调特色。俄国人喜食热食，爱吃鱼肉、肉末、鸡蛋和蔬菜制成的小包子和肉饼等，各式小吃颇负盛名。俄式菜肴口味较重，喜欢用油，制作方法较为简单。口味以酸、甜、辣、咸为主，酸黄瓜、酸白菜往往是饭店或家庭餐桌上的必备食品。烹调方法以烤、熏、腌为特色。俄式菜肴在西餐中影响较大，一些地处寒带的北欧国家和中欧南斯拉夫民族日常生活习惯与俄罗斯人相似，大多喜欢腌制的各种肉、香肠、火腿以及酸菜、酸黄瓜等，如图 7-7 所示。

俄式菜肴的名菜有：什锦冷盘、鱼子酱、酸黄瓜汤、冷苹果汤、鱼肉包子、黄油鸡卷等。哈尔滨由于历史的原因，目前尚保存有正宗的俄式西餐。

6. 啤酒、自助——德式大餐

德国人对饮食并不讲究，喜吃水果、奶酪、香肠、酸菜、土豆等，不求浮华，只求实惠营养，首先发明自助快餐。德国人喜喝啤酒，每年的慕尼黑啤酒节大约要消耗掉 100 万升啤酒，如图 7-8 所示。

图 7-7 俄式大餐

图 7-8 德式大餐

二、西餐席位排列

(一)桌次排列礼仪

西餐桌次的高低与中餐一样，主桌为首位。西餐桌子的放置方法可根据用餐人数的多少和场地大小而定，有时会拼成各种图案，如图 7-9 所示。桌次依据主桌远近而定，右为高、左为低。桌数多时应摆放桌次牌。

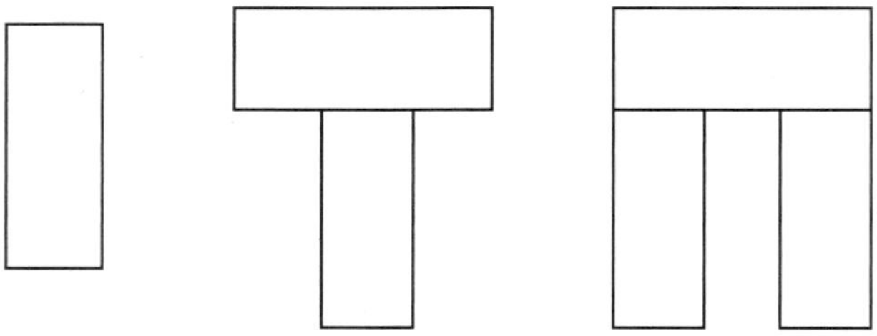

图 7-9 西餐餐桌排列方法

(二)座次排列礼仪

1. 女士优先

在西餐礼仪里，往往体现女士优先的原则。安排用餐座次时，一般女主人为第一主人，在主位上就座，而男主人为第二主人，坐在第二主人的位置上。

2. 距离定位

西餐桌上席位的尊卑，是根据其距离主位的远近决定的。一般来说，距主位近的位置要高于距主位远的位置。

3. 以右为尊

排定席位时，以右为尊是基本原则。就某一具体位置而言，按礼仪规范其右侧要高于左侧之位。在西餐排位时，男主宾应排在女主人的右侧，女主宾排在男主人的右侧，按此原则，依次排列。

4. 面门为上

按照礼仪的要求，面对餐厅正门的位子要高于背对餐厅正门的位子。

5. 交叉排列

西餐排列席位时，讲究交叉排列的原则，即男女应当交叉排列，熟人和生人也应当交叉排列。在西方人看来，宴会场合是要拓展人际关系，这样交叉排列的用意，就是让人们能多和周围客人交流，达到社交目的。

(三)就座方式

西餐的就座位置排法与中餐有一定的区别，中餐多使用圆桌，西餐则以长桌为主。长桌的位置排法主要有以下两种方式：

①法式就座方式。主人位置在中间，男女主人对坐，女主人右边是男主宾，左边是男次宾，男主人右边是女主客，左边是女次客，陪客则尽量往旁边坐。

②英美式就座方式。桌子两端为男女主人，若夫妇一起受邀，则男士坐在女主人的右手边，女士坐在男主人的右手边，左边则是次客的位置，如果是陪同客人，则尽量往中间坐。

在隆重的场合，如果餐桌安排在一个单独的房间里，在女主人请你入席之前，不应当擅自进入设有餐桌的房间。如果都是朋友，大家可以自由入座；在其他场合，客人要按女主人的指点入座。客人要服从主人的安排，礼貌的做法是，在女主人和其他女士坐下之后方可坐下。一般来说，宴会应由女主人主持。如果女主人说："祝你们胃口好"，这就意味着大家可以吃了。如果女主人还没有发话，客人的勺子就进了嘴，则是非常不礼貌的。

三、西餐的菜序

(一)正餐的菜序

西餐的正餐，尤其是在正式场合所用的正餐，其菜序既复杂多样，又讲究甚多。在大多数情况下，西餐正餐由下列八道菜肴依次构成。一顿内容完整的正餐，一般要吃上1～2小时。

1. 开胃菜

所谓开胃菜，即用来打开胃口之物，亦称西餐的头盘。它往往不被列入正式的西餐菜序，而仅仅充当"前奏曲"。开胃菜有冷头盘或热头盘之分，常见的品种有鱼子酱、鹅肝酱、熏鲑鱼、鸡尾杯、奶油鸡酥盒、焗蜗牛等，也可以是由蔬菜、水果、海鲜、肉食所组成的拼盘。它多以各种调味汁凉拌而成，色彩悦目，口味宜人。因为是要开胃，所以开胃菜一般都具有特色风味，味道以咸和酸为主，而且数量较少，质量较高。

2. 汤

与中餐有极大不同的是，西餐的第二道菜就是汤。西餐的汤大致可分为清汤、奶油汤、蔬菜汤和冷汤四类，品种有牛尾清汤、各式奶油汤、海鲜汤、美式蛤蜊周打汤、意式蔬菜汤、俄式罗宋汤、法式焗葱头汤。冷汤的品种较少，有德式冷汤、俄式冷汤等。西餐之中的汤，大多口感芬芳浓郁，具有很好的开胃作用。按照传统说法，汤是西餐的“开路先锋”。开始喝汤时，才算正式开始就餐。

3. 副菜

鱼类菜肴一般作为西餐的第三道菜，也称为副菜，品种包括各种淡、海水鱼类、贝类及软体动物类。通常水产类菜肴与蛋类、面包类、酥盒菜肴等均称为副菜。因为鱼类等菜肴的肉质鲜嫩，比较容易消化，所以放在肉类菜肴的前面，叫法上也和肉类菜肴主菜有所区别。西餐吃鱼类菜肴讲究使用专用的调味汁，品种有鞑靼汁、荷兰汁、酒店汁、白奶油汁、大主教汁、美国汁和水手鱼汁等。

4. 主菜

肉类、禽类菜肴是西餐的第四道菜，也称为主菜。肉类菜肴的原料取自牛、羊、猪等各个部位，其中最有代表性的是牛肉或牛排。牛排按其部位又可分为沙朗牛排(也称西冷牛排)、菲利牛排、“T”骨形牛排、薄牛排等，其烹调方法常用烤、煎、铁扒等。肉类菜肴配用的调味汁主要有西班牙汁、浓烧汁、蘑菇汁、班尼斯汁等。禽类菜肴的原料取自鸡、鸭、鹅，通常将兔肉和鹿肉等野味也归入禽类菜肴。禽类菜肴品种最多的是鸡，有山鸡、火鸡、竹鸡，可煮、可炸、可烤、可焖，主要的调味汁有黄肉汁、咖喱汁、奶油汁等。

5. 点心、甜品

吃过主菜后，一般要上一些诸如蛋糕、饼干、吐司、馅饼、三明治之类的小点心。已经吃饱的人，也可以不吃点心。吃毕点心，接着要上甜品。最常见的甜品有布丁、冰激凌等。

6. 果品

接下来，用餐者还须在力所能及的情况下，酌情享用干、鲜果品。常用的干果品有核桃、榛子、腰果、杏仁、开心果等，鲜果品有草莓、菠萝、苹果、香蕉、橙子、葡萄等。

7. 热饮

在用餐结束之前，应为用餐者提供热饮，以此作为“压轴戏”。最正规的热饮是红茶或什么都不加的黑咖啡。二者只能选择其一，不能同时享用。它们的作用主要是帮助消化。西餐的热饮，可以在餐桌上喝，也可以换一个地方，如离开餐桌去客厅或休息厅里喝。

(二)便餐的菜序

一般情况下，出于经济和时间方面的考虑，人们并不是都吃西餐全餐。通常，西餐便餐的标准菜序方便、从简，很受欢迎。西餐便餐可以只要开胃菜、汤、主菜和甜品，有的时候可以不要汤或甜品。一般顺序是：开胃菜作为第一道菜，汤主要分清汤和奶油浓汤两种，主菜有鱼、猪肉、牛肉、鸡等，甜品常有冰激凌、布丁等，水果可上可不上。

四、西餐用餐礼仪

教学微课：西餐礼仪——餐巾礼仪

(一)席间礼仪

①就座时，身体要端正，手肘不要放在桌面上，不可翘足，与餐桌的距离以便于使用餐具为佳。餐台上已摆好的餐具不要随意摆弄。将餐巾对折轻轻放在膝上。

②喝汤时不要啜饮，吃东西时要闭嘴咀嚼。不要舔嘴唇或咂嘴发出声音。如汤菜过热，可待稍凉后再吃，不要用嘴吹。喝汤时，用汤勺从里向外舀，汤盘中的汤快喝完时，用左手将汤盘的外侧稍稍翘起，用汤勺舀净即可。吃完汤菜时，将汤匙留在汤盘(碗)中，匙把指向自己。

③吃鱼、肉等带刺或骨的菜肴时，不要直接外吐，可用餐巾捂嘴轻轻吐在叉上放入盘内。如盘内剩余少量菜肴时，不要用叉子刮盘底，更不要用手指相助食用，应以小块面包或叉子相助食用。吃面条时要用叉子先将面条卷起，然后送入口中。

④面包应掰成小块送入口中，不要拿着整块面包去咬。抹黄油和果酱时也要先将面包掰成小块再抹。

⑤欧美人多以鸡胸脯肉为贵，吃鸡腿时应先用力将骨去掉，不要用手拿着吃。吃鱼时不要将鱼翻身，要吃完上层后用刀叉将鱼骨剔掉后再吃下层的肉，要切一块吃一块，块不能切得过大，或一次将肉都切成块。

⑥喝咖啡时如愿意添加牛奶或糖，添加后要用小勺搅拌均匀，将小勺放在咖啡的垫碟上。喝时应右手拿杯把，左手端垫碟，直接用嘴喝，不要用小勺一勺一勺地舀着喝。吃水果时，不要拿着整个水果去咬，应先用水果刀将水果切成四块，再用刀去掉皮、核，然后用叉子叉着吃。

⑦用刀、叉吃有骨头的肉时，可以用手拿着吃。若想吃得更优雅，还是用刀较好。用叉子将整片肉固定(可将叉子朝上，用叉子背部压住肉)，再用刀沿骨头插入，把肉切开。最好是边切边吃。必须用手吃时，会附上洗手水。当洗手水和带骨头的肉一起端上来时，意味着“请用手吃”。用手指拿东西吃后，将手指放在装洗手水的碗里洗净。吃一般的菜时，如果把手指弄脏，也可请侍者端洗手水来，注意洗手时要轻轻地洗。

⑧吃面包可蘸调味汁吃到调味汁一点都不剩，这是对厨师的礼貌。注意不要把面包盘子“舔”得很干净，而要用叉子叉住已撕成小片的面包，再蘸一点调味汁来吃，这是雅观的做法。

【应用案例 7-1】

李鸿章吃西餐

有一次，李鸿章出使德国，应德国“铁血宰相”俾斯麦之邀前往赴宴，由于不懂西餐礼仪，他把一碗吃水果后洗手用的水端起来喝了。为了不使李鸿章丢丑，善解人意的俾斯麦也将洗手水一饮而尽，见此情形，其他文武百官只得忍笑奉陪。

资料来源：曹艺、王葳、张涛：《商务礼仪》，北京，清华大学出版社，2009。

(二)西餐餐具使用礼仪

广义的西餐餐具包括刀、叉、匙、盘、杯、餐巾等。其中盘又有菜盘、布丁盘、奶盘、白脱盘等；酒杯更是讲究，正式宴会几乎每上一种酒，都要换上专用的玻璃酒杯。

狭义的餐具则专指刀、叉、匙三大件。刀分为食用刀、鱼刀、肉刀(刀口有锯齿，用以切牛排、猪排等)、黄油刀和水果刀。叉分为食用叉、鱼叉、肉叉和虾叉。匙则有汤匙、甜食匙、茶匙等。公用刀、叉、匙的规格明显大于餐用刀叉。

1. 餐具的摆放

垫盘放在餐席的正中心，盘上放折叠整齐的餐巾或餐纸(也有把餐巾或餐纸拆成花蕊状放在玻璃杯内的)。两侧的刀、叉、匙排成整齐的平行线，如有席位卡，则放在垫盘的前方。所有的餐刀都需放在垫盘的右侧，刀刃朝向垫盘。各种匙类放在餐刀右边，匙心朝上。餐叉则放在垫盘的左边，叉齿朝上。一个座席一般只摆放三副刀叉。面包碟放在客人的左手边，上置面包刀(即黄油刀，供抹奶油、果酱用，而不是用来切面包)一把，各类酒杯和水杯则放在右前方。如有面食，吃面食的匙、叉则横放在前方，如图 7-10 所示。

图 7-10 西餐餐具的摆放方法

2. 餐具的用法

(1)刀叉

①刀叉持法。用刀时，应将刀柄的尾端置于手掌之中，以拇指抵住刀柄的一侧，食指按在刀柄上，但需注意食指绝不能触及刀背，其余三指则顺势弯曲，握住刀柄。叉如果不是与刀并用，叉齿应该向上。持叉应尽可能持住叉柄的末端，叉柄倚在中指上，中间则以无名指和小指为支撑，叉可以单独用于叉餐或取食，也可以用于取食某些头道菜和馅饼，还可以用于取食那种无须切割的主菜。

②刀叉的使用。右手持刀，左手持叉，先用叉子把食物按住，然后用刀切成小块，再用叉送入嘴里。欧洲人使用时不换手，即从切割到送食物入口均以左手持叉。美国人则切割后，将刀放下换右手持叉送食入口。使用刀叉时，尽量不使其碰撞，以免发出大的声音，更不可挥动刀叉与别人讲话。

③刀叉并用时，持叉姿势与持刀相似，但叉齿应该向下。通常刀叉并用是在取食主菜的时候，但若无须用刀切割时，则可用叉切割，这两种方法都是正确的。

刀叉的使用如图 7-11 所示。

图 7-11 刀叉使用礼仪

【扩展阅读 7-5】

刀叉使用注意事项

①用刀的时候，进餐中途需要休息时，可以放下刀叉并摆成“八”字形状放在盘子中央，表示没吃完，还要继续吃，如图 7-12 所示。

②每吃完一道菜，将刀叉并排放在盘中，表示已经吃完了，可以将这道菜或盘子拿走，如图 7-13 所示。汤勺横放在汤盘内，匙心向上，也表示用汤餐具可以收走。

③谈话时，可以拿着刀叉，不用放下来，但不要挥舞。

④不用刀时，可用右手拿叉，但需要做手势时，就应放下刀叉，千万不要拿着刀叉在空中挥舞摇晃。

⑤不要一手拿刀或叉，而另一只手拿餐巾擦嘴，也不要一手拿酒杯，另一只手拿叉取菜。

⑥任何时候，都不要将刀叉的一端放在盘上，另一端放在桌上。

图 7-12 就餐尚未完毕时刀叉的摆放

图 7-13 就餐完毕时刀叉的摆放

教学微课：西餐礼仪——刀叉的使用

【小思考 7-6】

吃相难看影响全局

某国际贸易有限公司项目主管郝先生提及一次经历："我带的那个小伙子过了三个月试用期后，我们对他还是挺满意的。正好有一个大的项目要做，公司里人手有点紧，于是我想让他锻炼锻炼，见见大客户，也好上手快一点。虽然这有点冒险，但通过几个月的观察，我当时还是相信他可以做好的。没想到，一顿饭就让我觉得我看错了。平时看他挺注意形象的，每天来上班干干净净，做事情很稳妥，遇到紧急情况也没有气急败坏，可是关键时刻却出了问题。那天去见重要客户，约在一家很高档的餐厅，其实是我经常去的地方，但是对于他来说可能是第一次经历这样的场所。大家点的都是牛排之类的西餐，我猜想他大概也没受过什么正规的西餐礼仪的培训，饭桌上使用刀叉很笨拙，吃相也越来越难看。本来和客户吃饭，主要目的是联络感情、拉拢生意，大饱口福不是目的。后来，不知道是不是他吃相的关系，客户给我们下的订单少了将近30%。尽管不能说都是他的原因，但是这样的手下带出去真的叫人在一旁擦汗啊。无论如何，在进入职场之前，职场基本礼仪还是应该了解的。"

资料来源：吴晓萍、江卫华：《商务礼仪》，天津，南开大学出版社，2011。

思考：

结合本案例谈谈宴请及吃西餐应注意的事项。

(2)餐匙

餐匙分为两类：一类为汤匙，即形状较大，通常摆放在就餐者右侧餐刀最外端，且与餐刀并排纵放；另一类为甜品匙，即形状较小，横放在吃甜品所使用的刀叉的正上方，并且与之并列。持匙用右手，持法同持叉，但手指务必持在匙柄之端。餐匙除了可以饮汤、用甜品外，绝对不可以直接去舀取红茶、咖啡以及其他任何主食、菜肴。已经使用的餐匙不可再次放回原处，也不可将其插入菜肴或令其"立正"于汤盘、红茶杯、咖啡杯中。正确的做法是，可以将其暂放于餐盘之上，有时，以匙柄正对着就餐者，还可以暗示其用餐已经完毕。

(3)餐巾

进餐时，大餐巾可折起(一般对折)折口向外平铺在腿上，小餐巾可伸开直接铺在腿上。注意不可将餐巾挂在胸前(但在空间不大的地方，如飞机上可以如此)。拭嘴时需用餐巾的上端，并用其内侧来擦嘴。绝不可用来擦脸部或擦刀叉、碗碟等。

【扩展阅读 7-6】

餐巾使用中的失礼之举

用餐巾的过程中，千万要注意不要有如下失礼之举。

1. 离席时，将餐巾掉落在地上。
2. 餐巾用得污迹斑斑，或者是皱巴巴。
3. 用餐巾来擦汗或是擦鼻涕。
4. 用餐巾擦桌子。
5. 将口红整个印在餐巾上。

(三)西餐饮酒礼仪

1. 西餐酒的分类

正式的西餐宴会上，酒水是主角，酒与菜的搭配也十分严格。一般来说，吃西餐时，每道不同的菜肴要搭配不同的酒水，吃一道菜便要换上一种酒水。西餐宴会所用的酒水，可以分为餐前酒、佐餐酒、餐后酒三种。它们各自又拥有许多具体种类。

①餐前酒别名叫开胃酒。显而易见，它是在开始正式用餐前饮用，或在吃开胃菜时与之搭配的。餐前酒有鸡尾酒、味美思和香槟酒。

②佐餐酒又叫餐酒。它是在正式用餐时饮用的酒水。常用的佐餐酒均为葡萄酒，而且大多数是干葡萄酒或半干葡萄酒。有一条重要的讲究就是“白酒配白肉，红酒配红肉”。这里所说的白肉，即鱼肉、海鲜、鸡肉，吃它们时需要和白葡萄酒搭配；所说的红肉，即牛肉、羊肉、猪肉，吃这些肉时要用红葡萄酒来搭配。这里所说的白酒、红酒都是葡萄酒。

③餐后酒指的是用餐之后，用来助消化的酒水。最常见的是利口酒，又叫香酒。最有名的餐后酒，则是有“洋酒之王”之称的白兰地酒。

不同的酒杯饮不同的酒水，在每位用餐者面前桌面上右边餐刀的上方，会摆着三四只酒水杯。可依次由外侧向内侧使用，也可以“紧跟”女主人的选择。一般香槟杯、红葡萄酒杯、白葡萄酒杯以及水杯是不可缺少的。

【扩展阅读 7-7】

法国搭配酒的方法

目前，世界上许多国家广泛流行的法国菜搭配酒的方法具有一定的代表性，按进餐顺序说明如下。

①餐前小吃：选用开胃酒及具有开胃功能的酒品，如味美思、苦味酒、餐前鸡尾酒和雪莉酒等。

②汤类：一般不配酒，特别情况下可用一些较深色的雪莉酒和玛德拉酒。

③冷盘：选用低度干白葡萄酒，如德国的摩赛尔白葡萄酒，法国的勃艮第、阿尔萨斯白葡萄酒。

④头菜：选用干白葡萄酒、淡红葡萄酒或低度红葡萄酒。

⑤主菜：

鱼蟹海鲜：选用高度酒(12～14 度)干白葡萄酒，如德国的莱茵白葡萄酒，法国的勃艮第、波尔多白葡萄酒等。

肉禽野味：选用高度酒(12～16 度)干红葡萄酒，如法国的马孔、波多尔红酒，意大利干蒂红酒等。

⑥干酪：可选用除甜型葡萄酒以外的任何一种葡萄酒，也可以继续沿用主菜的酒品。

⑦甜食：选用甜葡萄酒或葡萄汽酒，如法国香槟、苏太尼及德国莱茵葡萄酒。

⑧餐后酒：可选用甜食酒、鸡尾酒、一部分蒸馏酒和利口酒，如雪莉酒、白兰地、科涅克、波尔图酒。

2. 西餐的敬酒与干杯

在较为正式的场合，西餐饮用酒水颇为讲究具体的程式。常见的饮酒程式之中，斟酒、敬酒、碰杯应用得最多。

(1)斟酒

通常酒水应当在饮用前再斟入酒杯。除主人与侍者外，其他宾客一般不宜自行为他人斟酒。侍者斟酒时要道谢，如果男主人亲自斟酒，宾客则应该端起酒杯致谢，必要时，还需起身站立，女士则欠身点头为礼。

(2)敬酒

敬酒也称祝酒，往往是宴会上不可缺少的程式。敬酒时，主人一般都会有祝酒词。在他人敬酒或致辞时，其他在场者应一律停止用餐或饮酒。

(3)碰杯

碰杯时，需要有人率先提议。提议者应起身站立，右手端起酒杯，或用右手拿起酒杯后，以左手托扶其杯底，面含微笑，真诚地面对他人。在主人提议干杯后，即使你滴酒不沾，也要起身，拿起酒杯，以示对主人的尊敬。

【扩展阅读 7-8】

西餐敬酒的讲究

西餐用来干杯的酒，讲究只用香槟酒，而绝对不可以啤酒或其他葡萄酒代替。饮香槟酒干杯时，以饮去杯中一半酒为宜，当然，也要量力而行。

①只敬酒不碰杯。要注意：在西餐宴会干杯时，人们只是祝酒不劝酒，只敬酒而不真正碰杯。使用玻璃杯时，尤其不能碰杯。

②不能离开座位去敬酒。在西式宴会上，是不允许随便走下自己的座位，越过他人之身，与相距较远者祝酒干杯的，尤其是交叉干杯，更不允许。

③酒度适量。不管是在哪一种场合，都要适量饮酒，保持风度，遵守礼仪。

五、告辞礼仪

这部分内容可以参考上一节商务中餐礼仪中的相关内容。

【应用案例 7-2】

吃西餐

高档西餐厅晚餐时间，有几位国内客人到来，迎宾员主动上前表示欢迎，并马上引领客人来到餐桌旁，值台服务员立即为客人拉椅让座，并按照服务程序询问客人是否喝些餐前酒。服务员问话刚一结束，其中一位客人问："菜都没点，怎么就点酒?"服务员一听马上为每一位客人送上菜单。客人们都在翻看菜单，服务员主动为客人打开餐巾并斟倒冰水，此时又有一位客人说："什么都没吃，喝什么冰水?"客人开始点菜，服务员先来到一位女客人的旁边，准备先为她点菜，但这位女客人说：“点菜的人在那边。”服务员又转到那位客人旁，请他点菜。当服务员问客人牛排要几成熟时，客人说：“你看着办吧。”服务员进一步解释说一般欧美客人较喜欢半熟的，而国人则喜欢吃全熟的。当服务员介绍佐餐用的葡萄酒时，客人提出要一瓶外国的白酒，于是服务员向客人推荐了白葡萄酒和白兰地等外国的烈性酒。不一会，客人吃完开胃菜，服务员开始上汤，这时客人问：“为什么不上热菜，就先上汤?”服务员忙解释西餐的习惯一般是先喝汤再吃热菜。餐后服务员主动为客人介绍甜点。临离开时客人夸奖服务员服务周到、耐心。

资料来源：孙东亮：《旅游服务礼仪教程》，北京，中国传媒大学出版社，2010。

第四节　自助餐礼仪

一、自助餐简介

(一)自助餐的概念

自助餐，有时亦称冷餐会，它是目前国际上通行的一种非正式的西式宴会，在大型的商务活动中尤为多见。它的具体做法是，不预备正餐，而由就餐者在用餐时自行选择食物、饮料，然后或立或坐，自由地与他人在一起或是独自一人用餐。

之所以称为自助餐，主要是因其可以在用餐时调动用餐者的主观能动性，由其自己动手，自己帮助自己，在既定的范围之内自行安排选用菜肴。至于它又被叫作冷餐会，则主要是因其提供的食物以冷食为主。当然，适量地提供一些热菜，或者提供一些半成品由用餐者自己进行加工，也是允许的。

(二)自助餐的安排

安排自助餐的礼仪，指的是自助餐的主办者在筹办自助餐时的规范性做法。一般而言，它包括备餐的时间、就餐的地点、食物的准备、客人的招待四个方面的问题。

1. 备餐的时间

在商务交往中，依照惯例，自助餐大多被安排在各种正式的商务活动之后，作为其附属的环节之一，而极少独立出来，单独成为一项活动。也就是说，商界的自助餐多见于各种正式活动之后，用作招待来宾的项目之一，而不宜以此作为一种正规的商务活动形式。不过，它很少被安排在晚间举行，而且每次用餐的时间不宜长于一小时。

根据惯例，自助餐的用餐时间不必进行正式的限定。只要主人宣布用餐开始，大家即可动手就餐。在整个用餐期间，用餐者可以随到随吃，大可不必非要在主人宣布用餐开始之前到场等候。在用自助餐时，也不像正式的宴会那样，必须统一退场。用餐者只要自己觉得吃好了，在与主人打过招呼之后，随时都可以离去。通常，自助餐是无人出面正式宣告其结束的。

一般来讲，主办单位假如准备以自助餐的形式招待来宾，最好事先以适当的方式对其进行通知。同时，必须注意一视同仁，即不要安排一部分来宾用自助餐，而安排另外一部分来宾去参加正式的宴请。

2. 就餐的地点

选择自助餐的就餐地点，大可不必如同宴会那般较真。重要的是，它既能容纳下全部就餐之人，又能为其提供足够的交际空间。按照正常的情况，自助餐安排在室内外进行皆可。通常，它选择在主办单位所拥有的大型餐厅、露天花园之内进行。有时，亦可外租、外借与此相类似的场地。在选择、布置自助餐的就餐地点时，有下列三点事项应予注意。

①要为用餐者提供一定的活动空间。除了摆放菜肴的区域之外，在自助餐的就餐地点还应划出一块明显的用餐区域。这一区域，不要显得过于狭小。考虑到实际就餐的人数往往具有一定的弹性，所以用餐区域的面积宁肯划得大一些。

②要提供数量足够的餐桌与座椅。尽管真正的自助餐所提倡的，是就餐者自由走动，立而不坐。但是在实际上，有不少的就餐者，尤其是年老体弱者，还是期望在其就餐期间，能有一个暂时的歇脚之处。因此，在就餐地点应当预先摆放好一定数量的桌椅，供就餐者自由使用。在室外就餐时，提供适量的遮阳伞，往往也是必要的。

③要使就餐者感觉到就餐地点环境宜人。在选定就餐地点时，不仅要注意面积、费用问题，还必须兼顾安全、卫生、温度、湿度等方面的条件。如果用餐期间使就餐者感到异味扑鼻、过冷过热、空气不畅，或者过于拥挤，显然都会影响到对方对此次自助餐的整体评价。

3. 食物的准备

在自助餐上，为就餐者所提供的食物，既有其共性，又有其个性。它的共性在于，为了便于就餐，以提供冷食为主；为了满足就餐者的不同口味，应当尽可能地使食物在品种上丰富；为了方便就餐者进行选择，同一类型的食物应集中在一处摆放。

它的个性则在于，在不同的时间或是款待不同的客人时，食物可在具体品种上有所侧重。有时，它以冷菜为主；有时，它以甜品为主；有时，它以茶点为主；有时，它还可以酒水为主。除此之外，还可酌情安排一些时令菜肴或特色菜肴。

一般而言，自助餐上所备的食物在品种上应当多多益善。具体来讲，一般的自助餐上所供应的菜肴大致应当包括冷菜、汤、热菜、点心、甜品、水果以及酒水等几大类型。在准备食物时，务必要注意保证供应。同时，还须注意食物的卫生以及热菜、热饮的保温问题。

4. 客人的招待

招待好客人，是自助餐主办者的责任和义务。要做到这一点，必须特别注意下列环节。

①要照顾好主宾，不论在任何情况下，主宾都是主人照顾的重要对象，在自助餐上，也不例外。主人在自助餐上对主宾所提供的照顾，主要表现在陪同其就餐，与其进行适当的交谈，为其引荐其他客人，等等。只是要注意给主宾留下一点自由活动的时间，不要始终伴随其左右。

②要充当引见者。作为一种社交活动的具体形式。自助餐自然要求其参加者主动进行适度的交际。期间，主人一定要尽可能地为彼此不相识的客人多创造一些相识的机会，并且积极为其牵线搭桥，充当引荐者，即介绍人。应当注意的是，介绍他人相识，必须了解彼此双方是否有此心愿，而切勿一厢情愿。

③要安排服务者。小型的自助餐，主人往往可以一身二任，同时充当服务者。但是，

在大规模的自助餐上，显然是不能缺少专人服务的。在自助餐上，直接与就餐者进行正面接触的主要是侍者。根据常规，自助餐上的侍者须由健康而敏捷的男性担任。其主要职责是：为了不使来宾因频频取食而妨碍了同他人所进行的交谈，而主动向其提供一些辅助性的服务。比如，推着装有各类食物的餐车，或是托着装有多种酒水的托盘，在来宾之间巡回走动，听凭宾客各取所需。再者，他还可以负责补充供不应求的食物、饮料、餐具等。

二、自助餐的享用

所谓享用自助餐的礼仪，是指在以就餐者的身份参加自助餐时，所需要遵循的礼仪规范。一般来讲，在自助餐礼仪中，享用自助餐的礼仪对绝大多数人而言，往往显得更为重要。通常，它涉及下述几点。

(一)排队取菜

在享用自助餐时，尽管需要就餐者自己照顾自己，但这并不意味着他可以因此而不顾礼仪。实际上，在就餐取样时，由于用餐者往往成群结队而来，因此大家都必须自觉地维护公共秩序，讲究先来后到，排队选用食物。不允许乱挤、乱抢、乱插队，更不允许不排队。取菜前先准备好一只食盘，轮到自己取菜时应用公用的餐具将食物放入自己的食盘之内，接着应该迅速离去。不要在繁多的食物前犹豫不决，让身后的人久等，更不应该挑挑拣拣，甚至直接用手或自己的餐具取菜。

(二)循序取菜

吃自助餐时，如果想要吃饱吃好，那么在具体取用菜肴时，就一定要先了解合理的取菜顺序，然后循序取菜。按照常识，一般的自助餐取菜时标准的顺序应当是：冷菜、汤、热菜、点心、甜品和水果。因此在取菜时，最好先在全场转上一圈，了解一下情况，然后再去取菜。

(三)量力而行

参加自助餐时，遇上了自己喜欢吃的东西，只要不会撑坏自己，完全可以放开肚量，尽管去吃。不限数量，保证供应，正是自助餐大受欢迎的地方。因此，商务人员在参加自助餐时，大可不必担心别人笑话自己，爱吃什么，只管去吃就是了。不过，应当注意的是，在根据本人的口味选取食物时，必须要量力而行。切勿为了吃得过瘾，而将食物狂取一通，结果是自己“眼高手低”，力不从心，从而导致了食物的浪费。严格地说，在享用自助餐时，多吃是允许的，而浪费食物则绝对不允许。这一条，被世人称为自助餐就餐时的“少取”原则。有时，亦称为“每次少取”原则。

(四)多次取菜

在自助餐上遵守“少取”原则的同时，还必须遵守“多次”的原则。“多次”的原则，是“多次取菜”的原则的简称。它的具体含义是：用餐者在自助餐上选取某一种类的菜肴，允许其再三地反复去取。每次应当只取一小点，待品尝之后，觉得它适合自己的口味，那么还可以再次去取，直至自己感到吃好了为止。换言之，这一原则其实是说，在自助餐选取某菜肴时，去取多少次都无所谓，一添再添都是允许的。相反，如果为了省事而一次取用过量，装得太多，像下面提到的那位周小姐的表现一样，则是失礼之举。“多次”的原则，与“少取”的原则其实是同一个问题的两个不同侧面。“多次”是为了量力而行，“少取”也是为了避免造成浪费。所以，二者也往往被合称为“多次少取”的原则。

会吃自助餐的人都知道，在选取菜肴时，最好每次只为自己选取一两种，待吃好后，再去取用其他的品种。反之，在取菜时乱装一气，将多种菜肴盛在一起，导致相互串味，则难免暴殄天物。

【小思考 7-7】

周小姐有一次代表公司出席一家外国商社的周年庆典活动。正式的庆典活动结束后，那家外国商社为全体来宾安排了丰富的自助餐。尽管在此之前周小姐并未用过正式的自助餐，但是她在用餐开始之后发现其他用餐者的表现非常随意，便也就“照葫芦画瓢”，像别人一样放松自己。

让周小姐开心的是，她在餐台上排队取菜时，竟然见到自己平时最爱吃的北极虾，于是，她毫不客气地为自己满满地盛了一大盘。当时她的主要想法是：这东西虽然好吃，可也不便再三地来取，否则旁人就会嘲笑自己没见过什么世面了。再说，它这么好吃，这会儿不多盛一些，保不准一会儿就没有了。

然而令周小姐脸红的是，她端着盛满了北极甜虾的盘子从餐台上离去时，周围的人居然个个都用异样的眼神盯着她。有一位同伴还用鄙夷的语气小声说道：“真给中国人丢脸呀！”事后一经打听，周小姐才知道，自己当时的行为是有违自助餐礼仪的。

资料来源：张岩松、李桂英：《现代商务礼仪》，北京，清华大学出版社、北京交通大学出版社，2009。

思考：

周小姐错在了哪里？本案例对你有何启示？

习题与实训

一、不定项选择题

1. 在宴请外地客人的时候，可以优先考虑的菜肴有(　　)。

A. 当地特色的菜肴　　B. 最贵的菜
C. 饭店的特色菜　　D. 自己爱吃的菜
E. 主人的拿手菜

2. 饮食方面的禁忌主要有(　　)。

A. 宗教的饮食禁忌　　B. 出于健康考虑的饮食禁忌
C. 不同地区的饮食禁忌　　D. 职业的饮食禁忌
E. 不同性别的饮食禁忌

3. 在用餐时，要注意的禁忌有(　　)。

A. 不吸烟　　B. 不要擅自做主为他人夹菜
C. 不梳理头发、化妆、补妆　　D. 不要离开座位，四处走动
E. 不酗酒、不灌酒

4. 吃西餐的时候，拿刀叉的方式是(　　)。

A. 左叉右刀　　B. 右叉左刀
C. 根据个人的喜好　　D. 只用叉不用刀或只用刀不用叉

5. 喝汤时，发现汤太烫，应该(　　)。

A. 不喝　　B. 用勺子搅动

C. 用嘴吹凉　　D. 边吹边喝

6. 按照规格划分，规格最高的宴会是(　　)。

A. 国宴　　B. 正式宴会

C. 便宴　　D. 家宴

二、简答题

1. 中餐使用筷子的“十忌”分别指什么?

2. 西餐正餐的菜序是什么?

3. 自助餐的享用礼仪都有什么?

三、案例分析

老张的儿子留学归国，还带了位洋媳妇回来。为了讨好未来的公公，这位洋媳妇一回国就诚惶诚恐地张罗着请老张一家到当地最好的四星级饭店吃西餐。

用餐开始了，老张为在洋媳妇面前显示出自己也很讲究，就用桌上一块“很精致的布”仔细地擦了自己的刀、叉。吃的时候，学着他们的样子使用刀叉，既费劲又辛苦，但他觉得自己挺得体的，总算没丢脸。用餐快结束了，吃饭时喝惯了汤的老张盛了几勺精致小盆里的“汤”放到自己碗里，然后喝下。洋媳妇先一愣，紧跟着也盛着喝了，而他的儿子早已是满脸通红。

要求：结合以上案例，分析老张的儿子为什么会满脸通红，并找出此案例中不符合西餐礼仪的地方。

四、实训题

1. 将学生分成两组，每组设计一个情景，分别扮演主人和来宾，并分别分派不同的职位，演练中西餐宴会接待和赴宴就餐的程序。

2. 观看电影、电视剧中各种宴请场合的座次排序，了解相关礼仪知识，如《周恩来在重庆》《泰坦尼克号》《茜茜公主》等。

3. 在条件许可的情况下，约上几个好友去西餐厅就餐，感受环境氛围，品尝美味佳肴，并观察他人的就餐习惯，寻找不符合西餐就餐礼仪的地方，并进行总结。

第八章

商务仪式礼仪

得道者多助，失道者寡助。寡助之至，亲戚畔者；多助之至，天下顺之。

——《孟子·公孙丑下》

技能目标

◆ 掌握各种仪式礼仪

◆ 能够正确地组织或者参加各项礼仪活动

知识目标

◆ 了解开业仪式的准备工作和程序

◆ 了解剪彩仪式的程序

◆ 了解商务谈判和签约仪式的准备礼仪

◆ 掌握商务开业、商务剪彩、商务谈判、商务签约礼仪

导入案例

云海大酒店的开业庆典

2008年8月8日，是北方某市新建的云海大酒店隆重开业的日子。

这一天，酒店上空彩球高悬，四周彩旗飘扬，身着鲜艳旗袍的礼仪小姐站立在店门两侧，她们的身后是摆放整齐的鲜花、花篮，所有员工服饰一新，精神焕发，整个酒店沉浸在喜庆的气氛中。开业典礼在店前广场举行。

上午11时，应邀前来参加庆典的有关领导、各界友人、新闻记者陆续到齐。正在举行剪彩之际，天空突然下起了倾盆大雨，典礼只好移至厅内，一时间，大厅内聚满了参加庆典的人员和避雨的行人。典礼仪式在音乐和雨声中隆重举行，整个厅内灯光齐亮，使得庆典别具一番特色。

典礼完毕，雨仍在下着，厅内避雨的行人短时间内根本无法离去，许多人焦急地盯

着厅外。于是，酒店经理当众宣布："今天能聚集到我们酒店的都是我们的嘉宾，这是天意，希望大家能同敝店共享今天的喜庆，我代表酒店真诚邀请诸位到餐厅共进午餐，当然一切全部免费。"霎时间，大厅内响起雷鸣般的掌声。

虽然，酒店开业额外多花了一笔午餐费，但酒店的名字在新闻媒体及众多顾客的宣传下迅速传播开来，使酒店的生意格外红火。

资料来源：孙东亮：《旅游服务礼仪教程》，北京，中国传媒大学出版社，2010。

思考：

云海大酒店的开业庆典有什么意义？

第一节　商务开业礼仪

商业仪式是企业为了庆祝或纪念某个重要日子、重大事件而举行的气氛热烈而隆重的仪式。举办商业仪式，既可以表明企业对此项活动庄重、严肃的态度，又可以借此扩大企业的社会影响，树立企业良好的形象。

开业仪式，是指在单位创建、开业，项目完工、落成，某一建筑物正式启用，或是某项工程正式开始之际，为了表示庆贺或纪念，而按照一定的程序隆重举行的专门的仪式。有时，开业仪式亦称为开业典礼。

开业仪式在商界一直颇受人们的青睐。究其原因，并不仅在于商家为自己讨上一个吉利，而是因为通过它可以因势利导，对于商家自身事业的发展裨益良多。一般认为，举行开业仪式至少可以起到下述五个方面的作用：第一，它有助于塑造本单位的良好形象，提高自己的知名度与美誉度；第二，它有助于扩大本单位的社会影响，吸引社会各界的重视与关心；第三，它有助于将本单位的建立或成就"广而告之"，借此为自己招徕顾客；第四，它有助于让支持过自己的社会各界与自己一同分享成功的喜悦，进而为日后的进一步合作奠定良好的基础；第五，它有助于增强本单位全体员工的自豪感与责任心，从而为自己创造一个良好的开端，或是开创一个新的起点。

一、开业仪式的准备工作

开业仪式尽管进行的时间极其短暂，但要营造出现场的热烈气氛，取得成功，却绝非一桩易事。由于它牵涉面较广，影响面巨大，必须进行认真的筹备。筹备工作充分与否，往往决定着一次开业仪式能否真正取得成功。因此，主办单位务必对开业仪式的筹备工作给予高度重视。

具体而言，筹备开业仪式时，对于舆论宣传、来宾邀请、场地布置、接待服务、礼品馈赠、程序拟订六个方面的工作，尤其需要事先做好认真安排。

(一)做好舆论宣传工作

既然举办开业仪式的主旨在于塑造本单位的良好形象，那么就要对其进行必不可少的舆论宣传，以吸引社会各界对自己的注意，争取社会公众对自己的认可或接受。为此要做的常规工作有：一是选择有效的大众传播媒介，进行集中性的广告宣传。其内容多为：开业仪式举行的日期、开业仪式举行的地点、开业之际对顾客的优惠、开业单位的经营特色等。要把广告设计得美观、大方、有特色，发布的时间宜在开业前的 3～5 天。二是邀请有关的大众传播界人士在开业仪式举行之时到场进行采访、作报告，以便对本单位进行进一步的正面宣传。

(二)做好来宾邀请工作

开业仪式影响力的大小，实际上往往取决于来宾身份的高低和其数量的多少。在力所能及的条件下，要力争多邀请一些来宾参加开业仪式。地方领导、上级主管部门与地方职能管理部门的领导、合作单位与同行单位的领导、社会团体的负责人、社会贤达、媒体人员，都是邀请时应予以考虑的重点。

出席开业仪式的人员一旦确定，应提前一周发出请柬，便于被邀请者及早安排和准备。请柬的印制要精美、大方，形状和大小要根据请柬的内容来决定。双折请柬的封面颜色不限(常用红色)，但其书写内容一般要选用白色或象牙色。书写时内容要完整，文字要简洁，措辞要热情，被邀者的姓名要书写整齐，不能潦草马虎。写好的请柬装入信封内可通过邮局邮寄，也可派人送达。重要人士或主要领导的请柬最好直接派人送达，以表示诚恳和尊重。

(三)做好场地布置工作

开业仪式多在开业现场举行，其场地可以是正门之外的广场，也可以是正门之内的大厅。按惯例，举行开业仪式时宾主一律站立，故一般不布置主席台或座椅。为显示隆重与敬客，可在来宾尤其是贵宾站立之处铺设红色地毯，并在场地四周悬挂横幅、标语、气球、彩带、宫灯。此外，还应当在醒目之处摆放来宾赠送的花篮、牌匾。来宾的签到簿、本单位的宣传材料、待客的饮料等，亦须提前备好。对于音响、照明设备以及开业仪式举行之时所需使用的用具、设备，必须事先认真进行检查、调试，以防其在使用时出现差错。

(四)做好接待服务工作

在举行开业仪式的现场，一定要有专人负责来宾的接待服务工作。除了要教育本单位的全体员工都要以主人翁的身份热情待客，有求必应，主动相助之外，更重要的是分工负责，各尽其职。在接待贵宾时，需由本单位主要负责人亲自出面。在接待其他来宾时，则可由本单位的礼仪小姐负责。有时，还需为来宾准备好专用的停车场、休息室，并为其安排饮食。

(五)做好礼品馈赠工作

举行开业仪式时赠予来宾的礼品，一般属于宣传性传播媒介的范畴。若能选择得当，必定会产生良好的效果。根据常规，向来宾赠送的礼品，应具有如下三大特征：其一，宣传性。可选用本单位的产品，也可在礼品及其包装上印有本单位的企业标志、广告用语、产品图案、开业日期等。其二，荣誉性。要具有一定的纪念意义，使拥有者对其珍惜、重视，并为之感到光荣和自豪。其三，独特性。它应当与众不同，具有本单位的鲜明特色，能使人一目了然，并且可以令人过目不忘。

(六)做好程序拟订工作

开业仪式一般包括开场、过程和结局三大基本程序。开场，即奏乐，邀请来宾就位、宣布开业仪式正式开始，介绍主要来宾。过程，是公司开业仪式活动策划的核心内容，一般包括本单位负责人讲话，来宾代表致辞，启动某项开业标志等。结局，是开业仪式结束后，宾主双方一起进行现场参观、联欢或座谈等活动。为使开业仪式顺利进行，在筹备阶段，主办方必须认真草拟程序，并选定合适的开业仪式主持人。

二、开业仪式的程序

(一)一般开业仪式的程序

开业仪式的程序是指仪式的进程。仪式的效果如何，主要由程序决定，因此，拟定程序要完整、协调，符合相关礼仪的要求。开业礼仪程序一般包括以下七项。

①迎宾。接待人员就位在会场门口接待来宾，请来宾签到后，引导来宾就位。

②典礼开始。主持人宣布开业典礼正式开始，全体起立，奏乐，宣读重要嘉宾名单。

③致贺词。由上级领导和来宾代表致贺词，主要表达对开业单位的祝贺，并寄予厚望。由谁来致贺词事先要定好，以免当众推来推去。对外来的贺电、贺信不必一一宣读，但对其署名的单位或个人应予以公布。

④致答词。由本单位负责人致答词。其主要内容是向来宾及祝贺单位表示感谢，并简要介绍本单位的经营特色和经营目标等。

⑤揭幕。由本单位负责人和一位上级领导或嘉宾代表揭去盖在牌匾上的红布，宣告企业的正式成立。参加典礼的全部人员应鼓掌祝贺，在非限制燃放鞭炮的地区还可燃放鞭炮庆贺。

⑥参观。如有必要，可引导来宾参观，向来宾介绍本单位的主要设施、特色商品及经营策略等。

⑦迎接首批顾客。可采取让利销售或赠送纪念品的方式吸引顾客。也可以邀请一些有代表性的消费者参加座谈，虚心听取消费者的意见，拉近与消费者的距离。

【应用案例 8-1】

开业典礼方案——莱悦公司开业庆典

庆典时间：2012 年 9 月 9 日上午 10:00。

地点：莱悦公司。

名称：莱悦公司开业庆典活动。

简介：莱悦公司于 9 月 9 日在公司所在地隆重举行开业庆典仪式，届时会有许多当地的各界商业人士、新闻媒体及市政府领导出席。活动中，大家可以了解公司代理的各种酒类产品，同时公司准备了丰盛的晚宴款待各位嘉宾，另外还有内容丰富的娱乐活动请大家共享欢乐。

9:00—10:00　礼仪小姐迎宾。

10:00—10:30　开业典礼正式开始。

全体起立，唱国歌。

主持人介绍到场嘉宾。

嘉宾代表发言祝贺。

主人致辞。

邀请嘉宾揭幕。

10:30—11:00　参观公司。

11:00—12:30　公司在亚洲大酒店设宴，请嘉宾共进午餐。

17:30—18:00　在度假村酒店星光厅迎宾。

18:00　晚宴正式开始入席。

18:10　主持人邀请张总经理致辞。

致辞完毕，晚宴正式开始。

19:00—20:30　精彩节目表演及黄金抽奖活动。

20:30—22:00　世界舞台夜总会活动。

(二)开业仪式的运作

开业仪式其实只不过是一个统称。在不同的适用场合，它往往会采用其他一些名称，如开幕仪式、下水仪式、开工仪式、奠基仪式、破土仪式、竣工仪式、通车仪式等。它们的共性，都是要以热烈而隆重的仪式，来为本单位的发展创造一个良好的开端。它们的个性，则表现在仪式的具体运作上存在着不少的差异，需要有所区别。以下将从仪式运作方面来简单介绍一下各种常见开业仪式的主要特点。

1. 开幕仪式

开幕仪式是开业仪式中最常见的一种仪式，也是商界人士平日接触最多的一种开业仪式。也许正是出于这种原因，在不少人的眼里，开业仪式就是开幕仪式。其实严格地讲，开幕仪式仅仅是开业仪式的具体形式之一。宾馆、商店、银行正式启用之前，或是各类商品的展示会、博览会、订货会正式开始之前，都要正式举行的相关仪式，就是开幕仪式。每当开幕仪式举行之后，企事业单位、宾馆、商店、银行将正式营业，有关商品的展示会、博览会、订货会也将正式接待顾客与观众。开幕仪式的主要程序共有以下六项。

①宣布仪式开始。仪式宣布正式开始，全体肃立，介绍来宾。

②揭幕或剪彩。揭幕或剪彩需邀请专人来进行。揭幕的具体做法是揭幕人行至彩幕前，礼仪小姐双手将开启彩幕的彩索递交对方。揭幕人随之目视彩幕，双手拉启彩索，令彩幕展开。全场目视彩幕，鼓掌并奏乐。

③全体入幕。在主人的亲自引导下，全体到场者依次进入幕门。

④致答谢词和贺词。主人致答谢词，来宾代表发言祝贺。

⑤安排来宾参观。主人陪同来宾进行参观。

⑥正式营业。正式接待顾客或观众，对外营业或对外展览宣告开始。

2. 开工仪式

开工仪式是指工厂正式开始生产产品、矿山正式开采矿石前，所专门举行的庆祝性、纪念性活动。按照惯例，开工仪式大多在生产现场举行，即以工厂的主要生产车间、矿山的主要矿井等处，作为举行开工仪式的场所。除司仪人员应穿着礼仪性服装外，东道主一方的全体职工均应穿着干净而整洁的工作服出席仪式。开工仪式的常规程序主要有以下四项。

①宣布仪式开始。宣布仪式正式开始，全体起立，介绍各位来宾，奏乐。

②入场。在司仪的引导下，本单位的主要负责人陪同来宾行至开工现场肃立。

③正式开工。请本单位职工代表或来宾代表来到机器开关或电闸旁，对其躬身施礼，并动手启动机器或合上电闸。全体人员此刻应鼓掌致贺，并奏乐。

④安排参观。全体职工各就各位，上岗进行操作。随后在主人的带领下，全体来宾参观生产现场。

3. 奠基仪式

奠基仪式是各类开业仪式的主要形式之一，通常是一些重要的建筑物，比如大厦、场馆、亭台、楼阁、园林、纪念碑等，在动工修建之初，所正式举行的庆贺性活动。对于奠基仪式现场的选择与布置，有一些独特的规矩。奠基仪式举行的地点，一般应选择在动工修筑建筑物的施工现场。而奠基的具体地点，则按常规均应选择在建筑物正门的右侧。一般情况下，用以奠基的奠基石应为一块完整无损、外观精美的长方形石料。在奠基石上，通常文字应当竖写。在其右上方，应刻有建筑物的正式名称。在其正中央，应刻有“奠基”两个大字。在其左下方，则应刻有奠基单位的全称以及举行奠基仪式的具体年月日。奠基石上的字体，大多以楷体字刻写，并且最好是白底金字或黑字。在奠基石的下方或一侧，还应安放一只密闭完好的铁盒，内装该建筑物的各项资料以及奠基人的姓名。届时，它将同奠基石一道被奠基人等培土掩埋于地下。通常，在奠基仪式的举行现场应设立彩棚，安放该建筑物的模型或设计图、效果图，并使各种建筑机械就位待命。

奠基仪式的程序大体上分为五项。

①仪式正式开始，介绍来宾，全体起立。

②奏国歌。

③主人对该建筑物的功能以及规划设计进行简介。

④来宾致辞道喜。

⑤正式进行奠基。此时，应锣鼓喧天，或演奏喜庆乐曲。首先由奠基人双手持握系有红绸的新锹为奠基石培土。随后，再由主人与其他嘉宾依次为之培土。

【扩展阅读 8-1】

开工奠基仪式流程

1. 奠基日前一周工作

①土地平整完毕、松土到位、沙子到位、奠基石到位。

②挂条幅、安拱门、空飘。

③演讲台搭建、背景喷绘、地毯铺设完成。

④停车位的具体安排。

⑤接待处布置完毕。签到台、礼品、胸花等(礼品待定)。

负责人：办公室

2. 奠基日当日工作及流程

环节一：8:30 以前各项礼仪准备工作就绪。

7:30 花篮、音箱、麦克风摆放到位。

注意事项：花篮的摆放位置必须合理，确保音箱和麦克风的清晰度。

8:00 绸花、铁锹、手套、毛巾等到位。

注意事项：奠基石上红色绸花、铁锹上红绸子以及铁锹的保管。

8:30 礼仪乐队到位。

注意事项：要求按照事先安排好的演奏曲目演奏。

8:30 彩炮、电子礼花等庆典用品到位。10 名礼仪小姐各自站到事先安排的位置，胸花、签到本、笔、礼品等准备齐全，由礼仪小姐给嘉宾佩戴胸花。

环节二：8:30—9:10 礼仪乐队演奏。

8:30 麦克风、音箱试音。

8:45 摄影摄像记者及摄影摄像人员到位。

8:50 礼仪小姐整齐地站在舞台两侧。

环节三：9:00—9:05 主持人上台，致开幕词、介绍领导及来宾上台。

注意事项：领导及来宾必须由礼仪小姐引导上台。

环节四：9:05—9:20 领导讲话。

注意事项：领导讲话名单、顺序、讲稿。

环节五：9:20—9:37 主持人宣布请各位领导为________奠基(领导走向奠基石、礼炮齐鸣、礼仪乐队奏乐)。

10 名礼仪小姐手捧安全帽和白手套引导领导走向奠基场地，同时奏乐，鸣放彩炮，五颜六色的彩带飘飘洒洒，从天而降。

注意事项：礼仪小姐手持托盘，托盘内放白色手套和热毛巾。主持人宣布"礼炮齐鸣、百花齐放"时放礼炮和礼花。

环节六：9:38 准时由领导挥锹奠基。

注意事项：礼仪小姐手持托盘排列在两侧，待领导挥锹奠基完毕，请领导用托盘内的湿巾擦手。

环节七：9:45 主持人宣布奠基仪式圆满结束。

注意事项：主持人宣布结束后，礼仪乐队奏乐，礼炮礼花齐鸣。

4. 竣工仪式

竣工仪式，有时又称建成仪式或落成仪式，它是指本单位所属的某一建筑物或某项设施的建设、安装工作完成之后，或是某一纪念性、标志性建筑物建成之后，以及某种意义特别重大的产品生产成功之后所专门举行的庆贺性活动，举行竣工仪式的地点，一般应以现场为第一选择。需要注意的是，在竣工仪式举行时，全体出席者的情绪应与仪式的具体内容相适应。竣工仪式的基本程序通常有以下五项：

①发放邀请函。应提前半个月向社会各界代表及宾客发出邀请函。

②签到。

③庆典开始(主持人宣布庆典活动开始；工作人员点燃礼炮制造喜庆气氛；礼炮燃放完毕，全体出席人员起立，奏国歌、升国旗；宣布出席的社会各界代表及宾客名单；致贺词)。

④揭幕或剪彩。进行揭幕或剪彩时，全体人员向刚刚竣工或落成的建筑物郑重其事地行注目礼。

⑤来宾致辞、参观。来宾致辞，致辞后安排其进行参观。

5. 下水仪式

下水仪式是指在新船建成下水时所专门举行的仪式。确切地说，下水仪式乃是造船厂在吨位较大的轮船建造完成、验收完毕、交付使用之际，为其正式下水起船而特意举行的庆祝性活动。按照国际上目前通行的做法，下水仪式基本上都是在新船码头举行的。届时，应对现场进行一定程度的美化。对下水仪式的新船也必须认真进行装扮。一般的讲究是，在船头上扎上由红绸结成的大红花，并且在新船的两侧船舷上扎上彩旗，系上彩带。下水仪式的主要程序有以下四项。

①宣布仪式开始。介绍来宾，全体起立，乐队奏乐，或锣鼓齐奏，奏国歌。

②主人发言。主人发言的内容主要是简介新船的基本状况，如船名、吨位、马力、高度、长度、载重、吃水、用途、工价等。

③行掷瓶礼。由特邀掷瓶人，砍断缆绳，新船正式下水。掷瓶礼是下水仪式上独具特色的一个节目，它由来已久，由国外传入我国。它的目的，无非就是要渲染出喜庆的气氛。掷瓶礼的做法是，由身着礼服的特邀嘉宾双手持握一瓶正宗的香槟酒，用力将瓶身向新船的船头投掷，使瓶破之后酒香四溢，酒沫飞溅。在嘉宾掷瓶以后，全体到场者须面向新船行注目礼，并随即热烈鼓掌。此时，还可在现场再度奏乐或演奏锣鼓，释放气球，放飞信鸽，并且在新船上撒彩花、落彩带等。

④来宾致辞。来宾代表致辞祝贺。

6. 通车仪式

通车仪式又叫开通仪式，大多是在重要的交通建筑完工并验收合格之后，所正式举行以示庆祝的启用仪式。举行通车仪式的地点，通常均为铁路、地铁、公路新线路的某一端，新建桥梁的某一头，或者新建隧道的某一侧。在现场附近以及沿线两旁，应当适量地插上彩旗，挂上彩带。必要时，还应设置彩色牌楼，并悬挂横幅。在通车仪式上，被装饰的重点应当是第一辆火车、地铁列车或汽车。在车头之上，一般应系上红花。在车身两侧，则可酌情插上彩旗，系上彩带，并且悬挂上醒目的大幅宣传性标语。通车仪式的主要程序一般包括以下四项。

①宣布仪式开始。介绍来宾，全体起立，奏国歌。

②主人致辞。主人致辞的主要内容是，介绍即将通车的新线路、新桥梁或新隧道的基本情况，并向有关方面谨致谢意。

③正式剪彩。在来宾代表致辞祝贺后，正式剪彩。

④车辆正式通行。此为首次正式通行车辆，宾主及群众代表应一起登车而行。通常，主人所乘坐的车辆行进在最前方。

三、参加开业仪式的礼仪

(一)开业方礼仪

对于开业典礼的组织者来说，整个仪式过程都是礼待宾客的过程，每个人的仪容、仪表都关系到企业的形象，很重要，要注意到每一个细节。

1. 仪容整洁

所有出席开业仪式的企业方员工，事先都要作适当修饰。女士应当适当化妆，男士要整理好头发、剃掉胡须。要将本企业员工最好的精神风貌展现出来。

2. 服饰规范

参加开业仪式的员工，最好穿着统一样式的服装(如员工制服)。没有条件的单位，应要求每个人穿着正式的服装。

3. 准备周到

请柬的发放应及时，不得有遗漏。席位的安排要讲究，一般按照身份与职务的高低确定主席台座次和贵宾席位，还要为来宾准备好迎送车辆等。

4. 遵守时间

仪式的起始时间应该遵守，不要拖延，以免让人觉得言而无信。出席本企业开业仪式的每一位员工也要严格遵守时间，不得迟到、无故缺席或中途退场。

5. 态度友好

开业庆典的特点是喜庆气氛的营造。所以，开业方的每位参与者都要热情友好，为庆典铺垫良好的气氛。遇到来宾要主动热情地问好，对来宾提出的问题应予以友善的答复。当来宾发表贺词后，应主动鼓掌表示感谢。

6. 行为自律

开业仪式过程中，主办方人员不得嬉笑打闹，不得做与仪式无关的事。更不能东张西望，一再看时间，表现得心不在焉。

(二)宾客礼仪

参加开业仪式的宾客也要注意自己的礼貌礼节。

1. 守时

应邀参加开业仪式的宾客，要准时参加开业典礼，为主办方捧场。如有特殊情况不能到场，应尽早通知主办方，以便让对方另作安排，不要辜负主办方的一番好意。

2. 送贺礼

宾客应在开业仪式前或开业典礼时送些贺礼，如花篮、镜匾、楹联、瓷器等以表示对开业方的祝贺，并在贺礼上写明庆贺对象、庆贺缘由、贺词及祝贺单位。

3. 当面致贺

见到主办方应向其表示祝贺，并说一些祝顺利、发财、兴旺的吉利话，入座后应礼貌地与邻座打招呼，可通过自我介绍、互换名片等方式结识更多的朋友。

4. 致贺词

在典礼上致祝贺词时，应简短精练，不能随意发挥，拖延时间，而且要表现得沉着冷静、心平气和，注意文明用语，少用手势。

5. 主动配合

在典礼的进行中，宾客要根据仪式的进展情况，做一些礼节性的附和，如鼓掌、跟随参观、写留言等。

6. 致谢

仪式结束后，宾客离开时应与主办方领导、主持人、服务人员等握手告别，并致以谢意。

第二节　商务剪彩仪式礼仪

一、剪彩仪式的准备

与举行其他仪式一样，剪彩仪式的准备涉及场地的布置、灯光与音响的准备、媒体的邀请、人员的培训等内容。在准备这些方面时，必须认真细致，精益求精。

除此之外，需要注意的是剪彩仪式上所需使用的某些特殊用具，如红色缎带、剪刀、白色薄纱手套、托盘以及红色地毯，要仔细地进行选择与准备。

(一)剪彩用具的准备

1. 红色缎带

红色缎带即剪彩仪式之中的“彩”。作为主角，它自然是万众瞩目之处。按照传统做法，它应当由一整匹未曾使用过的红色绸缎，在中间结成数朵花团而成。目前，有些单位为了厉行节约，而代之以长度为2米左右的细窄的红色缎带，或者以红布条、红线绳、红纸条作为其变通，也是可行的。一般来说，红色缎带上所结的花团，不仅要生动、硕大、醒目，而且其具体数目往往还同现场剪彩者的人数直接相关。循例，红色缎带上所结的花团的具体数目有两类模式可依：其一是花团的数目较现场剪彩者的人数多上一个；其二是花团的数目较现场剪彩者的人数少一个。前者可使每位剪彩者总是处于两朵花团之间，尤显正式；后者则不同常规，亦有新意。

2. 剪刀

剪刀是专供剪彩者在剪彩仪式上正式剪彩时所使用的，必须做到每位现场剪彩者人手一把，而且必须崭新、锋利而顺手。主办方事先一定要逐把检查这些剪刀是否已经开刀，好不好用，务必确保剪彩者在正式剪彩时，可以“手起刀落”，一举成功。在剪彩仪式结束后，主办方可将每位剪彩者所使用的剪刀经过包装之后，送给对方以作纪念。

3. 白色薄纱手套

白色薄纱手套是专为剪彩者准备的。在正式的剪彩仪式上，剪彩者剪彩时最好每人戴上一副白色薄纱手套，以示郑重。在准备白色薄纱手套时，除了要确保其数量充足之外，还须使之大小适度、崭新平整、洁白无瑕。有时，亦可不准备白色薄纱手套。

4. 托盘

托盘在剪彩仪式上是托在礼仪小姐手上的，用于盛放红色缎带、剪刀、白色薄纱手套。在剪彩仪式上所使用的托盘，最好是崭新、洁净的，通常首选银色的不锈钢制品。为了显示正规，可在使用时铺上红色的绒布或绸布。就其数量而论，在剪彩时，可以一只托盘依次向各位剪彩者提供剪刀与手套，并同时盛放红色缎带；也可以为每一位剪彩者配置一只专为其服务的托盘，同时使用一只专用托盘盛放红色缎带。后一种方法显得更加正式一些。

5. 红色地毯

红色地毯主要用于铺设在剪彩者正式剪彩时的站立之处。其长度可视剪彩者人数的多寡而定，宽度则不应在1米以下。在剪彩现场铺设红色地毯，主要是为了提升档次，并营造一种喜庆的气氛。有时，亦可不予铺设。

(二)剪彩人员的选定

在剪彩仪式上，最为活跃的当然是人而不是物。因此，对剪彩人员必须认真进行选择，并事先进行必要的培训。除主持人之外，剪彩人员主要由剪彩者与助剪者(礼仪员)构成，下面分别介绍对于他们的主要礼仪性要求。

1. 剪彩者

在剪彩仪式上担任剪彩者，是一种很高的荣誉。剪彩仪式档次的高低，往往也同剪彩者的身份密切相关。因此，在选定剪彩人员时，最重要的是要把剪彩者选好。

剪彩者，即在剪彩仪式上持剪刀剪彩之人。根据惯例，剪彩者可以是一个人，也可以是几个人，但是一般不应多于五人。通常，剪彩者由上级领导、合作伙伴、社会名流、员工代表或客户代表所担任。

确定剪彩者名单，必须是在剪彩仪式正式举行之前。名单一经确定，即应尽早告知对方，使其有所准备。一般情况下，确定剪彩者时，必须尊重对方个人意见，切勿勉强对方。需要由数人同时担任剪彩者时，应分别告知每位剪彩者届时他将与何人同担此任。这样做，是对剪彩者的一种尊重。千万不要“临阵磨枪”，在剪彩开始前才强拉硬拽，临时找人凑数。

必要之时，可在剪彩仪式举行前，将剪彩者集中在一起，告知对方有关的注意事项，并稍事训练。按照常规，剪彩者应着套装、套裙或制服，将头发梳理整齐。不允许戴帽子，或者戴墨镜，也不允许其穿着便装。

若剪彩者仅为一人，则其在剪彩时居中而立即可。若剪彩者不止一人，则上场剪彩时剪彩者位次的尊卑就必须予以重视。一般的原则是：中间高于两侧，右侧高于左侧，距离中间站立者越远位次便越低，即主剪者应居于中央的位置。需要说明的是，之所以规定剪彩者的位次“右侧高于左侧”，是因为这是一项国际惯例，剪彩仪式理当遵守。其实，若剪彩仪式并无外宾参加时，执行我国“左侧高于右侧”的传统做法，亦无不可。

2. 助剪者(礼仪员)

助剪者，指的是在剪彩的一系列过程中从旁为剪彩者提供帮助的人员。一般而言，助剪者多由东道主一方的女职员担任。现在，人们对她们的常规称呼是礼仪小姐。

具体而言，在剪彩仪式上服务的礼仪小姐，又可以分为迎宾者、引导者、服务者、拉彩者、捧花者、托盘者。迎宾者的任务，是在活动现场负责迎来送往。引导者的任务，是在进行剪彩时负责带领剪彩者登台或退场。服务者的任务，是为来宾尤其是剪彩者提供饮料，安排休息之处。拉彩者的任务，是在剪彩时展开、拉直红色缎带。捧花者的任务则是在剪彩时手托花团。托盘者的任务，则是为剪彩者提供剪刀、手套等剪彩用品。

一般情况下，迎宾者与服务者应不止一人。引导者既可以是一个人，也可以为每位剪彩者各配一名。拉彩者通常为两人。捧花者的人数则需要视花团的具体数目而定，一般应为一花一人。托盘者可以为一人，亦可以为每位剪彩者各配一人。有时，礼仪小姐亦可身兼数职。

礼仪小姐的基本条件是，相貌姣好、身材颀长、年轻健康、气质高雅、音色甜美、反应敏捷、机智灵活、善于交际。

(三)场地的选定

剪彩场地一般选在展览会、展销会门口、正门外的广场或即将启用的建筑、工程的现场举行，如果是新建设施、新安装设备竣工、启用，剪彩场地一般安排在新设施、新设备前面空地处。活动现场应简单装饰以烘托气氛。在剪彩之处悬挂写有"××剪彩典礼"或"××剪彩仪式"等字样的大幅标语，会场四周可插彩旗，悬挂气球，座席两旁可摆放花篮、花盆。

(四)宣传工作

剪彩仪式前，要运用各种媒介广泛宣传，使剪彩仪式能引起社会上众多人士的注意，扩大宣传效果，提高企业的知名度。

二、剪彩的程序

(一)来宾就位

剪彩仪式开始前，应邀请剪彩者以及来宾入座。如果不是对号入座，可由服务人员引导到座位旁。一般情况下，剪彩者应就座于前排。有多位剪彩者时，应按照剪彩时的具体位置就座，以防宣布剪彩后位置还要交换，即主剪者位于中间，距离主剪者越远，位次越低，并且右侧位高于左侧位。全部剪彩者及来宾入座后，剪彩仪式即可开始。

(二)仪式开始

主持人宣布剪彩仪式正式开始后，应全场起立，奏国歌或请乐队演奏本企业标志性歌曲，表情庄重肃穆，不可嬉笑逗闹。现场还可以燃放少量鞭炮来烘托热烈气氛，全体到场者应热烈鼓掌。此后，主持人向全体到场者介绍到场的重要来宾，并对他们表示谢意。

(三)奏国歌

此刻须全场起立，必要时，亦可随后演奏本单位标志性歌曲。

(四)致辞发言

仪式上应安排一个简短的发言式讲话。发言者依次为东道主单位的代表、上级主管部门的代表、地方政府的代表、合作单位的代表等。这种场合的发言，内容应该言简意赅。每人两三分钟即可，发言的重点应分别为介绍、道谢与致贺。

(五)进行剪彩

剪彩前，主持人须向全体到场者介绍剪彩者，当主持人宣布进行剪彩后，礼仪员应排成一行从两侧或是从右侧率先登台。登台之后，拉彩员与捧花员应当站成一行，拉彩员处于两端拉直红色缎带，捧花员各自手捧一朵花团。托盘员须站立在拉彩员与捧花员身后1米左右，并且自成一行。在剪彩者登台时，引导员应在其左前方进行引导，使之各就各位。剪彩者登台时，宜从右侧出场。当剪彩者均已到达既定位置之后，托盘者应前行一步，到达前者的左后侧，以便为其递上剪刀、手套。剪彩者若不止一人，则其登台时亦应列成一行，并且主剪者行进在前。

在正式剪彩前，剪彩者应首先向拉彩者、捧花者示意，待其有所准备后，右手持剪刀，表情庄重地将红色缎带一刀剪断。花团应准确无误地落入托盘者手中的托盘里，而切勿使之坠地。为此，需要捧花者与托盘者的合作。

【应用案例 8-2】

下台剪彩

某公司举行新项目开工剪彩仪式，请来了张市长和当地各界名流嘉宾参加，请他们坐在主席台上。仪式开始时，主持人宣布："请张市长下台剪彩!"却见张市长端坐着没动；主持人很奇怪，重复了一遍："请张市长下台剪彩!"张市长还是端坐没动，脸上还露出一丝恼怒。

主持人又宣布了一遍："请张市长剪彩!"张市长才很不情愿地勉强起来去剪彩。

资料来源：罗树宁：《商务礼仪与实训》，北京，化学工业出版社，2008。

(六)退场

剪彩者剪彩结束后可依次与主人握手道喜，并列队在引导者的引导下退场。退场时，一般宜从右侧下台。待剪彩者退场后，其他礼仪小姐方可列队由右侧退场。

(七)参观现场

在剪彩仪式结束以后，按照商界惯例，应请来宾参观被剪彩者的项目，并宴请来宾，或以纪念性的小礼品相赠。一般来说，剪彩仪式宜紧凑，忌拖沓，在所耗时间上越短越好。短则一刻钟，长则至多不宜超过一小时。

【小思考 8-1】

李林在所在的城市买了一座二层商铺，本来打算往外出租，可是一直没有碰到合适的租客，这间商铺便一直空着。最近，李林看到商铺附近的各家小店都已陆续开业，生意也很红火，心想自己的商铺干脆就不租出去了，留着做点生意。自己的商铺又正好当街，装修一下，开一家小型超市肯定也能赚不少钱，打定主意后，李林就开始张罗起来了。

李林花了几个月的时间筹备超市，琢磨着也选个好日子搞一个开业典礼，图个吉利。李林在电视上看别人开业的时候搞剪彩仪式，于是自己也想搞一个剪彩仪式，可是请谁来帮自己剪彩呢？规模小了，让人家笑话；规模太大，又担心费用太高。看来这个剪彩仪式还真是不好办。

思考：

请你帮李林筹划一个方案。

三、剪彩人员的礼仪要求

(一)剪彩者的礼仪

剪彩者是剪彩仪式的主角，他的举止直接关系到剪彩仪式的效果和企业形象。

1. 仪容仪表

剪彩者的着装要正规、严肃，男士一般着西装、中山装或职业制服，女士一般穿西装套裙，不允许穿着便装。头发要梳理整齐，颜面要洁净，不允许戴帽子或者戴墨镜，给人的感觉应是容光焕发、精干而有修养。

2. 举止要大方文雅

剪彩过程中，剪彩者要使自己保持一种稳重的姿态，做到快而不慌、忙而不乱。当主持人宣布开始剪彩时，剪彩者要面对微笑，步履稳健地走上主席台，走向彩带。

当礼仪小姐用托盘呈上剪刀时，剪彩者要微笑表示谢意并随即拿起剪刀。剪彩前，剪彩者还要向扯彩带的礼仪小姐微笑致意，然后聚精会神、严肃认真地把彩带一刀剪断。如果几位剪彩者共同剪彩，处在外端的剪彩者应用余光扫视处于中间位置的剪彩者的剪彩动作，力争同时剪断彩带。同时还应和礼仪小姐配合，注意让彩球落于托盘内，然后把剪刀也放回托盘。之后，剪彩者应转身向四周的人们鼓掌致意，并与主持人和其他主人一一握手，以示祝贺。剪彩者将彩带一刀剪断后，也可以举剪向众人微笑示意，但示意一下即可，不可久停。

3. 谈笑要有节制

在剪彩过程中，剪彩者谈笑要有节制。剪彩仪式开始前，可以和举办单位领导、来宾及共同剪彩者随意交谈。当宣布剪彩仪式开始后，应立即中断谈笑，全神贯注地听主持人讲话，如继续谈笑或向别人打招呼，则有失礼仪。剪彩完毕，剪彩者向四周的人们鼓掌致意后，可与主人进行礼节性谈话，剪彩者进行赞赏性谈话，但时间不宜过长。在这种场合，剪彩者不能因为自己地位高，对什么事情都妄加评论，无休止地高谈阔论或旁若无人地纵情谈笑。

4. 参观聚会要有礼

剪彩之后如有参观或聚会，要虚心、认真。参观时，要耐心听取主办单位介绍，对其所取得的成就给予肯定或赞许。聚会时，言谈举止应彬彬有礼，对于举办单位馈赠的礼品，如特别贵重应婉言谢绝，一般纪念性小礼品可庄重接收并诚心诚意地表示感谢。

(二)助剪者的礼仪

助剪者的最佳装束应为：化淡妆、盘起头发，穿款式、面料、色彩统一的单色旗袍，配肉色连裤丝袜、黑色高跟皮鞋。除戒指、耳环或耳钉外，不佩戴其他任何首饰。有时，礼仪小姐身穿深色或单色的套裙亦可。但是，她们的穿着打扮必须尽可能地整齐统一。必要时，可向外单位临时聘请助剪者。

【背景知识 8-1】

剪彩的来源

剪彩仪式源于一次偶然事件。1912 年，美国的圣安东尼奥的华狄密镇有一家大百货公司将要开业。开张这天的一大早，老板按当地风俗，在开着的店门前横系一条布带子，防止公司未开张前有闲人闯入。这时，老板 10 岁的女儿牵着一条哈巴狗从店里匆匆跑出来，无意中碰断了这条布带，等在门外的顾客以为这是该店为了开张致喜搞的“新把戏”，便蜂拥而入，争先购物，真是生意兴隆。不久，当老板的一个分公司又要开张时，想起第一次开张时的盛况，又如法炮制，这次是老板有意让小女儿把布带碰断，果然财运很好。于是，人们认为公司、店铺开张时，让女儿碰断布带是一个极好的兆头，都争相效仿。后来，人们用彩带取代了颜色单一的布带，并用剪刀剪断，执行人也由小女孩改成年轻的姑娘，后来又由当地官员或社会名流所替代，人们还给这种做法正式取名为“剪彩”。时至今日，剪彩已风靡全球，成为商务公关、开业庆祝的一种重要仪式，并约定成俗，形成了一整套礼仪规范和要求。

第三节　商务谈判礼仪

一、商务谈判的准备礼仪

(一)商务谈判人员的个人礼仪

举行正式谈判时，谈判者尤其是主谈者的临场表现，往往直接影响到谈判的现场气氛。一般认为，谈判者的临场表现中，最为关键的是重视仪容、保持风度、尊重对手、遵守时间四个方面。

1. 重视仪容

参加谈判时，商务人员一定要讲究自己的穿着打扮，重视仪容。此举并非为了招摇过市，而是为了表示自己对谈判的高度重视，同时也反映出谈判人员的管理、控制和时间支配等能力。要想获得理想的谈判结果，必须重视谈判细节。

(1)修饰仪表

参加谈判前，应认真修饰个人仪表，尤其要选择端庄、雅致的发型。一般不宜染彩色发。男士通常还应当剃须。

(2)精心化妆

出席正式谈判时，女士通常应当认真进行化妆。谈判时的妆容应当淡雅清新，自然大方，不可以浓妆艳抹。

(3)规范着装

商务人员在参加正式谈判时的着装，一定要简约、庄重，切不可“摩登前卫”、标新立异。一般而言，选择深色套装、套裙，白色衬衫，并配以黑色皮鞋，才是最正规的。

(4)保持良好的精神面貌

商务人员应以良好的精神面貌出席谈判，切不可精神委靡不振，谈判前要注意充分休息。哪怕只有一个谈判人员在会见谈判对手的谈判过程中打起了瞌睡，也会使谈判无果而终。

2. 保持风度

在整个谈判期间，每一位谈判者都应当自觉地保持风度。谈判者的风度体现在其言谈举止和在谈判桌上的素质表现。

(1)谈判者的言谈举止

谈判者的谈吐是影响谈判的一个重要因素。总的来说，交谈时表情要自然，表达要具体。具体要求如下：发言之后，应留出一定的时间供对方发表意见，切忌喋喋不休，以自我为中心。对方发言时，应认真听取，不要表现出心不在焉的样子。要善于聆听对方谈话，不要轻易打断别人的发言，即使有不同的观点和看法，也应等对方讲完后再表达。打断别人的谈话是不礼貌的行为。交谈时应使用礼貌用语，如“你好”“谢谢”等。交谈中不能出现伤害对方的言辞，否则会激怒对方。

谈判者的举止是指谈判者在谈判过程中坐、站、行所持的姿态。在商务谈判中，对举止的要求是举止适度。

【小思考 8-2】

王月是某大学的高才生，毕业后到一家外贸公司工作。不久，领导派他接待一位英国客户。在几天的观光游览中，王月凭借流利的英语和丰富的历史文化知识赢得了客户的好感。在正式的贸易会谈时，王月自认为与客户已熟悉，便大模大样地坐在客户身旁，没有注意到英国客户自带的翻译就在身后。公司领导向王月示意，但王月浑然不觉。领导只好命令王月坐回自己该坐的位置，众目睽睽之下，王月尴尬万分。

思考：

王月犯了什么错误？他应该坐在哪里？

（2）谈判桌上的风度

在谈判桌上保持风度，具体来说就是争取双赢。谈判往往是一种利益之争，因此谈判各方无不希望在谈判中最大限度地维护或者争取自身的利益。然而从本质上来讲，真正成功的谈判，应当以妥协即有关各方的相互让步为其结局。也就是说，谈判不应当以“你死我活”为目标，而是应当使有关各方互利互惠，互有所得，实现双赢。在谈判中，只注意争利而不懂得适当地让利于人，只顾己方目标的实现，而指望对方一无所得，是没有风度的表现，很难赢得谈判。

3. 尊重对手

尊重对手就是要在商务谈判的整个过程中，要对对手真诚、礼貌、尊重。在谈判过程中，不管发生什么事情，都始终坚持尊重对手，无疑能给对方留下良好的印象，而且在今后的进一步商务交往中还能发挥潜移默化的功效，换得对方与我方的真诚合作。在谈判过程中，谈判者不论身处顺境还是逆境，都不可意气用事、举止粗鲁、表情冷漠、语言放肆、不尊重谈判对手。在任何情况下，谈判者都应该待人谦和，彬彬有礼，对谈判对手友善相待。即使与对方存在严重的利益之争，也切莫对对方进行人身攻击、恶语相加、讽刺挖苦，不尊重对方的人格。

4. 遵守时间

商务谈判人员要遵守谈判时间，既不要提前很长时间等候，这样容易给自己造成心理压力；也不要迟到，这样会给人以时间观念差的印象。比较好的表现是，适当提前5～10 分钟到达谈判地点，以尽快适应环境为宜。

【应用案例 8-3】

守时重诺赢得大生意

有一次，一家大公司的创始人王总在几个月之前与一家小设计公司总经理张超约定，要张超在某月某日到这家大公司去，签订一笔合同。两家公司相距 1 000 多千米，张超与王总虽然认识的时间不算短，但还没有正式合作过。王总是一位很有个性的人，说话做事说一不二，在商界具有很高的威信。张超非常想做成这笔前途无量的“开张业务”，因而牢牢记住了与王总约定的时间。

到了计划出发的那一天，张超打点行装，准备出发，这时有人劝张超打一个电话，问一问王总到时是不是在公司，是否出差了，业务情况有没有变化，免得白跑一趟。张超坚持不打这个电话，他的理由是：王总在商界口碑那么好，如果打电话过去，就隐含着对王总的不信任，他就有可能用“再等一等”“情况有变化”等话来搪塞，甚至拒绝，这次业务合作就可能落空；如果张超没有打电话过去，而是跋涉一千多千米，风尘仆仆地准时到达，虽然看起来有点冒失，实际上是对王总的高度信任，只要他人在公司，就一定能签下合同，他也会另眼相看，下次必然会予以关照。果然，张超的准时到达使王总非常高兴，爽快地履行了他的诺言，与张超签订了合同。

(二)谈判座次的安排

1. 台桌和椅子选择

(1)大小的选择

英国谈判学家比尔·斯科特(Bill Scott)指出，台桌和椅子的大小会给谈判中被动的一方造成心理压力。经理前面的写字台越大，越显示出他的处境和权力的优越感。而被动的一方坐在远离那张大写字台的一条小凳子上，则会感受到自己的不利。

在谈判场合，双方的主谈者应该居中坐在平等而相对的位子，台桌和椅子的大小应当与环境和谈判级别相适应。会议厅越大，或谈判级别越高，台桌和椅子通常也应相应较宽绰。

(2)桌形的选择

桌子形状有长方形和圆形两种。

长方桌——双方人员面对面而坐，显得正规、严肃，有时会产生对立的情绪。一般来讲，比较大型、重要的谈判，谈判桌可选择长方形的，双方代表各居一面，双方主谈者居中相向而坐。

圆桌——双方人员团团而坐，给人以和谐一致的感觉，而且彼此交谈方便。谈判规模较小，或双方人员比较熟悉，可以选择圆形谈判桌，以消除长方桌给人的正规、不太活泼的感觉。

选择长方桌还是圆桌，要考虑谈判中有效传递信息和语言行为表达的需要。

2. 座次的安排

位置安排，应充分体现主宾之别。

若谈判长方桌一端向着正门，则以正门的方向为准，右为客方、左为主方。

其座位号的安排是以主谈者(即首席)的右边为偶数 2，左边为奇数 3，即所谓“在右边为大”。这种座位的安排，通常意味着正式、礼貌、尊重、平等。

如果多边谈判，则各方的主谈者应该围坐于圆桌相应的位置，圆桌通常较大，翻译人员及其他谈判工作人员一般围绕各自的主谈者分列两旁而坐，也可坐于主谈者的身后。

一般来说，商务谈判时，双方应面对面而坐，各自的组员应坐在主谈者的两侧，以便互相交换意见，加强其团结的力量。

【扩展阅读 8-2】

谈判中应注意避免的行为

谈判是当面的沟通方式，因此，得体的言谈举止十分重要。具体来说，在谈判中，应该避免以下行为。

1. 虚伪。虚情假意、言不由衷会给对方留下极其恶劣的印象，进而影响谈判的正常进行。

2. 咄咄逼人。自以为是、锋芒毕露的人很难使别人接受自己。

3. 粗鲁不堪。语言粗鲁、没有教养的谈判者很难得到对方最起码的尊重。

4. 庸俗。在谈判的休息时间，只谈论一些吃喝玩乐之类的事情会给对方留下庸俗的印象。

5. 油腔滑调。流里流气、油腔滑调会给人以不务正业或者难成大事的印象。

6. 诽谤。说长道短、无中生有，甚至恶意中伤都只会带来负面效果。

7. 轻率。绝对不能轻易许诺，一旦许诺，就要兑现，否则就会给别人留下失信的不良印象。

8. 说大话。把自己说得无所不能，只会导致对方的鄙视，并无任何用处。

9. 啰唆。颠来倒去、啰哩啰唆会使对方摸不着头脑，进而产生厌烦的情绪。

10. 牵强附会。把没有关系的事物硬说成有关系是不会有说服力的。

资料来源：曹艺、王葳、张涛：《商务礼仪》，北京，清华大学出版社，2009。

二、商务谈判的基本原则

(一)知己知彼原则

俗话说："知己知彼，百战不殆。"谈判之前的准备无非是"知己"和"知彼"两个方面。

所谓知彼，就是通过各种方法了解谈判对手的礼仪习惯、谈判风格和谈判经历，不要违反对方的禁忌，以免因一些文化礼仪问题使谈判出现不愉快的局面。这方面德国人就是我们的榜样，德国人在谈判前，要了解对方的上述情况。在谈判开始时不着急，他们通过客户、对方人员等了解对方的资信情况、产品质量、信誉问题、履约情况等，只有进行了周密详尽的调查之后，才开始谈判甚至签约。所谓"知己"，则是指要对自己的优势和劣势非常清楚，包括自己需要准备的资料、数据和需要达到目的，猜想对方会从哪些方面对谈判提问，自己应该怎样回答，等等。

(二)互惠互利原则

所谓互惠互利原则，是要求商界人士在准备洽谈时，以及在洽谈的过程中，在不损害自身根本利益的情况下，应该尽可能地替洽谈对手着想，主动为对方保留一定的利益。有经验的商界人士都清楚，最理想的洽谈结局，不应当是"你死我活""鱼死网破"。而应当是有关各方面的利益和要求都得到一定的照顾，亦即达成妥协。

(三)平等协商原则

谈判中要以理服人，不可高人一等。谈判是智慧的较量，更应以理服人。在谈判桌上唯有确凿的事实、准确的数据、严密的逻辑和艺术手段，才能将谈判引向自己所期望的胜利。谈判是在双方平等和尊重的基础上展开的。

(四)人与事分开的原则

在洽谈会上，当洽谈者与对手之间是认识关系时，必须将人与事分别而论。要切记朋友归朋友、洽谈归洽谈，二者之间的界限不能混淆。正确的认识，应当是在洽谈桌上，彼此对既定的目标都志在必得。

(五)求同存异原则

商务谈判要使谈判各方都有收获，大家都是获胜者，必须要坚持求同存异的原则。即要注意在各种礼仪细节问题上多多包涵对方，一旦发生不愉快的事情也应以宽容之心对待。

(六)礼敬对手的原则

礼敬对手，就是要求洽谈者在洽谈过程中，排除一切干扰，始终如一地对自己的洽谈对手讲究礼貌，时时、处处、事事表现出对对方不失真诚的敬意。在洽谈过程中，不管发生什么情况，都始终坚持礼敬对手，无疑能给对方留下良好的印象，而且在进一步的商务交往中发挥潜移默化的功效。

(七)预审的原则

所谓“预审的原则”，包含两方面：其一，是指准备洽谈的商界人士，应当对自己的谈判方案预先反复审核、精益求精；其二，是指准备洽谈的商界人士，应当事先将自己提出的谈判方案报请上级或主管人士审查、批准。

三、商务谈判过程中的礼仪

(一)创造和谐的谈判气氛

商务谈判从正式开局到达成协议，要经过开局、报价、磋商、成交和签约五个阶段。良好的谈判氛围，对谈判成功与否有重要影响。相互尊重，平等协商，消除误会，促进共识，真诚合作，共同发展，这是双方追求的一致目标。为了取得谈判的成功，在商务谈判过程的各个阶段都要注重礼仪。

1. 抓住谈判之初的瞬间

谈判之初，谈判双方留给对方的第一印象非常重要，所以双方的言谈举止要尽可能创造出友好、轻松的谈判气氛。因此，双方人员应以友好的态度出现在对方面前，特别是作为东道主的一方更应礼貌待客。

(1)得体地介绍

双方人员见面，先要互相介绍。介绍与自我介绍要大方得体，不可露傲慢之意，应遵守礼仪规则。被介绍时要落落大方，起立微笑示意，可以礼貌地说声“幸会”“请多关照”之类。介绍完毕要互相握手致礼。若有名片，应主动双手接递，并微微点头，表示出彬彬有礼的风度，也为以后的联系合作提供方便。自我介绍时，应吐字清楚，适当提高嗓音，目光要注视对方，以表示对对方的尊重；切忌边自我介绍边东张西望，使人感到态度冷漠，有失礼貌。如果对方是外商，则要根据各国文化、礼俗的不同来决定介绍、握手的方式。

(2)注意谈吐举止

谈判人员的谈吐举止要轻松自如，文雅大方，谦虚有礼，掌握分寸，不可拘谨慌张。进入正题之前可略微寒暄，谈论轻松的非业务性的话题，如旅途经历、季节气候、文体表演、各自爱好，特别是共同爱好方面的话题。如果对方是熟悉的客户，则可回顾以往愉快的合作、成功的经历等。这些话题具有积极向上、令人愉快的特点，容易被人接受，有利于消除陌生感和尴尬的心理。开局时切忌离题万里地夸夸其谈，也要避免伤害对方自尊的言辞和行为。还应注意的是开局寒暄不宜过长，以免冲淡谈判气氛。

2. 自然进入谈判话题

要以轻松、自然的语言进入谈判正题。可先谈谈双方容易达成一致意见的话题，如

"咱们先把今天谈判的程序确定下来，您看如何?"这种问话既能体现尊重对方，表示愿以平等态度商讨问题的诚意，同时也最容易得到对方的肯定答复，有助于创造一种和谐的气氛。在这种心平气和、协商一致的氛围下，再分别陈述己方对有关问题的看法和基本原则。但这种陈述应简明扼要，重点突出，准确而有弹性，让对方感到你的坦率和真诚。这种陈述措辞要得体，语调、语速要适中，既表明自己的意图和要求，又不引起对方的反感和不安。对方陈述时，要认真倾听，并注意记录和分析，不能漫不经心，左顾右盼。须知，认真倾听不仅是对对方的尊重，而且可以从对方那些看似无意的话语中，发现对方隐藏的动机和心理活动。所以老练的谈判者一坐到谈判桌前，就注意倾听对方的陈述，留心其措辞，琢磨其语言的内涵；同时，这还能给对方造成一种心情愉悦、乐于继续讲述的气氛。

总之，在整个谈判过程中，都需要保持一个良好的氛围，使双方人员能够彼此相容，以确保谈判达到预期的目标。准备阶段的礼仪为营造这种氛围打下了基础。如果不做准备而匆忙开始谈判，并很快进入实质阶段，不注意尊重对方，不注意行为举止的礼仪，一开始就摆出咄咄逼人的架势，往往会使对方不快，引起对方的自卫和反攻。这是形成对立性谈判的隐患。

(二)平等地商讨

1. 坦诚相见

在商务交往中，人们往往对坦率诚恳的人有好感。坦诚相见能获得对方的理解和信赖。在商务谈判中，由于双方人员各自代表的利益不同，肩负的使命不同，彼此难免会存在提防心理，这是可以理解的。这时，如果一方人员言辞坦率，态度真诚，毫不掩饰自己对某个问题的看法、希望和担心，并将对方预知的情况坦诚相告，这样就容易打破对方的戒备心理，获得对方的共鸣和信赖，形成彼此信任、和平商讨的局面。开诚布公、坦诚相见的豁达风度，也正是谈判人员礼仪修养的重要方面。当然，坦诚相见也是有限度的，它并不是将一切和盘托出，而应以既赢得对方信赖又不使自己陷于被动、丧失利益为尺度。

2. 心平气和

谈判是双方为谋求共同利益而进行的协商活动，其中必然存在着许多不同的利益和要求，双方应本着求同存异的原则，在商务谈判中保持清醒的头脑，互谅互让，心平气和地探讨解决分歧的途径。因此，在商讨中，一要找出矛盾，对症下药。对商务上的是非，要敢于直言，阐明自己的观点，加深双方的理解。二要对事不对人，不可随意把对对方某人的成见渗透于商讨之中，影响商讨的实际效果。三要有的放矢，商讨应始终围绕某一目标进行。在商讨中尽可能解决某些实质性的问题。四要态度诚恳，面对现实。

3. 正确使用语言

商务谈判是谈判者运用语言表达意见、交流观点的过程，语言的运用是否得当往往决定谈判的成败。谈判人员在运用语言的过程中，除要注意谈判语言的客观性、逻辑性、针对性以外，尤其要注意用语的规范性和灵活性。

(三)礼貌地提问

1. 注意提问方式

在谈判中提问的方式多种多样，但不管采取哪种提问方式，都应符合礼仪要求。问话的方式要委婉，语气要亲切平和，用词要斟酌，不能把提问、查问变成审问或责问。咄咄逼人的提问，容易给对方以居高临下的感觉，使之产生防范心理而不利于协商。提问的内容和角度要慎重选择，既要有针对性，又不能使对方为难。不要总是问对方难以应答的问题。如提出的问题使对方有难色或露出不悦的神情，则不必追问而要及时变换话题。对需要向对方提问或查问的问题，应事前列好提纲，而且越详细越好。不做准备，贸然提问，是不尊重对方的表现。

2. 把握提问时机

即使问题提得再好，但不合时机，也同样起不到应有的作用。有经验的谈判者认为，提问可选择在对方发问完毕之后、在对方发言停顿间歇时、在自己发言前后、在议程规定的辩论时间等。

(四)坦诚地回答

有问有答，交谈才能进行。问得不好，不利于谈判；而答得不好，则更会使己方陷于被动。虽然不能说学会了回答就学会了谈判，但是不会回答，就一定不会谈判。所以就谈判而言，回答比提问更为重要。一个谈判者的谈判水平，很大程度上取决于其答复问题的水平。被提问者答话时，要本着真诚合作的态度，针对提问者的真实心理，实事求是地回答对方提出的问题，不应闪烁其词，态度暧昧，“顾左右而言他”。但注意在回答问题前，要给自己一些思考的时间。回答问题不仅应采取对方比较容易接受的方式，而且应当巧立新意、渲染观点、强化效果。如果对方对某个问题不甚了解，应以浅显易懂的语言进行解释，切不可流露出不耐烦的神情。如有些问题涉及商业秘密和技术秘密，则应委婉说明，避免出现令人尴尬或僵持的局面。谈判中回答问题的要诀是：基于谈判效果的需要，准确把握该说什么和不该说什么以及应该怎么说。

(五)耐心地倾听

在面对面的谈判场合中，所谓听，并不仅指用耳朵听，而是指用眼睛去观察对手的动作和表情，用心将对手的话语作设身处地的构想，以及运用自己的头脑去判断对手话语背后的动机，这种耳到、心到与脑到的听，我们称为倾听。

当对方回答问题时，提问的一方人员应耐心倾听，在倾听中应注意专心地有鉴别地倾听、不要带偏见去听、不要抢话、不要回避难以应付的话题，并主动地向对方反馈。

(六)友好地辩论

在商务谈判中，特别是在讨价还价的磋商阶段，谈判双方从各自的立场出发，对一系列问题进行磋商，或据理力争，或直言反驳，都希望谈判朝着有利于自己的方面发展。但不管立场多么对立，意见分歧多大，都应在相互尊重、相互理解的基础上进行友好的辩论与磋商。磋商阶段是商务谈判的关键阶段，也是最应注意谈判礼仪的阶段。商务谈判人员要把握好“利益”与“礼仪”的辩证关系，既要维护自身利益，又不失礼节。谈判论辩以“和”为贵，应充分准备、稳健交锋，语言谨慎、举止得体，紧扣“死线”、巧妙周旋。

【扩展阅读 8-3】

商务谈判中特别忌讳的要点

在今天大量的社会活动和商务活动中，通常通过谈判、协商签订具有一定约束力的契约以及各种相关文书，以确定当事人各自的权利和义务。这些文件，特别是有关承担义务和责任的关键部分，一字一句必须含义明确、概念清楚，绝不可语言模糊、模棱两可，否则极易引起争议，后果是难以预料的。

商务谈判是经济合作双方为实现某种交易，或为了解决某种争端，而进行的协商洽谈活动。谈判双方的说话方式与言谈技巧，对于谈判的进程与结果都起着举足轻重的作用。根据商务谈判的特点和实践经验，特提出商务谈判的语言禁忌，以帮助商务谈判人员减少语言失误，提高语言技巧。

一忌欺诈隐骗。有些人把商务谈判视为对立性的你死我活的竞争，在具体洽谈时，不顾客观事实，欺、诈、隐、骗，依靠谎言或“大话”求得自身的谈判优势。如一位业务员同一家商店进行推销洽谈，业务员为了促销，在介绍产品质量时声称已经获得“省优”和“部优”，商店看样后认为有一定市场，于是双方达成买卖意向。商店后来了解到这种商品既非“省优”也不是“部优”，产品虽适销，但商店也怕上当受骗，于是未予签订合同，一桩生意告吹。可见欺骗性的语言一旦被对方识破，不仅会破坏谈判双方的友好关系，使谈判蒙上阴影或导致谈判破裂，而且也会给企业的信誉带来极大损失。所以说，谈判语言应坚持从实际出发，应给对方诚实、可以信赖的感觉。

二忌盛气凌人。有的谈判者由于自身地位、资历“高人一筹”，或者谈判实力“强人一等”，在谈判中往往盛气凌人。居高临下、盛气凌人的行为易伤对方感情，使对方产生对抗或报复心理。所以，参加商务谈判的人员，不管自身的行政级别多高、资历多老、所代表的企业实力多强，只要和对方坐在谈判桌前，就应坚持平等原则，平等相待，平等协商。

三忌道听途说。有的谈判者由于与社会接触面大，外界联系多，各种信息来源渠道广，在谈判时往往将一些未经证实的信息作为讨价还价的依据。这些缺乏确凿证据的材料，很容易让对方抓住漏洞或把柄。就个人形象来讲，也会使对方感觉到你不认真、不严谨、不严肃，不值得充分信赖。因此，在商务谈判中，应避免用“据说”之类的字眼。

四忌攻势过猛。某些谈判者在谈判桌上争强好胜，一切从“能压住对方”出发，说话锋利刻薄，频繁地向对方发动攻势，在一些细枝末节上也不甘示弱，有些人还以揭人隐私为快事。在谈判中攻势过猛的做法是极不可取的，极易伤害对方自尊心。遇到生性懦弱的人可能一时得逞；遇到涵养较深的人，尽管暂时忍让，让你尽情表演，但他欲擒故纵，到关键时刻将迫使你付出代价；遇到强硬、进攻性很强的对手，小的进攻就会惹起更大的反击，反而对自己不利。因此，在谈判中说话应该委婉，尊重对方的意见和隐私，不要过早地锋芒毕露、表现出急切的样子，避免言语过急过猛，伤害对方。

五忌含糊不清。有的谈判者由于事前缺乏对双方谈判条件的具体分析，加之自身不善表达，当阐述自身立场、观点或回答对方提出的某些问题时，或者语塞，或者含含糊糊、模棱两可，或者前言不搭后语、相互矛盾。模棱两可的语言容易给对方留下一种“不痛快”“素质不高”的感觉，也容易使对方钻空子，使自己陷入被动挨打的境地。所以，谈判者事前应做好充分的思想准备和语言准备，对谈判条件进行认真分析，把握住自身的优势和劣势，对谈判的最终目标和重要交易条件做到心中有数。同时做一些必要的假设，把对方可能提出的问题和可能出现的争议想在前面，这样，在谈判中不管出现何种复杂局面，都能随机应变，清楚地说明自己的观点，准确明了地回答对方的提问。尤其是在签订谈判协议时，能够把握关键，使合同条款订得具体、完善、明确、严谨。

六忌以我为主。在商务谈判中，有些人随意打断别人的话；有些人在别人说话时不够专注；有些人自己说得滔滔不绝、没完没了，而不考虑对方的反应和感受；尤其当洽谈某些交易条件时，只站在自己的立场上，过分强调自身的需要，不为对方着想，这种做法是很不礼貌的，极易引起对方的反感。所以，谈判者应学会倾听别人谈话的艺术，对别人的谈话应表现出浓厚的兴趣，多进行一些角色互换，语言应委婉，留有商量的余地。这样既表明自己有修养，容易赢得对方的喜爱，同时也能更好地了解对方，摸清对方的底细和意图，一举多得。

七忌枯燥呆板。某些人在谈判时非常紧张，如临大战，说起话来表情呆板，过分地讲究针对性和逻辑性。这对谈判也是很不利的。商务谈判不同于某些对抗性很强的政治谈判，它是一种合作性的交往，应该在一种积极、友好、轻松、融洽的气氛中进行。因此，谈判者在正式谈判开始前应善于建立一种良好的谈判气氛，在正式谈判过程中也应恰当地运用一些比喻，善于开一些小玩笑，使说话生动、形象、诙谐、幽默、有感染力。通过活泼的语言创造并维持一种良好的谈判气氛，这将对整个谈判局势及前景起到良好的促进作用。

第四节　商务签约仪式礼仪

签约，即合同的签署。它在商务交往中，被视为一项标志着有关各方的相互关系取得了更大的进展，以及为消除彼此之间的误会或抵触情绪而达成了一致性见解的重大成果。因此，它极受商界人士的重视。

一、签约仪式的准备礼仪

(一)签字厅的布置

签字厅的布置应整洁庄重，将长方形签字桌(或会议桌)横放在签字厅内，桌面最好铺设深绿色台布(呢的)。坐椅的摆放，如果是签署双边合同，在正面对门的一边摆两张座椅；如果是签署多边合同，则可在中间放一张座椅，供各方签字人签字时轮流就座。

(二)合同文本的准备

合同文本，按商业惯例应由主方负责准备，为了避免纠纷，主方要会同对方一起指定专人，共同负责合同文本的翻译、校对、印刷、装订、盖章等工作。合同文本的语言，依照国际惯例应同时使用签约各方法定的官方语言撰写，或者采用国际通行的英文、法文撰写。待签合同文本要用 A4 规格的白纸印刷，并装订成册，再配以真皮或金属封面，除供各方正式签字的合同正本外，最好还能各备一份副本。

(三)出席人员的服饰要求

参加签约的人员都应注意自己的仪表、仪态，穿着打扮要整洁、得体，举止要大方自然，不能过于严肃，也不要喜形于色。在出席签约仪式时，签字人、助签人以及陪同人员，应当穿着深色西服套装、中山装或西服套裙，并配以白色衬衫和深色皮鞋。男士还必须系上单色领带，以示正规。签约仪式上的礼仪人员、接待人员，应穿着统一的工作制服，或旗袍一类的礼仪性服装。

【小思考 8-3】

1 月，宏达公司与美国戴维斯公司经过多轮磋商，达成了合作意向，他们决定 16 日上午10点在嘉元宾馆举办正式的签约仪式。准备工作由宏达公司总经理秘书王芳负责。由于王芳最近工作比较忙，所以准备签约仪式的时候比较紧张。到了这天，她提前半小时到了现场，突然发现合同文本忘在了办公室，她赶快请办公室文员小李拿上合同，从后勤处要了一辆车火速赶往签约现场。幸好当天交通状况比较好，没有堵车，合同在会议开始前5分钟送到了，王芳悬着的心终于落下来了。可在主持人宣布签约仪式开始时，王芳发现她忘记安排助签人了，所以她自己临时上阵担任助签人，而她的着装与签约仪式的气氛不是很协调，导致场面有点尴尬。

资料来源：张岩松、李桂英：《现代商务礼仪》，北京，清华大学出版社、北京交通大学出版社，2009。

思考：

举行签约仪式应做好哪些准备？签约仪式对助签人有何要求？

二、签约仪式的就座礼仪

一般而言，举行签字仪式时，座次排列的具体方式有三种，它们分别适用于不同的具体情况。

(一)并列式

并列式排座，是举行双边签字仪式时最常见的形式。它的基本做法是：签字桌在室内面门横放。双方出席仪式的全体人员在签字桌之后并排排列，双方签字人员居中面门而坐，客方居右，主方居左。

(二)相对式

相对式签字仪式的排座，与并列式签字仪式的排座基本相同。二者之间的主要差别，只是相对式排座将双边参加签字仪式的随员席移至签字人的对面。

(三)主席式

主席式排座，主要适用于多边签字仪式。其操作特点是签字桌仍须在室内横放，签字席仍须设在桌后面对正门，但只设一个，并且不固定其就座者。举行仪式时，所有各方人员，包括签字人在内，皆应背对正门、面向签字席就座。签字时，各方签字人应以规定的先后顺序依次走上签字席就座签字，然后即应退回原处就座。

三、签约仪式的正式程序

短暂而庄重、热烈的签约仪式是签署合同的高潮，它的时间不长，但程序规范。

(一)双方入场

宾主双方按礼仪要求准时步入签字厅出席仪式。接待人员将所有宾客、签字人员引导至既定位置。

(二)签约仪式开始

主持人按预定计划宣布签约仪式开始。宣布重要来宾名单，奏东道国国歌或与签约仪式相应的音乐。有关人员在既定座位上各就各位，签约仪式正式开始。

(三)正式签署文本

各方主签人再次确认合同内容，若无异议，在规定的位置上签名，之后由各自助签人相互交换合同文本，各方主签人再在第二份合同上签名。按照惯例，各方主签人先签的是己方保存的合同文本，交换后再签的是对方保存的合同文本。

(四)交换签署文本

在签字人正式交换已经由有关各方正式签署的合同文本时，各方签字人应起立并热烈握手，互致祝贺，并相互交换各自一方刚才使用过的签字笔，以资纪念。全场人员应鼓掌，表示祝贺，仪式达到高潮。

(五)共饮香槟酒

交换已签的合同文本后，礼宾人员应端上香槟酒。有关人员，尤其是签字人应当场干上一杯，双方出席人员则举杯庆贺，这是国际上通行的用以增添喜庆色彩的做法。

(六)退场

签约仪式完毕后，应先请双方最高领导人退场，然后请客方退场，东道主最后退场。整个仪式以半小时为宜。

(七)公证

一般情况下，商务合同在正式签署后，应提交有关方面进行公证，此后才正式生效。

尽管签约仪式可以制造声势，增强影响，但不是非搞不可。然而，对于签约本身却必须郑重对待，不可草草收场。

【扩展阅读 8-4】

涉外签字仪式礼仪

在涉外交往中，有关国家的政府、组织或企业单位之间经过谈判，就政治、经济、文化科技等领域内的某些重大问题达成协议时，一般需举行签字仪式。不同的签字仪式各有其特点，在我国国内举行签字仪式通常要考虑以下几个方面的礼仪问题。

首先，要布置好签字厅，并做好有关签字仪式的准备工作。在我国国内举行的签字仪式，必须在事先布置好的签字厅里举行，决不可草率行事。

其次，要确定好签字人和参加签字仪式的人员。签字人由签字双方各自确定，但是其身份必须与待签文件的性质相符，同时双方签字的身份和职位应当大体相当。

最后，要安排好双方签字人的位置，并且议定签字仪式的程序。我国的惯例是：东道主签字人座位位于签字桌左侧，客方签字人的座位位于签字桌的右侧；双方的助签人员分别站立于各方签字人的外侧，其任务是翻揭待签文本，并向签字人指明签字处；双方其他参加签字仪式的人员，则应分别按一定的顺序排列各方签字人员之后。

我方人员在国外参加签字仪式时，应尊重该国举行签字仪式的传统习惯。有的国家可能会准备两个签字桌，有的国家可能要求参加签字仪式的人员坐在签字人对面，对此不必在意。关键是要不辱使命，对此我方人员不应忘记。

习题与实训

一、不定项选择题

1. 下列选项中,(　　)不是商务谈判礼仪的基本原则。

A. 知己知彼原则　　B. 利益第一原则

C. 平等协商原则　　D. 求同存异原则

2. 在商务谈判过程中,详细周到的准备工作是赢得谈判成功的必要步骤。在商务人员的准备礼仪中我们应该注意的是(　　)。

A. 坚持实力为先,只要有实力就是谈判的本钱

B. 如果没有达到预期效果就直接拒绝对方的谈判

C. 语言以和为贵,谈判中一定要满足对方获得尊重的需要

D. 会场环境布置应体现对谈判对象的尊重

3. 参加开业典礼的来宾席位安排一般按(　　)确定主席台座次及贵宾席位。

A. 时间顺序　　B. 贺礼多少

C. 身份与职务高低　　D. 关系亲疏

4. 谈判长桌一端向着正门,则以正门的方向为准,(　　)。

A. 左为客方,右为主方　　B. 右为客方,左为主方

C. 主客交叉就座　　D. 不分左右,随意就座

5. 若剪彩者不止一人的时候,则其同时上场剪彩的位次尊卑就必须予以重视。一般的原则是主剪者应居于(　　)位置。

A. 最右方　　B. 最左方

C. 中央　　D. 突出站在其他人前方

二、简答题

1. 剪彩仪式的程序是什么?

2. 签约仪式的程序和步骤都有哪些?

3. 开业仪式的程序都有哪些?

三、案例分析

美国华克公司承包了一项建筑,要在一个特定的日子之前,在费城建成一座庞大的办公大厦。一开始计划推进得很顺利,不料在接近完工阶段,负责供应内部装饰用的铜器的承包商突然告知无法如期交货,这样一来,整个工程进度都要耽搁了,并要支付巨额罚款,使公司遭受重大损失。于是,长途电话不断,双方争论不休。但是,一次次交涉都没有结果。华克公司只好派高先生前往纽约。

高先生一走进该承包商的办公室,就微笑着说:“您知道吗?在布洛克林巴,有这个姓氏的人只有一个。哈!我一下火车就查阅电话簿想找到您的地址,结果巧极了,姓这个姓的只有您一个人。”

“我一直不知道。”承包商兴致勃勃地查阅起电话簿来,“不错,这是一个很不平常的姓。”他有些骄傲地说:“我们家族从荷兰移居纽约,几乎有二百年了。”他继续谈论他的家族及祖先。当他说完之后高先生就称赞他居然拥有一家这么大的工厂,承包商说:“这是我花了一生的心血建立起来的一项事业,我为它感到骄傲,您愿不愿意到车间里去参观一下?”高先生欣然前往。在参观时,高先生一再称赞他的组织制度健全,机器设备新颖,

这位承包商高兴极了。他告诉高先生这里有一些机器还是他亲自发明的，高先生马上又向他请教那些机器如何操作，工作效率如何。到了中午，承包商坚持要请高先生吃饭。高先生说："到处都需要铜器，但是很少有人像您这样对这一行感兴趣。"

直到此刻，高先生一次也没有提起此次访问的真正目的。

吃完午餐，承包商说："现在，我们来谈谈正事吧。当然，我知道您这次来的目的，但我没有想到我们的相会竟是如此愉快。您可以带着我的承诺回到费城去，我保证你们要的材料如期运到。我这样做会给另一笔生意带来损失，不过我认了。"

就这样高先生轻而易举地获得了他所急需的东西。那些器材及时运到，使大厦在契约期限届满的那一天如期完工了。

要求：结合以上案例，分析高先生的成功之处。

四、实训题

(一)模拟一次毕业典礼

1. 实训目标：提高学生对仪典礼仪规范的认识。

2. 实训准备：

(1)物品准备：桌签。

(2)场地准备：办公室。

(3)人员准备：选出几位同学扮演主持人、应邀前来参加庆典的有关领导、各界友人、新闻记者、礼仪小姐等，其余同学来充当学校领导。

3. 实训步骤：

(1)主持人宣布毕业典礼开始，奏唱国歌。

(2)介绍出席毕业典礼的教师、家长和领导。

(3)学校领导宣读优秀毕业生名单。

(4)学校领导介绍当年学生就业情况。

(5)颁发优秀毕业生荣誉证书。奏乐，运动员进行曲。

(6)按班级发放毕业证书，毕业生代表领取。奏乐，运动员进行曲。

(7)毕业生代表发言。

(8)家长代表发言。

(9)单位代表发言。

(10)教师代表发言。

(11)校长致辞。

(12)毕业典礼结束。

(二)根据本章所学知识，模拟一次签字仪式活动

(三)根据本章所学知识，模拟一次商务谈判活动

第九章

商务聚会礼仪

无欲速，无见小利。欲速，则不达；见小利，则大事不成。

——《论语·子路》

技能目标

◆ 能够运用所学的各种商务聚会礼仪知识组织或参加相关会议

知识目标

◆ 理解并掌握会议开始前的准备工作
◆ 掌握会议进行中的服务礼仪
◆ 掌握与会者的礼仪
◆ 掌握会议结束时的礼仪
◆ 了解发布会、展览会、赞助会等专题会议的礼仪常识
◆ 掌握舞会以及沙龙交际中的礼仪

导入案例

一个多变的通知

有一次，某地级市准备以市委、市政府名义召开一次地区性会议。为了使有关单位有充分时间准备会议材料并安排好工作，市里决定由市政府办公室先用电话通知各县和有关部门，然后再发书面通知。电话通知后不久，某领导指示：这次会议很重要，应该邀请参会单位负责某项工作的领导人员来参加，以便更好地完成这次会议要贯彻落实的任务。于是，市政府办公室发出了补充通知。过后不久，另一领导又指示：要增加另一项工作的负责人参加会议。在三天内这个会议从电话通知，到两次补充通知，前后共发了三次，搞得下边的工作人员无所适从，怨声载道。

资料来源：江卫华：《商务礼仪》，长沙，湖南师范大学出版社，2019。

第一节　一般会议礼仪

一、会议准备

(一)注意事项

When——时间，会议组织者必须告知所有的参会人员，会议开始的时间和要进行多长时间，便于参加会议的人员很好地安排自己的工作。

Where——地点，是指会议将在什么地点进行，要注意会议室的布局是不是适合这个会议的进行。

Who——人物，是指会议需要邀请哪些人物来参加，是否已经请到了适合的外部嘉宾来出席这场会议，以及会议主办单位这边由谁来出席。

What——会议的议题，是指本次会议将要讨论哪些问题。

Others——会议物品的准备，是指根据这次会议的类型和目的，需要提前准备哪些物品。比如纸、笔、笔记本、投影仪、咖啡、小点心等。

(二)辅助器材的准备

现代化的会议离不开各种辅助器材，在召开会议之前，就应该把各种辅助器材准备妥当。

1. 桌椅、名牌、茶水

桌椅是最基本的设备，可以根据会议的需要摆成圆桌型或报告型，如果参加会议的人数较多，一般应采用报告型，不需要准备座位牌；如果参加会议的人比较少，一般采用圆桌型，并且要制作座位牌，即名牌，让与会人员方便就座。

会议上的茶水饮料最好用矿泉水，因为每个人的口味不一样，有的人喜欢喝茶，有的人喜欢喝饮料，还有的人喜欢喝咖啡，所以如果没有特别的要求，矿泉水是最能让每个人都接受的选择。

2. 签到簿、名册、会议议程

签到簿的作用是帮助了解到会人员的多少，分别是谁，一方面使会议组织者能够查明是否有人缺席；另一方面能够使会议组织者根据签到簿安排下一步的工作，如就餐、住宿等。印刷名册可以方便会议的主席和与会人员尽快地掌握与会人员的相关资料，加深了解，彼此熟悉。

3. 黑板、白板、笔

在有的场合，与会人员需要在黑板或者白板上写字或画图，从而说明问题，虽然视听设备发展得很快，但是传统的表达方式依然受到很多人的喜爱，而且在黑板或白板上表述具有即兴、方便的特点。因此，粉笔、万能笔、板擦等配套的工具也是必不可少的。

4. 各种视听器材

现代科技和数字化的快速发展带来了投影仪、幻灯机、录像机、激光指示笔或指示棒、触摸屏一体机等视听设备，给人们的工作和生活娱乐提供了极大的方便。在召开会议前，必须先检查各种视听设备是否能正常使用，如果要用幻灯机，则需要提前做好幻灯片。录音机和摄像机能够把会议的过程和内容完整记录下来，有时还需要立即把会议的结论或建议打印出来，这时就需要准备一台小型的影印机或打印机。

5. 资料、样品

如果会议的主要内容是业务汇报或者产品介绍，那么有关的资料和样品是必不可少的。比如，在介绍一种新产品时，单凭口头泛泛而谈是不能给人留下深刻印象的，而给大家展示一个具体的样品，结合样品一一介绍它的特点和优点，给大家留下的印象就会深刻得多。

二、会场的布置

(一)会场四周装饰的布置

一般大型的会议，根据会议内容，要在场内悬挂横幅或标语。标语的制作要集中体现会议的主题精神，简洁、上口、易记，具有宣传性和号召力。有时候，还要在门口张贴欢迎和庆祝的标语。

花卉是礼仪不可缺少的重要道具，在会议上，花卉还可以减轻与会者的疲劳感。因而，根据不同的会议场合可摆放适当的青松盆景、盆花等，也可选用一些能够突出中华民族特色的花卉，如以梅花、牡丹、兰花、杜鹃、桂花、水仙等名花为题材的花卉艺术品、插花、盆景等，用无声的语言向人们传播文化、表达礼仪。

为使会场更加庄严，主席台上还可悬挂国旗、党旗，或国徽、会徽等。会议的旗帜，包括主席台上悬挂的和会场内外悬挂的。主席台上的旗帜应该挂在会徽两边，显得庄严隆重。主席台的两侧插上对应的红旗或彩旗，以增加喜庆气氛。而会场门口和与会者入场的道路两旁也可插上红旗或彩旗，将会议的热烈气氛更多地洋溢在会场内外，更衬托会议的精神。

(二)会场桌椅、座次的布置

会场的桌椅、座次的安排要适合会议的风格和气氛，讲究礼宾次序。排列主席台上的座次，我国目前的习惯是：前排高于后排，中间高于两侧，左座高于右座。凡属重要会议，在主席台上每位就座者身前的桌子上，应先摆放好写有其本人姓名的桌签。排列听众席的座次，目前主要有两种方法：一是按指定区域统一就座；二是自由就座。

1. 圆桌型

以圆桌形或椭圆形桌子布局能使与会者同领导一起围桌而坐，从而消除不平等的感觉。另外，与会者能清楚看到其他人的面容，因而有利于互相交换意见。这种类型适用于人数较少的会议，一般参会人员控制在 20 人以内。座次安排应注意来宾或上级领导，与企业领导及陪同对面而坐，不必拘泥过多的礼节，主要记住以门作为基准点，比较靠里面的位置是比较主要的座位，来宾的最高领导应坐在朝南或朝北的正中位置，企业最高领导与上级领导相对而坐就可以了。

2. 口字型

即用长形方桌围成一个很大的口字形，这种座次安排比圆桌更适用于人数较多的会议。在方桌会议中,来宾和东道主坐在一起,如座谈会、小型联欢会等。但如果是比较正式的会议,则要特别注意座次的安排,以体现出最高领导者的权威性。如果只有一位领导或是地位有明显的高低之分,那么领导或地位较高者一般坐在这个长方形的短边的这边,或者是比较靠里的位置。就是说,以会议室的门为基准点,在里侧是主宾的位置。如果是由主、客双方来参加的会议,一般分两侧来就座,客人一方坐在会议桌比较靠里的一边,而主人一方则相对而坐。

3. 教室型

这种类型是大型会议最常见的一种座次安排。它多适用于参会人数比较多,而且相互之间不需要过多讨论、交流意见,以传达信息、下达指示为主要目的的会议。主席台和听众席相对而坐。主席台的座次要按人员的职务、社会地位排列。主席台座位要满位,不可空缺,倘原定出席的人因故不能来,要撤掉座位,而不能在台上空着。主席台座位如果有多排,则以第一排为尊贵,第一排的座位又以中间为尊贵。领导面向会场时,左为上、右为下;领导为单数时,主要领导居中,2 号领导在 1 号领导左手位置,3 号领导在 1 号领导右手位置,依次类推;领导为偶数时,1、2 号领导同时居中,1 号领导在中间左侧就座,2 号领导在中间右侧就座,3 号领导依然紧邻 1 号领导就座,依次类推。

以上是中国的规则,如果是涉外场合则以右为上。因此,在安排涉外会议时,可按照国际惯例使用有关规矩。

对就座主席台的领导能否届时出席会议,在开会前务必逐一落实。领导到会场后,要安排在休息室稍候,再逐一核实,并告知上台后所坐方位。如主席台人数很多,还应准备座位图。如有临时变化,应及时调整座次、座次牌,防止主席台上出现座次牌差错或领导空缺。还要注意认真填写座次牌,谨防错别字出现,以便于台下与会者和新闻采访人员辨认熟悉有关人士。主席台座位不要排得太挤,以便于领导成员打开文件、做记录、翻看讲话稿,并置放茶水、眼镜、笔、墨等物。

主席台如设有讲台,应安置在主席台前排右侧台口,不可安置在台中央,使主席团成员视线受到妨碍。讲台上主要放置话筒,也可适当地放置一些花卉,但要留出足够空间以便发言者打开讲话稿或摆放相关材料。整个主席台门口可以围放一圈花卉,但要选择低矮的绿色品种。

三、会议中的礼仪

(一)主持礼仪

各种会议的主持人,一般由具有一定职位的人来担任,其礼仪表现对会议能否圆满成功有着重要影响。主持人是会议的"总工程师",他在会议上要做的工作主要有:介绍参会人员、控制会议进程、避免跑题或议而不决、控制会议时间。

①主持人应衣着整洁、大方庄重,走上主席台应步态稳健有力、精神饱满,行走的速度因会议的性质而定。一般来说,对快、热烈的会议步频应较慢些。切忌不修边幅、邋里邋遢。

②入座后,如果是站立主持,应双腿并拢、腰背挺直。持稿时,右手应持稿子的底中部,左手五指并拢自然下垂;双手持稿时,应与胸齐高。坐姿主持时,应身体挺直、双臂前伸,两手轻按于桌沿。主持过程中,切忌出现搔头、揉眼、岔开腿等不雅动作。

③主持人言谈应口齿清楚、思维敏捷，简明扼要。

④主持人应根据会议性质调节会议气氛，或庄重、或幽默、或沉稳、或活泼。

⑤主持人对会场上的熟人不能打招呼，更不能寒暄闲谈。会议开始前，或会议休息时间可点头微笑致意。

⑥作为会议的现场指挥者和掌控者，主持人要使既定的会议议程得以落实，必须做到熟悉议程，并确保会议按照既定方针进行。主持人无权私自变更会议的议程，尤其是其中的主要议程。

⑦为了确保会议能够按照既定议程顺利进行，主持人就必须严格控制会议时间。一定要把握好起止时间，不宜随意拖延开会与散会时间；二是要对每位发言人的发言时间有所限定，并一律通知到其本人；三是要留有休息时间，在进行会间休息前，需要明确休息时间的具体长度，以便与会者能够准时返回会场。

⑧在会议进行期间，主持人要掌握会场，避免跑题或议而不决，最重要的是要注意少讲多看和调节气氛，及时发现问题、解决问题，采取必要的措施来调节现场的气氛，令其保持良好的状态。

(二)发言礼仪

会议发言有正式发言和自由发言两种，前者一般是领导报告，后者一般是讨论发言。正式发言者，应衣冠整齐，走上主席台应步态自然，刚劲有力，体现一种胸有成竹、自信自强的风度与气质。发言时应口齿清晰，讲究逻辑，简明扼要。如果是书面发言，要时常抬头扫视一下会场，不能低头读稿，旁若无人。发言完毕，应对听众的倾听表示谢意。

自由发言则较随意，但应注意，自由发言也要讲究顺序和秩序，不能争抢发言；发言应简短，观点应明确；与他人有分歧时，应以理服人，态度平和，听从主持人的指挥，不能只顾自己。如果有会议参加者对发言人提问，应礼貌作答，对不能回答的问题，应机智而礼貌地说明理由，对提问人的批评和意见应认真听取，即使提问者的批评是错误的，也不能失态。

(三)与会礼仪

作为职场中人，在公司里，一定要养成顾全企业大局的习惯。除开公司和部门内部的会议，职场人士也有机会参加其他一些公司的会议，因此，在参加会议之前，要做好准备。

开会前，如果临时有事不能出席，必须及时通知对方。参加会议前要多听取上司或同事的意见，做好参加会议所需资料的准备。

会议参加者应衣着整洁，仪表大方，准时入场，进出有序，依会议安排落座。开会的时候，要尊重会议主持人和发言人，应认真听讲，可以准备纸笔记录下与自己工作相关的内容或要求。不要随便插话，破坏会议的气氛，开会时不要说悄悄话和打瞌睡，没有特别的情况不要中途退场，即使要退场，也要征得主持会议的人同意。如果发言，应简明扼要。在听其他人发言时，如果有疑问，要通过适当的方式提出来。要利用参加会议的机会，与各方面疏通，建立良好的人际关系。

【小思考 9-1】

小王的公司应邀参加一个研讨会，该次研讨会邀请了很多商界知名人士以及新闻界人士参加。老总特别安排小王和他一道去参加，想带小王见识大场面。

不料，小王早上睡过了头，等他赶到，会议已经进行了二十分钟，他急急忙忙推开会议室的门，“吱”的一声脆响，他一下子成为会场上的焦点。刚坐下不到五分钟，肃静的会场上又响起了摇篮曲，原来是小王的手机响了，这下子，小王可成了全会场的“明星”……

没过多久，小王就辞职了。

思考：

小王为什么会辞职呢?

四、会议后的礼仪

在会议完毕之后，我们应该注意以下细节，才能够体现出良好的商务礼仪。

①会谈要形成文字结果，哪怕没有文字结果，也要形成阶段性的决议，落实到纸面上，还应该有专人负责相关事务的跟进。

②赠送公司的纪念品。

③参观，如参观公司或厂房等。

④如果有必要，合影留念。

第二节　专题会议礼仪

一、新闻发布会礼仪

新闻发布会，是特定的社会组织为了宣布某项重要消息，把有关新闻机构的记者召集在一起，进行信息发布的一种特殊形式的会议。它可以及时、公正地把社会组织的重要信息传播给社会公众，扩大信息的传播范围。新闻发布会礼仪一般是指有关举行新闻发布会的礼仪规范。对商界而言，发布会礼仪至少应包括会议的筹备、媒体的邀请、现场的应酬、善后事宜四个方面的内容。

(一)发布会筹备

筹备新闻发布会，要做的准备工作甚多，其中最重要的是做好主题的确定、时空的选择、人员的安排、材料的准备等具体工作。

(二)邀请媒体

在新闻发布会上，主办单位的交往对象自然以新闻界人士为主。在事先考虑邀请新闻界人士时，必须有所选择、有所侧重，具体体现在以下三个方面。

①是否邀请新闻界人士参加。

②应当邀请哪些方面的新闻界人士参加。

③应当如何协调主办单位与新闻界人士的相互联系。

(三)做好现场应酬工作

在新闻发布会正式举行的过程中，往往会出现这样或那样的确定和不确定的问题。为了确保新闻发布会的顺利进行，应注意将会议程序安排得详细、紧凑，避免出现冷场和混乱局面。同时，与会者还应注意各种礼节、礼仪。主要有以下几个环节。

①签到。

②会议开始。

③领导人发言。

④回答记者提问。

⑤会议结束。

(四)做好善后事宜

新闻发布会举行完毕之后，主办单位需在一定的时间内对其进行一次认真的评估和善后工作。一般而言，需要认真处理的事情有以下三项。

①了解新闻界的反应。

②整理保存会议资料。

③酌情采取补救措施。

二、赞助会礼仪

所谓赞助，通常是指组织或个人拿出自己的人力、物力、财力来对某一社会事业、事件或其他单位和个人给予无偿的捐赠、帮助和支持。在现代社会中，赞助乃是社会慈善事业的重要组成部分之一。它不仅可以扶危济贫，向社会奉献自己的爱心，而且有助于提高自己在社会上的知名度、美誉度，并为自己塑造良好的公众形象。对商业组织而言，积极地、力所能及地参与赞助活动，本身就是进行商务活动的一种常规形式，是商业组织履行社会责任，协调与政府、社会各界公共关系的一种重要手段。所以，赞助一向颇受商界的重视。在赞助活动实施过程中，尤其是在重大赞助活动正式实施前，为确保赞助活动取得成功，赞助单位与受赞助者双方均应正式签订赞助合同或赞助协议。赞助单位不仅要认真履约、兑现承诺，争取社会的理解与被赞助者的支持，还要善于巧借良机，利用各种传播媒介，在法律、法规允许的前提下，对自己进行适度的宣传，以求扩大本单位的社会影响力，提高自己的知名度和美誉度。因而，往往需要举行一次正式的聚会，将有关的事宜公告于社会。这种以赞助为主题的聚会，就称为赞助会或赞助仪式。这在赞助活动中，尤其是大型的赞助活动中，都是必不可少的。

根据商务礼仪的规范，赞助会一般由受赞助方出面承办，也可由赞助方给予其适当的支持。

(一)地点的选择与布置

赞助会的举行地点，一般可选择在受赞助方所在单位的会议厅，或租用社会上的会议厅。会议厅要大小适宜、干净整洁，也可略加装饰，但不可过度豪华张扬。

会议厅内灯光亮度适宜，在主席台的正上方或面对会议厅正门之处的墙壁上，一般要悬挂一条大红横幅。横幅上应以金色或黑色的楷书书写“××单位赞助××项目大会”，或者“××项目赞助仪式”等。

(二)人员的选择

参加赞助会的人员既要有充分的代表性，又不必数量过多。除了赞助单位、受赞助单位双方的主要负责人及员工代表之外，应当重点邀请政府代表、社区代表、群众代表以及新闻界人士参加。尤其要注意的是，应邀请那些具有较大影响力的电视、报纸、杂志、广播、网络等媒体工作人员到会。所有与会人员都要身着正装，注意自己的仪容、仪表，动作举止规范，与赞助会庄严神圣的整体风格相协调。

(三)会议的议程

依照惯例，赞助会的具体议程应该周密、紧凑，其全部时间一般不应当超过一小时，具体如下。

1. 宣布赞助会正式开始

赞助会的主持人，一般应由受赞助方的负责人或公关人员担任。在宣布会议正式开始之前，主持人应请全体与会者各就各位、保持肃静，并邀请贵宾到主席台就座。

2. 主持人请全体起立，奏国歌

在奏国歌之后，还可以奏本单位的标志性歌曲。有时奏国歌、本单位标志性歌曲，也可改为合唱国歌、本单位标志性歌曲。

3. 赞助单位正式实施赞助

通常情况下，先由赞助单位代表出场，口头宣布其赞助的具体方式或数额；随后，受赞助方代表上场与赞助方代表热情握手；最后，由赞助单位代表正式将标有一定金额的巨型支票或实物清单双手捧交给受赞助方代表。必要时，也可由礼仪小姐为双方提供帮助。如果赞助的物资重量、体积不大，也可由双方在此刻当面交接。在整个过程中，全体与会者应热情为其鼓掌。

4. 双方代表发言

首先由赞助方代表发言，其发言内容重点在于阐述赞助的目的和动机。此时，还可以对本单位的情况作简略介绍。然后由受赞助单位代表发言，此发言人一般应为受赞助单位的主要负责人或主要受赞助者，着重表达对赞助单位的感谢之情。

三、展览会礼仪

一般情况下，展览会礼仪主要涉及展会的分类、展会的组织与展会的参加三个方面的问题。现针对第三项内容作一些介绍。

(一)努力维护整体形象

在参与展览时，参展单位的整体形象直接映入观众眼帘，对参展的效果影响极大。参展单位的整体形象，主要由展示物的形象与工作人员的形象两个部分构成。对于二者要给予同等的重视，不可偏废其一。

【应用案例 9-1】

美国“TRAE”公司的参展效应

在国际展览中心的一次国际制冷展上，美国“TRAE”公司取得了极大成功，来宾被“TRAE”独特的展示设计所吸引。在亮丽的背景幕布上，悬挂着一张巨幅风景画，象征“TRAE”公司为改善人们的生存环境而奋斗的目标。展台上，两位美丽动人的小姐面带微笑与来宾合影，一位专业摄影师用一次成像的相机把这一幕变成了永恒。短短几天，将近 4 000 人得到了自己与“TRAE”小姐合影的照片。“TRAE”公司这次成功的展览礼仪企划，一时之间被传为佳话。

展示之物的形象，主要由展品的外观、展品的质量、展品的陈列、展位的布置、发放的资料等构成。用以进行展览的展品，外观上要力求完美无缺，质量上要优中选优，陈列上要既整齐美观又讲究主次，布置上要兼顾主题的突出与观众的注意力，而用以在展览会上向观众直接散发的有关资料，则要印刷精美、图文并茂、资讯丰富，并且注明参展单位的主要联络方式，如公关部门与销售部门的电话、电报、传真以及电子邮箱等。

工作人员的形象，是指直接代表参展单位参加展览会的工作人员的穿着打扮和言行举止。一般情况下，展位工作人员应当统一着装。最佳选择是身穿本单位的制服或者深色的西装套裙。在大型的展览会上，参展单位若安排专人迎送宾客，则应请其身穿色彩鲜艳的单色旗袍，并身披写有参展单位或其主打展品名称的大红色绶带。为了说明各自的身份，全体工作人员皆应在左胸佩戴标明本人姓名、所在单位、职务的胸卡，唯有礼仪小姐可以例外。按照惯例，工作人员不应佩戴首饰，但男士应当剃须，女士则最好化淡妆。

(二)时时注意礼貌待人

无论是在宣传型展览会还是销售型展览会，参展单位的工作人员都必须真正地意识到观众是自己的上帝，为其热情而竭诚地服务是自己的天职。为此，全体工作人员都要将礼貌待人放在心坎上，并且落实在行动上。

展览一旦正式开始，全体参展单位的工作人员即应各就各位，站立迎宾。不允许迟到、早退、无故脱岗、东游西逛，更不允许在观众到来之时坐、卧不起，怠慢对方。

当观众走进本单位的展位时，不管对方是否向自己打招呼，工作人员都要面含微笑，主动地向对方说：“你好！欢迎光临!”随后，还应面向对方，稍许欠身，伸出右手，掌心向上，指尖指向展台，并告知对方：“请您参观。”

当观众在本单位的展位上参观时，工作人员可随行于其后，以备对方向自己咨询；也可以请其自便，不加干扰。假如观众较多，尤其是在接待组团而来的观众时，工作人员亦可在左前方引导对方参观。对于观众提出的问题，工作人员要认真作出回答。不允许置之不理，或以不礼貌的言行对待对方。

当观众离去时，工作人员应真诚地向对方欠身施礼，并道以“谢谢光临”或“再见”。

在任何情况下，工作人员均不得对观众恶语相加，或讥讽嘲弄。对于极个别不遵守展会规则而乱摸乱动、乱拿展品的观众，仍须以礼相劝，必要时可请保安人员协助，但不许对对方擅自动粗，进行打骂、扣留或者非法搜身。

(三)善于运用解说技巧

解说技巧，是指参展单位的工作人员在向观众介绍或说明展品时，所应掌握的基本方法和技能。具体而论，在宣传型展览会与销售型展览会上，其解说技巧既有共性可循，又有各自的不同之处。

第三节　舞会礼仪

在各式各样的社交性聚会中，若以号召力最强、最受欢迎而论，恐怕要首推舞会了。实际上，舞会的确是促进人际交往的一种轻松、愉快的形式。舞会，一般是指以参加者自愿相邀共舞为主要内容的一种文娱性社交聚会。在优美的乐曲、美妙的灯光、高雅的舞姿的相互衬托下，人们不仅可以从容自在地获得自我放松，而且还可以联络老朋友、结识新朋友，进一步扩大自己的社交圈。

一、筹办舞会的要点

(一)确定舞会的时间、地点、规模和邀请对象

组织舞会应尽早确定时间，尽早发出通知。舞会一般适合安排在晚餐后的7点到11点，时间尽量不要超过3小时，否则会使客人感到疲劳以致影响休息和工作。舞场的选择应视舞会的规模来确定，舞场应宽敞、雅洁。舞会邀请的男女客人应大致相等。被邀请的对象一经确定，就应及时发出请帖。正式舞会的请帖应至少提前一个星期发出，以便于客人及早做出安排或回复。

(二)邀请乐队，布置舞场

舞会的音乐伴奏十分重要。节奏明快、旋律优美的音乐，能使人心旷神怡、悠然自得。因此，舞会最好请一个乐队伴奏，有条件的也可以请两个乐队轮流伴奏。若请一个乐队，也可以准备一些唱片及音响设备，以便于乐师们休息时使用。如受条件限制，也可采用播放音乐的形式，但应注意音响效果。舞场除了要有一个足够客人跳舞的舞池外，还应有衣帽间、饮料室及场外停车场。舞场周围应安放桌椅，供客人交谈、休息。舞场的灯光应柔和，不宜太亮，也不能太暗。

(三)确定主持人和接待服务人员

大型的正式舞会或有特定内容的舞会需要确定一名主持人，一般舞会可不设主持人，但必须有接待服务人员，做好迎送、接待、引导、协调等方面的服务工作。举办舞会前，还需要准备咖啡、茶点、水果等饮品，以备客人休息时取用。

二、舞会的一般礼仪

舞会的所有参与者，在舞场之上均须注意个人的言行举止，时时处处遵守舞会的礼仪规范。具体而言，约束自己在舞场上的表现，需要注意修饰、邀舞、拒绝、舞姿、交际五个方面的基本问题。

(一)修饰

参加舞会之前，必须进行必要的、合乎惯例的个人形象修饰。其中，修饰的重点主要有三项。

1. 仪容

在仪容方面，舞会的参加者均应沐浴，并梳理适当的发型。男士务必剃须，女士在穿短袖或无袖装时须剃去腋毛。特别需要强调的有两点：其一，务必注意个人口腔卫生，认真清除口臭，并禁食带有刺激性气味的食物。其二，外伤患者、感冒患者以及其他传染病患者，应自觉地谢绝参加舞会，否则不仅有可能传染他人，还会影响大家的情绪。

2. 化妆

参加舞会前，参加者应根据个人情况进行适度的化妆。男士化妆的重点，通常是美

发、护肤和祛味。女士化妆的重点，则主要是美容和美发。与家居妆、上班妆相比，因舞会大多于晚间举行，舞者肯定难脱灯光的照耀，故舞会妆允许相对画得浓烈一些。但若非参加化妆舞会，化舞会妆时仍须讲究美观、自然，切勿搞得怪诞神秘，令人咋舌。

3. 服饰

参加舞会的着装必须干净、整齐、美观、大方，条件允许的话，可以穿格调高雅的礼服、时装、民族服装。若举办者对此有特殊要求的话，则须认真遵循。在舞会上，通常不允许戴帽子、墨镜，也不允许穿拖鞋、凉鞋、旅游鞋等。在较为正式的民间舞会上，一般不允许穿外套、军装、警服、工作服等。需要特别注意的是，舞会着装不宜过露、过透、过短、过小、过紧，否则随时都有可能令自己“春光外泄”。

(二)邀舞

在舞会上，邀请他人与自己共舞一曲，是参加者必做之事。按照舞会礼仪规范，我们在邀请舞伴时，要特别关注基本规范、方法、选择、顺序等几个要点。

1. 基本规范

在舞会上，邀请舞伴的下述基本规范，是人人必须严格遵守的。不然的话，就会失敬于人，或是令人见笑。

请舞伴时，最好邀请异性。通常讲究由男士去邀请女士，不过女士可以拒绝。此外，女士亦可邀请男士，然而男士却不能拒绝。

在较为正式的舞会上，尤其是在涉外舞会上，同性之人切勿相邀共舞。两位男士一同跳舞，会给人以关系异乎寻常之感。而两位女士一起跳舞，则等于是在宣言：“没有男士相邀”，所以迫不得已以此举吁请男士们“见义勇为”。

根据惯例，在舞会上一对舞伴只宜共舞一支曲子。接下来，需要通过交换舞伴去扩大自己的交际面。一般情况下，舞会上的第一支舞曲，男士要去邀请与自己一同前来的女士共舞。如有必要，他们二人还可以在演奏舞会的结束曲时再次共舞。

2. 方法

邀请他人跳舞，应当力求文明、大方、自然，并且注意讲究礼貌。千万不要勉强对方，尤其不能出言不逊，或是与其他人争抢舞伴。

一般来说，邀请舞伴时，有两种具体可行的办法。其一，直接法。即自己主动上前邀请舞伴。可先向被邀请者的同伴含笑致意，然后再彬彬有礼地询问被邀请者：“能否有幸请您跳一次舞?”其二，间接法。即自觉直接邀请不便，或者把握不是很大时，可以托请与彼此相熟的人士代为引见介绍，牵线搭桥。

不论采取何种方法邀舞，万一自己来到被邀请者面前，已有他人捷足先登时，则须保持风度，遵守先来后到的顺序，礼让对方，等下一舞曲再行邀请。

3. 选择

在舞会中自行选择舞伴亦有规可循。有可能的话，这时不要急于行事，建议先适应四周的气氛，进行细心的观察。一般说来，以下八类对象是自选舞伴时最理智的选择。

①年龄相仿之人。年龄相似的话，一般是容易进行合作的。

②身高相当之人。如果双方身高过于悬殊，未免会令人感到尴尬难堪。

③气质相同之人。邀气质、秉性相近的人一同共舞，往往容易各对各眼，互相产生

好感，从而和睦相处。

④舞技相近之人。在舞场，“舞艺”相近者“棋逢对手”，相得益彰，有助于更好地发挥技艺，产生愉悦感和满足感。

⑤无人邀请之人。邀请较少有人邀请之人，既是对其表示的一种重视，也不易遭到回绝。

⑥未带舞伴之人。邀请未带舞伴的人共舞，成功的机会往往是较大的。

⑦希望结识之人。想结识某人的话，不妨找机会邀对方或是其同伴共舞一曲，以舞为“桥”，接近对方。

⑧打算联络之人。在舞会上碰上久未谋面的旧交，最好请其或其同伴跳一支曲子，以便有所联络。

除以上几种情况之外，在舞会上倘若发现有人遇上异性的纠缠骚扰，最得体的做法是应当挺身而出，主动邀请被纠缠者跳一支曲子，以便“救人于水火之中”。

4. 顺序

在较为正式的舞会上，根据舞会礼仪的规定，人们除了要与自己一起来的同伴同跳开始曲、结束曲，或是可以酌情自择舞伴之外，还须按照某些既定的顺序，去“毫无选择”地邀请其他一些舞伴。

就主人方面而言，自舞会上的第二支舞曲开始，男主人应当前去邀请男主宾的女伴跳舞，而男主宾则应回请女主人共舞。

接下来，男主人还需依次邀请在礼宾序列上排位第二、第三……的男士的女伴，这些男士则应邀请女主人共舞。

就来宾方面而言，下列女士应由男宾以礼相邀、共舞一曲：一是舞会的女主人，二是被介绍相识的女士，三是自己旧交的女伴，四是坐在自己身旁的女士。

以上女士若被男宾相邀后，与其同来的男伴最好回请该男宾的女伴跳上一曲。

舞会上，女士也可以主动邀请男士跳舞，具体做法与男士邀请女士类似。

舞会上，一般不宜对邀请表示拒绝。如果出于某种原因，不想接受他人的邀请，只要做得得体，也不算失礼。最佳的拒绝方法是“我想暂时休息一下”，或者“这首舞曲我不大会跳”，以便给邀请者一个台阶下。而女士也不要马上接受其他人的邀请。

【小思考 9-2】

在一个商务活动的社交舞会上，A男士看准了他的营销对象——某公司老总的夫人，A男士急匆匆地走到夫人面前，微笑着弯腰90度，点头双手覆盖在膝盖上，毕恭毕敬地低着头说：“我可以请你跳舞吗?”夫人看了看身边的丈夫，停顿片刻说：“对不起！我累了。”这时候又来了一位B男士，姿态端庄，微笑着彬彬有礼地走到夫人面前说：“夫人，您好呀！”然后又转向夫人的丈夫，友好地说：“您好！先生，我可以邀请您的夫人共舞吗?”丈夫微笑着看了看身边的夫人说：“你请便吧。”然后B男士转向夫人同时右手掌心向上，手指向舞池并说：“我可以请您跳舞吗?”夫人欣然同意，两人共同步入舞池……

思考：

A男士违反了哪些礼仪规范？应该如何做？夫人违反了哪些礼仪规范？应该如何做？

另外，邀请舞伴时不能单凭个人好恶，还须顾全大局，兼顾现实公关任务的工作需要。

(三)跳舞过程中的礼仪

1. 注意上场、下场的规矩，给舞伴应有的尊重

上场时，男士应主动跟在女士身后，让对方来选择跳舞地点。下场时，不宜在舞曲未完之际先行离去。男士可在原处向女士告别，或是把对方送回原来的地方再离开。

2. 舞姿应当文明优美

跳舞时，身体要端正。通常为男士领舞，领舞与伴舞者之间不宜相距过近，双方胸部应有 30 厘米左右间隔，以维护各自的人格尊严。跳舞时，男女双方都不要目不转睛地凝望对方，表情应自然。男士不可把女士的手捏得太紧，不可把整个手掌全贴在女士的腰上。不要在旋转时把女士拖来扯去，或是腿部过分伸入女方两腿之间。女士不要把双手套在男士的脖子上，也不要把头部主动俯靠在对方的肩上。

【扩展阅读 9-1】

参加舞会的注意事项

1. 同性不宜共舞

根据国际惯例，两位男士共舞等于宣告他们不愿意邀请在场的任何一位女性，无形中表明他们是同性恋关系。两位女士也应尽量不共舞，尤其是在有外宾的情况下，以及在国外的舞会上。

2. 当女方主动邀请时

一般情况下，女士是不用主动邀请男士的，但在特殊情况下，需要邀请长者或者贵宾共舞时，则可以不失身份地表达，例如，“先生，请您赏光。”“我能有幸邀请您跳舞吗?”

3. 两位男士同时发出邀请时

从国际礼仪的角度考虑不难解决，女士面对两位或者两位以上的邀请者时，最能顾全他们面子的做法是全部委婉地谢绝。如果两位男士一前一后走过来邀请，则可以“先来后到”为顺序，接受先到者的邀请，同时诚恳地对后来的人说“很抱歉，下一次吧”，并要尽量兑现自己的承诺。

4. 不要总是和同一个人跳舞

依照正规的礼仪，结伴而来的一对男女，只要一同跳第一支舞曲就可以了。从第二支曲子开始，大家应该有意识地交换舞伴，以便认识更多的朋友。

5. 不要轻易拒绝邀请

舞会是通过跳舞交友、会友的场合，所以在舞会上女士不能轻易拒绝他人的邀请。女士可以拒绝个别“感觉不佳”的男士的邀请，但要注意分寸和礼貌用语，要委婉地表达。

6. 男士的绅士风度

在舞会上最能体现男士的绅士风度。例如，跳舞中要保持一定的距离，左手轻扶舞伴的后腰(略高于腰部)，右手轻托舞伴的右掌，尤其在旋转的时候，男士一定要舞步稳健，动作协调，同舞伴一起享受华尔兹的优美。发现女士晕眩时，男士一定要做好“护花使者”，护送其回原位。在一支曲子结束后，要礼貌地将女士送回原座位，道谢后，再去邀请另一位女士。

7. 离开舞会的时机

无论是参加朋友的私人舞会，还是正式的大型舞会，遵守时间是首要的礼仪，要准

时到达。对于什么时间离开舞会较为合适，如果是朋友的私人舞会，最好坚持到舞会结束后再离去，也是对朋友的支持；至于其他的舞会，只要不是只跳了一支曲子显得应酬的色彩过浓就可以了。

第四节 沙龙礼仪

在我国，以社交为目的的专门性的室内聚会，一般被称为沙龙。按照人们在聚会中所讨论的不同中心话题或从事的主要活动，沙龙可以分为许多种类。具体来讲，包罗万象、内容众多的沙龙活动称为综合沙龙；亲朋好友、同事、同学之间以保持联络为目的的沙龙称为交际沙龙；为了接待来访者，意在相互了解、加深认识的沙龙称为联谊沙龙；以学术讨论为主要内容的沙龙称为学术沙龙；主要由文学艺术爱好者发起、参加的沙龙称为文艺沙龙；以休闲、娱乐为主要活动形式的沙龙则称为休闲沙龙。

目前，在实际生活中，人们尽管对各种形式的沙龙均有不同形式的接触，但时下最流行，同时也是对人们的工作最有影响、最有帮助的，应当数交际沙龙、联谊沙龙和休闲沙龙。其中，交际沙龙和联谊沙龙的区别，主要在于其参加者有所不同，前者是商界人士聚会，后者则是亲朋聚会。除此之外，在具体活动内容与活动形式方面，两者大体相似。本节主要介绍交际沙龙和休闲沙龙的基本礼仪。

一、交际沙龙礼仪

(一)交际沙龙的目的

交际沙龙的主要目的是使参加者之间保持接触，进行交流。因此，它的具体活动形式可以灵活多样。商务人员经常有机会参加的座谈会、校友会、同乡会、聚餐会、庆祝会、联欢会、生日派对、节日晚会、家庭舞会等，大多属于交际沙龙。

(二)交际沙龙的地点、时间

通常情况下，交际沙龙的地点、时间、形式、主人和参加者，均应事先议定。它可以由一人发起、提议，也可以由全体参与者群策群力，共同讨论决定。

举办交际沙龙的地点，应当选择条件较好的某家客厅、庭院，或是宾馆、饭店、餐馆、写字楼内的某一专用的房间。它至少应当做到面积大，通风好，温度适中，照明正常，环境雅致，没有噪声，不受外界的任何干扰。举办交际沙龙的时间，一般应为2～4小时，在具体执行上，则不必过分地“严守规章”，若大家意犹未尽，那么可适当延长时间。通常，为了不影响正常工作，交际沙龙以在周末下午或晚间举行为好。

(三)交际沙龙的形式

举办交际沙龙的形式，应根据具体目的而加以选择。如果大家只是想见面或相聚，那么就应当选择较为轻松、随便的同乡会、聚餐会、联欢会、节日晚会或家庭舞会；如果打算促膝交谈，则不妨选择不宜“跑题”或分神的咖啡会、座谈会、讨论会等形式。当然，在具体操作上，这几种形式也可以彼此交叉，或同时使用。有时，若不确定交际沙龙的具体程序或具体“议题”，参与者们亦可任意发挥。

(四)交际沙龙的基本礼仪

如果交际沙龙是在某家私宅内举行，其主人自然是此次沙龙的主人。如果是在外租用场地举行的，则一般由其发起者或组织者担任主人。若该组织者独身未婚或配偶不在本地，则应由其父母、子女、同事或秘书来临时充任男主人或女主人。按照惯例，沙龙的主人应当有男有女，以便分别照顾男宾和女宾。

交际沙龙的参加者，大体上应当事先确定好。在某些较为正式的交际沙龙上，参加者以彼此之间相识者居多。唯有如此，才有助于大家多交流，少拘束。当然，它也不绝对地排斥“新人”加入，但加入新人时，应提前征得主人的首肯，并以不会同有前嫌的人在沙龙上相遇为前提。沙龙的既定参与者，按规定可以携带家人或秘书出席。此外，临时邀请其他人同往，则是不适宜的。若无明确的要求，最好不要携带未成年人(尤其是幼童、婴儿)出席。

参加交际沙龙之前，应认真对自己的仪表、服饰进行必要修饰，男士通常应当理发、剃须、着休闲型西装，女士则需要做发型、化淡妆，并选择旗袍、时装等式样的服装。若夫妇或情侣两人一同赴约，则两人的穿着打扮应和谐一致。如穿情侣装，佩戴对表，配相似款式的鞋子，服饰的色彩相互呼应等。如果两个人的打扮相去甚远，一个人身着礼服、浓妆艳抹，另一个人却穿着随便、不修边幅，则对于配偶以及本人的形象都会有所损害。

作为东道主，男女主人的穿戴应当尽可能地符合自己的身份。但应当指出的是，要求主人讲究着装，并不是要求他们力求“高、大、全”或过分豪华，如若主人的穿着打扮与他人过度不符，同样是不适宜的。在交际沙龙上，以下基本的礼仪是参加者不可不知的。

1. 恪守时间

所谓恪守时间，就是要求我们在参加沙龙时，遵守时间，按时赴约，不得无故迟到、早退或是爽约。在社交场合，“时间就是金钱”这一定律依然有效。无故迟到早退或失约，不仅浪费了他人的时间，也是失敬于人的。商界人士惜时如金，守时守约更是立身之本，在这一点上，商界人士绝不能无原则地宽容自己。参加交际沙龙，通常不宜早到。准时到场或迟到 3～5 分钟，是比较规范的。万一临时有事难以准点到达，或不能前往，需提前通知主人，并向大家表示歉意。迟到太久时，一定要向主人和大家说“对不起”，切勿编造任何借口。

2. 尊重女性、长者

女性是人类的母亲，长者是大家的前辈，因此，人们在包括交际沙龙在内的一切社交场合，都要主动自觉地尊重、照顾、体谅、帮助、保护女性和长者，并积极地为其排忧解难。被人们津津乐道的绅士风度和高尚修养其实都不是空谈，在现实生活中，它们是与尊重女性、尊重长者紧密联系在一起的。要尊重女性和长者，就不允许在其面前胡言乱语、行为嚣张。不允许在其面前说脏字，开无聊的玩笑；不允许把“小姐”“漂亮姐”“老头儿”之类失敬于人的话语挂在嘴上；不允许与女性和长者动手动脚、打打闹闹。亲切与放肆、平等与辈分之间的界限，是永远不可忽视的。要尊重女性和长者，还需要在与他们相处时，尽可能地体谅、帮助、照顾他们。行走时，应请其优先；就座时，应让其为尊；携带物品时，应为其代劳；安排活动时，应首先考虑他们的状况。

3. 体谅主人

所谓体谅主人，就是要求人们在参加沙龙活动时，应当设身处地多替主人着想，并尽可能地对其多加帮助。至少，应该做到不为主人忙中添乱。参加沙龙之初，不要忘了去问候主人。在沙龙举办期间，可以找机会向主人询问“我能做一些什么”。沙龙结束时，在向主人道别之后，方可告辞。在沙龙举办期间，即使有些事情不尽如人意，也要保持克制，莫说怪话。不要对主人所做安排品头论足，说三道四。不要当着他人的面提起让主人难堪的旧事，或是指责、非议、侮辱主人。在主人家中参加沙龙时，不要自以为与主人过从甚密，便可以不讲公德。比如，不管主人有无要求，都不可吸烟、随地吐痰或乱扔东西。不允许擅自闯入非活动区域，如书房、卧室、阳台、储藏室等处参观，翻箱倒柜，乱拿或乱动主人的物品。

4. 主动交流

在非专题性的交际沙龙上，即在无讨论主题的交际沙龙上，参与者的表现相对而言要更自由。然而，一味地奉行“孤立主义”，不与任何人交谈，有意显得与众不同，也未必合适。参加这种沙龙时，同样需要自己主动与他人进行交流。可以主动地同身边的人进行攀谈，可以旁听他人的交谈，也可以加入他人的交谈。在同他人交谈时，应当表现得诚恳虚心。同时，有可能的话，还应当扩大一下自己的交际范围。除了与老朋友交谈之外，还应尽量借此良机，认识更多的新朋友。要注意在与他人接触时，不要使自己的交往对象“一成不变”，特别是不要奉行“排他主义”，不准其他人介入。介入异性的交际圈时，一般不应不邀而至。

5. 善于学习

参加专题性交际沙龙，即有既定的中心或主题的交际沙龙时，既要真实地发表自己的见解与主张，又要宽容大度，善于向他人学习和请教。在商界，专题性交际沙龙最受欢迎，其参与者不仅可以就某一问题进行座谈、讨论，以期明辨是非，更可集思广益，取长补短，开阔视野，增长知识。在参加这种沙龙时，应当记住两条规则。一是应当以学习“取经”为主要目的。应当多听、多记、多向别人请教。有不明之处，可提出来由大家讨论。二是应当避免争强好胜。与他人交谈、交流、发言时，应当三思而行，出口谨慎。不要发言时条理不清，故弄玄虚，更不要唯我独尊，在发言讨论时胡搅蛮缠，强词夺理。

二、休闲沙龙礼仪

(一)休闲沙龙的形式

休闲沙龙有多种形式，常见的有游园联欢会、远足郊游会、家庭音乐会、小型运动会、俱乐部聚会等。与交际沙龙相比，休闲沙龙同样也具有社交的功能，只不过休闲性、娱乐性相对来说较为突出。称之为寓交际于休闲，或是寓交际于娱乐，大约更为贴切。有一位颇有成就的西方大企业家曾经说过：“我的成功，主要不是来自谈判桌上，而是来自乡间别墅或是俱乐部里同对手的友好接触。”他的话对休闲沙龙的功能作出了最通俗的正确表达。

事实的确如此，邀请友人、同行或合作伙伴，利用闲暇时间来到家里或乡间别墅中，打桥牌、欣赏音乐，合作演奏乐曲、唱卡拉OK，或是去休闲性的会员制俱乐部里游泳，钓鱼，打台球、网球、保龄球、高尔夫球。在这种放松的状态下，没准僵持许久的谈判障碍便迎刃而解了，彼此长期以来因缺乏了解而产生的误会便消除了。

对商界人士来讲，在休闲沙龙里的应酬，与正式场合的社交，在实质上并无二致，然而既然休闲沙龙独立存在，那么其特色自然也十分鲜明。

(二)休闲沙龙的基本礼仪

在休闲沙龙里的表现，必须与在交际沙龙里的表现有所区别。总的来讲，在休闲沙龙里的表现，应当以玩为主，生动、随意、自然。具体来讲，可分为三点。

1. 在休闲沙龙里，应当表现得像玩

所谓像玩，就是要求“轻装上阵”，脱下西服套装、西装套裙、时装、礼服和皮鞋，卸下表明身份与地位的首饰，换上适合休闲沙龙具体环境的牛仔装、运动装、休闲装，穿上运动鞋，实实在在地进入自己此时此地的角色之中。反之，如果在休闲沙龙里露面时，依旧一本正经，男的穿西装、打领带，女的着套裙、蹬高跟皮鞋，未免会让人觉得装腔作势，破坏他人愉悦的心情。

2. 在休闲沙龙里，应当表现得会玩

所谓会玩，有两层含义。一方面是指玩的技巧；另一方面则是指对玩的内容的选择。不会玩的技巧，只要肯去学，又有人教，一般不难学会。在休闲沙龙所玩的内容，应当既高雅脱俗，又能使人轻松、愉快。总之，要又能玩、又好玩，而且要力争做到大家都会玩。一般来讲，打桥牌、下象棋、打网球、打高尔夫球，或是举办小型音乐演奏会，都是适合休闲沙龙的娱乐项目。不过有一条必须坚守的界线不容逾越，那就是大家在玩的同时，必须严守国家法律法规，严守社会公德。

3. 在休闲沙龙里，应当表现得以玩为主

既然是休闲、娱乐，就是以玩为主，以玩为中心，以玩为主要活动内容。不要表现得过于急功近利，否则只会欲速则不达。该办的事自然要办，该说的话当然要说，但要选择最佳时机。

有经验的商界人士都懂得：该工作时就要工作，该休息时就要休息，“不懂得休息，就不懂得工作”。因此，参加休闲沙龙时，切勿忘记应当以“休闲”为主，以“交际”为辅，不要随便将两者倒置。否则，既会败坏他人的雅兴，又会令人侧目。

习题与实训

一、不定项选择题

1. 组织和参加会议是商务礼仪的日常工作，所以作为一名商务人员应熟悉会议的筹备、组织等基本规则。在筹备会议时应注意的是(　　)。

A. 会议材料准备一定要从全局入手，不需要注意具体细节

B. 选择出席对象时要坚持全面的原则，不能遗漏任何人

C. 预先筹划会议时一定要有一个切实可行的计划

D. 选择开会场所时只需考虑会议主题，其他因素可以忽略

2. 下面有关商务会议礼仪，不符合规范的是(　　)。

A. 开高度机密会议时一定要将手机的电池取出来

B. 办展览会时应统一服务人员的服装，男士要着西服，女士要着套装

C. 商务会议中，职位最高的领导应该坐在主座上

D. 会议邀请函中已经明确说明参会时间和报道地点，因此无须接站

3. 对于参会人数较少的情况，常用的会场座次安排是(　　)。

A. 圆桌型　　B. 方桌型　　C. 口字型　　D. 教室型

4. 新闻发布会举行完毕之后，主办单位需在一定的时间内对其进行一次认真的评估和善后工作。一般而言，需要认真处理的事情有(　　)。

A. 了解新闻界的反应　　B. 整理保存会议资料

C. 酌情采取补救措施　　D. 不问不管不顾

5. 舞会上，女士邀请男士的具体做法与男士邀请女士相类似，不同的是(　　)。

A. 一般情况下女士可以拒绝男士的邀请

B. 男士一般不宜谢绝女士

C. 可以一个人跳舞

D. 可以邀请同性跳舞

二、简答题

1. 一般会议的会后礼仪有哪些?

2. 赞助会的会议程序包括哪些?

3. 展览会的礼仪有哪些?

4. 筹办舞会要注意哪些要点?

三、案例分析

某公司就自己新开发的一个新产品系列，想通过新闻发布会形式推向市场。时间安排在周一上午10:00。眼看时间就要到了，可是前来参加新闻发布会的媒体代表只有三四个人，总经理非常焦急，询问负责发放通知的办公室主任小王，小王说："我都通知到了呀。"总经理想了一下，又问："你是怎么通知的?"小王说："我给各媒体单位一一打了电话，他们也都答应要来参加，可谁承想他们都没有来。"总经理听后，气不打一处来，但只是瞪了半天眼睛，没有发火。他拍着自己的脑袋说："这也怪我没有交代清楚。"

资料来源：杜明汉：《商务礼仪》，北京，高等教育出版社，2010。

要求：结合以上案例，分析问题出在哪里。

四、实训题

1. 在全班举办一次企业展览会。将学生分为多个小组，每个小组5～6人，分别进行准备。经过一周的准备后，进行展示，每组一块展板，安排一名学生进行讲解。

2. 模拟练习参加舞会的礼仪，在舞会上应表现得体，符合礼仪要求。

3. 根据本章所学知识，以小组为单位组织学生模拟一次新闻发布会活动。

第十章

商务涉外礼仪

四海之内，皆兄弟也。

——《论语·颜渊》

技能目标

◆ 能够利用所掌握的涉外礼仪进行正确的涉外活动

知识目标

◆ 了解涉外礼仪的基本原则
◆ 掌握涉外活动中的迎送礼仪
◆ 了解世界各国的礼仪禁忌

导入案例

李鸿章宴请美国官员

据说，李鸿章有一次宴请美国官员，地点是在美国的一家饭店，备下的酒菜十分丰盛，而李鸿章却依照中国的惯例对来宾说："粗茶淡饭，薄酒一杯，不成敬意，多多包涵。"来宾望着桌上琳琅满目的酒菜，对他说的话感到大惑不解。这倒不要紧，美国饭店的老板可大为不满了，这岂不是影响饭店的声誉？因此，非要李鸿章说出饭菜粗在哪里，酒薄在哪里。这虽说是一则趣闻轶事，却也说明了东西方礼仪习俗的不同。既然诚心诚意地邀请招待客人，当然希望其吃好、吃得满意，"粗茶淡饭""薄酒"怎能不使美国人大惑不解，使饭店老板"抗议"呢！西方人的习惯是：他认为饭菜很好，是他最喜欢的、最拿手的，请你多多品尝。所以在涉外活动中要尽量尊重对方的习俗。

资料来源：程娟：《商务礼仪》，成都，四川大学出版社，2012。

第一节　涉外礼仪的原则

商务人员在涉外活动中要遵循以下几项涉外礼仪的基本原则。

一、维护国家利益

在参与涉外交往活动时，应时刻意识到在外国人眼里，自己是国家、民族、单位组织的代表，做到不卑不亢。自己的言行应当端庄得体、堂堂正正。在外国人面前，既不应该表现得畏惧自卑、低三下四，也不应该表现得自大狂傲、放肆嚣张。应表现得既谨慎又不拘谨，既主动又不盲动，既注意慎独自律又不是手足无措、无所事事。另外，在涉外交往中，每个人都必须时时刻刻维护自身形象，特别是要注意维护自己在正式场合留给初次见面的外国友人的第一印象。个人形象在构成上主要包括仪容、表情、举止、服饰、谈吐、待人接物等。

二、信守约定

所谓“信守约定”原则，是指在一切正式的国际交往中都必须认真而严格地遵守自己的所有承诺。说话务必要算数，许诺一定要兑现，约会必须如期赴约。在涉外交往中，要真正做到“信守约定”，尤其需要在下列三个方面身体力行，严格地要求自己：一是谨慎许诺；二是言出必行；三是如遇意外单方面失约，或是有约难行，则应尽早通报、如实解释说明，还要向对方致以歉意，并且主动承担按照规定和惯例因此而给对方造成的损失，维护组织的形象。当前，在国际交往活动中，人们将尊重对方，即对交往对象的重视、恭敬、友好作为涉外礼仪的核心。因此在一切涉外交往中，都必须认真而严格地遵守“信守约定”原则。

三、女士优先

女士优先是国际社会广泛认可的重要礼仪准则，主要适用于成年异性在社交场合中的互动。女士优先是指在一切社交场合，成年男性应主动、自觉地以自己的实际行动，去尊重、照顾、保护女性，并尽力为她们提供帮助。倘若因为男士的疏忽而使女士陷于尴尬或困难的处境，则被视为礼仪上的失责。在国际交往中，女士优先作为礼仪的一条基本原则，早已衍生为一系列具体且可操作的行为规范，不仅被广泛认可，而且在社会舆论的推动下，要求每一位成年男性认真践行。

【小思考 10-1】

在一次涉外商务活动中，我国企业代表与外国商务代表协商签订了一份商务合作协议后，举办了一场商品的剪彩仪式。在剪彩仪式中，当我国企业代表致辞时，他说：“先生们、女士们，大家下午好，我非常高兴……”此时，外国商务代表中有两位女士、三位男士，他们均面露不悦，但没有做出太大的举动。后来，在剪彩过程中，这位企业代表不小心把剪下的红缎带大花掉落在主席台上。虽然他一再地解释是自己的疏忽造成的错误，但外国商务代表仍然非常生气，转身而去。

思考：

外国商务代表在企业代表致辞时为什么会面露不悦？外国商务代表为何生气并转身而去？我国企业代表在剪彩仪式上的行为举止有何不妥之处？

四、尊重隐私

商务人员务必严格遵守尊重隐私这一涉外礼仪的主要原则。在国际交往中，尊重个人隐私是衡量一个人是否有教养、是否尊重和体谅交往对象的重要标志之一。一般而论，下列几个方面的私人问题均被外国友人视为个人隐私问题。

（一）收入与支出

在国外，个人的收入与支出不宜直接打听。因为人们的普遍看法是收入与支出通常与个人能力、社会地位存在着一定的因果关系，就如同人的脸面一般，忌讳别人关注。

（二）年龄

外国人普遍将自己的实际年龄当作个人隐私，不会轻易告诉别人。因为他们希望自己永远年轻，对“老”字讳莫如深，特别是女士，最不希望别人了解自己的实际年龄。

（三）恋爱与婚姻

外国友人通常认为，家家有本难念的经，随意向外人打探此类家庭问题，极有可能触动对方的伤心之处，伤害其自尊、自信，令对方感到难堪。

（四）身体情况

外国友人比较反感其他人对自己的健康状况关注过多。因为在市场经济条件下，身体健康被看作最重要的生存资本。

（五）家庭住址

绝大多数外国友人都将私人居所看作自己神圣不可侵犯的个人领地。一般情况下，若非亲属、至交、知己，外国友人不会主动邀请外人到自己家中做客。必要时，他们倾向于选择在饭店、餐厅宴请宾客。

（六）个人经历

“英雄莫问出处”一说在国外普遍流行。若是对对方经历再三刨根问底，往往给人以居心叵测之感。特别是籍贯、学历、学位、技术职称或行政职务以及职业经历，更不宜打听。

五、不卑不亢

在国际交往中涉及自我评价时，不应该自吹自擂、自我标榜，但也没有必要妄自菲薄、自轻自贱，过度地对外国人谦虚、客套。中国人一向视谦虚为一种美德，“满招损，谦受益”被视为千古不变的规律。“动于心，发于情，止于礼”被视为有良好道德修养的表现。多数西方人则与之相反，他们不喜欢过分谦虚，也不提倡过分客套，不认同自谦、自贬。他们往往有一说一，不担心“锋芒外露”，“东方式的谦虚”在他们看来是缺乏实力或不够真诚的表现。他们大多性情豪爽，待人热情。某些西方国家的常见礼仪，如拥抱礼、亲吻礼、吻手礼等，反映了其文化中对情感表达的不同方式。

六、入乡随俗

由于各国社会制度和文化传统的差异，其思维方式与认知视角也往往呈现多样性。尊重交往对象，首先必须尊重对方所独有的风俗习惯。当自己身为东道主的时候，应尽量设法满足对方的愿望和要求，通常讲究“主随客便”；而当自己充当客人时，则讲究“客随主便”，尊重东道主的风俗习惯。当然，“随”不是没有原则，不是言听计从，更不是卑躬屈膝，而是建立在平等、友好、相互尊重基础之上的豁达大度。因此，每到一个国家或接待来自某一国的客人，都要事先了解该国的文化传统与礼仪习俗，不要对其礼仪习俗评判是非、鉴定优劣。即使对相当熟悉的友人，也应注意基本礼仪。在交往中相互尊重，谨慎从事，在言语表达上注意委婉含蓄。

七、着装得体

在与外国人打交道时，对于每一名涉外人员衣着的基本礼仪要求是得体而干净。涉外人员应当懂得依照自己所处的具体场合，而选择与其相适应的服装。根据涉外礼仪的规范，在国际交往中，涉外人员所接触的各种具体场合大体可以分为三类，即公务场合、社交场合和休闲场合。

(一)公务场合

公务场合是指涉外人员上班处理公务的时间。在公务场合，涉外人员的着装应当以庄重保守的风格为主。

中国的涉外人员在公务场合的着装应以庄重、保守、大方为原则。具体而言，男士通常身着藏蓝色、灰色的毛料西服套装或中山装，内穿白色或浅色衬衫，脚穿深色袜子、黑色皮鞋。穿西服套装时，务必要打领带。女士通常身着纯色的毛料西服套装或套裙，内穿白色或浅色衬衫，搭配肉色长筒丝袜和黑色高跟皮鞋。亦可穿着纯色的连衣裙。

(二)社交场合

在社交场合，涉外人员的着装应当注重突出“时尚个性”。既不必过于保守从众，也不宜过分随便邋遢。

在需要穿着礼服的场合，建议男士穿着黑色的中山装或西服套装，女士穿着纯色的旗袍、裤装礼服或裙摆长度超过膝盖的连衣裙。其中，尤以黑色中山装与纯色旗袍最具有中国特色，并且应用最为广泛。

(三)休闲场合

在休闲场合，涉外人员的着装应当注重突出“舒适自然”。衣着不必过于正式，不宜穿套装或套裙，也不必穿制服。

【应用案例 10-1】

跳　水

一群商人在一条船上谈生意，船在中途出了故障，只好跳水逃命。船长命令大副赶快通知各位先生穿上救生衣，从甲板上跳下去。可是，大副怎么劝说也无济于事，商人们都不愿意跳水。船长经验丰富，了解各国文化差异，于是他转过身来对一名英国商人说："跳水是一种体育运动。"听罢，这位一向喜爱体育运动的商人纵身跳入水中。

船长接着对法国商人说："跳水是一种时髦，你没看见有人已经跳下去了吗?"这位法国人爱赶时髦，随之跳入水中。

接下来船长对意大利商人大声地说："乘坐别的船遇险可以跳水，但今天你乘坐的是我的船，我不允许你跳水!"意大利人多有逆反心理，"你越不让我跳，我越非跳不可"，听了船长的话，这位意大利商人也纵身跳入水中。

现在剩下的是一个美国人和一个中国人。只见船长对美国商人说："我这只船已经办理了保险，跳吧！你不会吃亏!"美国人听罢也跳进水中。

最后，船长转向中国商人说："先生，你家里不是有一位八十多岁的老母亲吗？她老人家希望你平安归来。"中国商人听罢也跳入水中。

资料来源：绳传冬：《现代礼仪实用教程》，大连，大连理工大学出版社，2008，有删改。

第二节　涉外活动礼仪

迎来送往是社会交往活动中最基本的形式和重要环节，是表达主人情谊、体现礼貌素养的重要方面。尤其是迎接，能使来宾一到我国就留下良好的第一印象，为下一步深入接触打好基础。而一个圆满的欢送仪式又能给来宾留下难忘的回忆。对应邀前来访问者，无论是官方人士、专业代表团，还是民间团体、知名人士，在他们抵离时，均应做好迎送工作。

一、涉外迎送的安排

迎送活动的安排通常分为官方迎送和民间迎送。

所谓官方迎送是指政府高级官员互相访问时的迎接送别仪式，它会产生较大的政治影响，往往需要举行隆重的迎送仪式。

民间迎送则是适用于普通民众之间的访问或接待活动，可以不举行迎送仪式。

(一)确定涉外迎送规格

涉外活动中迎送礼仪的基础就是要清楚地了解来宾的身份、地位、访问目的，并以此确定迎送规格，同时要注意国际惯例，综合平衡。主要迎送人通常都要与来宾的身份相当，但由于各种原因(例如，国家体制不同，当事人年高不便出面，临时身体不适或不在当地等)，不可能完全对等。遇此情况，可灵活变通，由职位相当的人士出面，或由副职出面。总之，主人身份要与客人相差不大，以同客人对等为宜。当事人不能出面时，无论做何种处理，应从礼貌出发，向对方作出解释。其他迎送人员不宜过多。官方迎送中有从发展两国关系或当前政治需要出发进行破格接待的，需要安排较大的迎送场面，包括安排献花、照相、拍电视、组织迎送群众等内容。此外，献花人员的挑选和花束的准备、介绍宾主相见的方式、车辆顺序的编排、座次的安排、国旗的悬挂等，都要逐项落实。然而，旅游接待不许破格接待，除非有特殊需要，一般都按常规办理。

(二)做好涉外迎送准备

1. 确认外宾情况，做好前期准备

迎送工作首先必须充分掌握迎宾对象的基本情况，了解来宾的国别、单位、成员、来访目的等信息。尤其是主宾的个人简况，如姓名、性别、年龄、籍贯、民族、单位、职务、职称、学历、学位、专业、专长、偏好、著述、知名度等。必要时，还需要了解其婚姻、健康状况，以及政治倾向与宗教信仰。在了解来宾的具体人数时，不仅要求准确无误，而且应着重了解对方由何人负责、来宾之中有几对夫妇等。查看来宾此前有无正式来访的记录，如果来宾尤其是主宾此前已经进行过访问，则在接待规格上要注意前后协调一致。无特殊原因，一般不宜随意在迎宾时升格或降格。来宾如果能报出自己一方的计划，如来访的目的、来访的行程和要求等，接待人员应在力所能及的前提下，尽可能地对对方多加照顾并予以满足。如需要根据客人要求预订宾馆或返程机票，还应索取来宾护照的复印件。掌握了以上情况后，再制定一份周密的书面接待活动日程安排表，包括迎送、会见、会谈、签字仪式、宴请、参观游览、交通工具、餐寝时间、陪同人员等详细内容。日程安排应尽量事先征询来宾意见，还要考虑来宾的风俗习惯和宗教信仰。日程安排妥当后，要在来宾抵达后及时确保人手一份。

2. 确定外宾抵离时间，安排好交通、食宿

外宾到来前必须准确掌握来宾乘坐飞机(火车、船舶)的抵离时间，及早通知全体迎送人员和有关单位。如有变化，应及时通知。由于天气变化等原因，飞机、火车、船舶都可能不准时。一般大城市的机场离市区较远，因此，想要顺利地接送客人，又不过多耽误迎送人员的时间，就必须准确掌握航班信息。迎接人员应在飞机(火车、船舶)抵达之前30分钟到达机场(车站、码头)，送行则应在客人离开之前抵达(离去时如有欢送仪式，则应在仪式开始之前到达)。如客人乘坐班机离开，应提醒其按航空公司规定时间抵达机场办理有关手续(对于尊贵的客人，可由接待人员提前前往代办手续)。

商务接待人员应在客人到达之前一个星期预订好宾馆，安排好车辆。并根据客人的身份、地位安排对口部门、对等身份的人员前往迎接。接待身份地位较高者，可以在机场(车站、码头)安排贵宾休息室。

二、涉外迎宾礼仪

(一)介绍与行礼

涉外迎宾时，外宾下飞机(车、船)后，依照惯例，礼宾人员应主动将迎宾人员按其职位的高低，由高到低，一一介绍给来宾，迎宾人员随即与来宾握手表示欢迎。如遇外宾主动与我方人员拥抱时，可作相应表示，不要退却或勉强拥抱。握手寒暄后稍作休息，即可将日程安排表、宾馆房号、乘车表等递交给客人。如遇重要代表团或大团，应派专门的人员将宾客的行李尽快送往住处，方便客人更衣取用。

如需献花，应安排在迎宾的主要领导人与客人握手之后进行，并注意保持花束整洁、鲜艳。有的国家习惯送花环，或者送一两枝名贵的兰花、玫瑰花等。献花者通常为女青年或少先队员。若来宾不止一人，可向每位来宾逐一献花，也可以只向主宾或主宾夫妇献花。向主宾夫妇献花时，可先献花给女主宾，也可以同时向男女主宾献花。所献鲜花

忌用菊花、杜鹃花、石竹花或黄色花朵，以及外宾所在国家忌讳的花种。

（二）陪车礼仪

外国客人抵达或离开时要有专车接送，并由相关人员陪同，而涉外迎接的车辆还要体现出规格，以免既失礼又失格。

客人抵达后，从机场到住地，以及访问结束由住地到机场，如安排主人陪同乘车，在陪车中，要请客人先上车，陪同人员为其关门后再上，“后上先下”的礼节体现了主客有序的礼仪，客人为重，客人为尊。座位安排上，应请客人坐在主人的右侧。如果是三排座的轿车，译员坐在主人前面的加座上；如果是二排座的轿车，译员坐在司机旁边。上车时，最好客人从右侧门上车，主人从左侧门上车，避免从客人座前穿过。遇客人先上车，坐到了主人的位置上，则不必请客人挪动位置。

如果接待的是民间团体客人，一般宜用旅行车接送客人。9 人以上旅行车的座位尊卑排序遵循“以右为尊、前排为上”的原则，以司机后第一排(即前排)为尊。地位低者先上车，下车时顺序相反。如有女士，要注意遵循“女士优先”原则。

三、迎送中的注意事项

主人到车站、机场去迎接客人时，应提前到达，恭候客人的到来，绝不能迟到，让客人久等。外国客人看到有人来迎接，内心必定感到非常高兴，若迎接来迟，必定会在客人心里留下不守时的印象，事后无论怎样解释，都无法消除这种失职和不守信誉的印象。迎宾人员要依礼仪顺序为客人打开车门，用手挡住车门上框，协助其下车。

迎接外宾时可使用接站牌或欢迎横幅。使用接站牌时，牌子要正规、整洁，字迹要大而清晰。不要随便乱写，尽量不要用白纸写黑字，让人感到晦气。接站牌的具体内容，可以用中文和来宾的母语或英语写上“热烈欢迎××团”，或是“××单位来宾接待处”。

接到客人之后，应首先问候“一路辛苦了”“欢迎您来到我们这个美丽的城市”“欢迎您来到我们酒店”等。然后向对方作自我介绍，如果有名片，可送予对方。注意送名片的礼仪：当与长者、尊者交换名片时，双手递上，身体可微微前倾，说一句“请多关照”。如想得到对方名片时，可以用请求的口吻说：“如果您方便的话，能否留张名片给我?”特别注意接名片时，双手接过名片后应仔细地看一遍，千万不要看也不看就放入口袋，也不要顺手往桌上扔。

迎接客人应提前为客人准备好交通工具，不要等到客人到了才匆匆忙忙准备，那样会因让客人久等而误事。

接到来宾后，迎宾人员应主动为来宾提拿行李。不过，对于来宾手中的外套、提包或密码箱，则没有必要为之代劳。

主人应提前为客人妥善安排住宿，帮客人办理好一切手续并将客人领进房间，同时向客人介绍住处的服务、设施，将活动的计划、日程安排交给客人，并把准备好的地图或旅游图、名胜古迹等介绍材料送给客人。考虑到客人旅途劳累，主人不宜久留，应让客人早些休息。分手时将下次联系的时间、地点、方式等告知客人。

四、涉外馈赠技巧

涉外馈赠中，除了要遵循本书第五章介绍的馈赠礼仪外，还要注意在涉外活动中不同国家的禁忌和爱好。

(1)选取的礼物宜突出民族性、纪念性。极具地域特色的剪纸、图章、书画、茶叶等礼品，往往备受外籍人士的欢迎和青睐。所选礼物宜具有纪念价值，但又不宜过于贵重，过于贵重则有行贿受贿之嫌。

(2)选取礼物时要注意受礼者的禁忌。每个国家、民族都有相应的禁忌，事先应充分了解，一般性禁忌可参见表10-1。

(3)重视礼物的包装。赠送礼物时一定要重视礼物的包装，这也是对对方的一种尊重。另外，包装盒或纸的颜色、图案要考虑受礼人的习俗与禁忌。

(4)注意赠送礼物的时间。一般情况下应避免在商业交易进行中赠送礼物，与日本人做生意，一般要等对方先送礼物方可回礼，如己方赠礼在前会使日本人觉得丢面子。而在与阿拉伯国家的商人交往中，见过几次面后再赠送小礼物才妥当。

(5)注意赠送礼物的地点。赠送礼物要注意公私有别。一般而言，公务交往应在公务场合赠送礼物；在谈判之余、商务活动之外或私人交往中的馈赠，则应在私人居所赠送。

表10-1　不同国家礼物讲究与禁忌

国家	礼物讲究与禁忌
法国	①不要送菊花、杜鹃花以及黄色的花； ②不要送带有仙鹤图案的礼物，不要送核桃。因为对法国人来说，仙鹤是愚蠢的标志，而核桃是不吉利的。
英国	①一般送价钱不贵但具有纪念意义的礼物； ②不要送百合花，因为百合花意味着死亡； ③收到礼物的人要当面打开。
美国	①送礼物要送单数，且讲究包装； ②蜗牛是吉祥物。
俄罗斯	①送鲜花要送单数； ②用面包和盐招待贵客，表示友好和尊敬； ③最忌讳送钱给收礼人，这意味着施舍与侮辱。
日本	①探亲访友，参加宴请都带礼物，接送礼物都要用双手，不当面打开收到的礼物； ②接受礼物后，再一次见到送礼的人一定要提及礼物的事并表示感谢； ③礼物忌送梳子，也不要送带有狐狸和獾图案的礼物。因为在日语中梳子的发音与死很相近。一般人不要送菊花，因为菊花一般是王室专用花卉。

【扩展阅读10-1】

涉外交往中的“以人为本”

进入21世纪以来，中国外交始终秉持“以人为本，外交为民”的理念，保持人民外交本色。近年来的很多外交事件也都充分表明：“以人为本”已经成为今日中国外交的一种基本取向。鉴于此，在对外交往中，中国的每一名涉外人员都应高度自觉地以自己的实际行动去贯彻、落实“以人为本”的外交新理念。

作为一项新的涉外礼仪的基本原则，“以人为本”的基本含义是：在国际交往中，与在国内交往中一样，任何行为均应有意识地尊重和保障人权。每一位涉外人员都必须充分意识到：自己所从事的一切涉外交往的根本目的，都是爱护人、保护人、发展人。换言之，中国外交就其本质而言，是要为人民服务的，是要维护中国人民和世界人民的根本利益的。

1. 涉外人员在对外交往中涉及人权问题时，必须坚持以下基本立场。

第一，中国是尊重和保障人权的。

第二，中国对人权有着自己的理解。

第三，中国历来反对某些国家将自己的人权观强加于人，或者借所谓的“人权问题”干涉中国内政。

从根本上讲，我国是社会主义国家。作为一个社会主义国家，中国的外交、外事工作自然而然就是为人民服务的，对于这一点，每一名中国的涉外人员均应牢记于心，并且见之于行动。

2. 坚持涉外工作为人民服务这一目标，具体需要谨记以下两个要点。

第一，我国的涉外工作首先是为中国人民服务的。

第二，我国的涉外工作应当是为全世界人民服务的。

所以，在从事涉外工作时，必须始终坚定不移地为中国人民服务；另外，在不损害世界人民和别国人民的根本利益的前提下，努力促进世界的和平与发展。

资料来源：姜红、侯新冬、王妙：《商务礼仪》，上海，复旦大学出版社，2009，有删改。

第三节　世界各国的礼仪原则

不同的国家和地区由于历史、文化、宗教等方面的差异，形成了各自独特的风俗习惯和礼仪原则。本节选取部分国家进行简要介绍。

一、亚洲国家

(一)韩国

1. 基本情况

韩国的全称是大韩民国，是单一民族国家的典型代表，其境内主要民族为朝鲜族。韩国的重要宗教是佛教，佛教徒占韩国人口的1/3。通用语为韩语。韩国是一个礼仪之邦，韩国人重视对交往对象的印象，从事商业活动的时候，若能尊重他们的生活方式，则会让他们好感倍增。

2. 餐饮礼仪

韩国人以米饭为主食，早餐也习惯吃米饭，不吃粥。他们还喜欢吃辣椒、泡菜，吃烧烤的时候喜欢加辣椒、胡椒、大蒜等辛辣的调味品。汤是每餐必不可少的，有时候汤里放猪肉、牛肉、狗肉、鸡肉烧煮，有时候也简单地倒些酱油、加点豆芽。韩国人习惯采用“分餐制”，会用不同的碗来装饭、汤和菜。他们对边吃饭边谈话非常反感，认为在吃饭的时候发出声音是很不礼貌的行为。

出于环保考虑，韩国餐馆大多提供金属筷子。在韩国，与长辈同桌就餐时不可先动筷子，不可用筷子对别人指指点点，用餐完毕要将筷子整齐地放在餐桌上。韩国人在自己家中设宴招待来宾时，宾主双方都会围在一张矮腿方桌周围，盘腿席地而坐。

3. 服饰礼仪

韩国人非常看重自己留给交往对象的印象，为了维护个人形象，他们对社交场合的穿着十分在意。

韩国人在交际应酬中，通常穿着西式服装。在商务活动中，男士通常穿深色西服套装，女士着装不可过于前卫。参加社交活动时，不能光脚。进屋前需要脱鞋时，不准将鞋尖直对房间。

4. 社交礼仪

韩国的传统礼仪既保留了自己的特点，又受到了西方文化和中国儒家文化的双重影响。在正式社交场合，韩国人一般都以握手作为见面礼节。在行握手礼时，他们讲究使用双手，或单独使用右手。双手相握时，先以右手握手，随后再将自己的左手轻置于对方的右手之上，以表示自己对对方的尊重。韩国女性一般情况下不与男性握手，而往往代之以鞠躬或点头致意，有时也采用先鞠躬后握手的方式。一般情况下，韩国人在称呼他人时爱用尊称和敬语，很少直接称呼对方的名字。

5. 习俗禁忌

(1)习俗

韩国人珍爱白色。木槿花为国花，松树为国树，喜鹊为国鸟，老虎为国兽。韩国人讲究礼貌，待客热情。见面时，一般用咖啡或大麦茶等非酒精饮料招待客人，有时候还加上适量的糖和奶。这些茶点客人必须接受。韩国的农历节日和我国的差不多，也有春节、清明节、端午节、中秋节等。韩国人把姓写在前边，名写在后边。子女随父姓，女子结婚以后也保留原来的姓氏。

韩国住宅的取暖设施通常采用温突式火炕，这种设计既符合健康养身理念，也深刻影响着他们的日常生活方式。

韩国人一般不用红笔写自己的名字，因为死人的名字是用红笔写的。在交通设施方面，韩国驾驶座席在左侧，行驶方向是靠右侧通行。行人靠右侧通行。在电梯上要站在电梯的右侧，把左边的位置让出来，让着急的人通行。

在地铁里，每节车厢的两端都设有老弱病残和孕妇专座，其他乘客应主动避免使用这些座位。即使是中间的位置也要尽量让给身边的老人，不然可能会受到他人指责。

到韩国人家中做客时，应给主人准备一件小礼物，任何礼物都可以。

(2)禁忌

韩国忌讳数字“4”和“13”，许多楼房的编号严禁出现“4”字；医院、军队也绝不用“4”字编号。这是因为“4”与“死”的发音相同。同样，韩国人对发音相似的“私”“师”“事”等字也尽量避免使用。韩国人在喝茶或喝酒的时候，主人总是以 1、3、5、7 的数字单位来敬酒、敬茶、布菜，忌讳用双数停杯罢盏。

韩国人的民族自尊心很强，反对崇洋媚外，倡导使用国货。在赠送礼品时，最好选择鲜花、酒类和工艺品。韩国人对日货存在一定负面情绪，所以馈赠礼品时最好不要选日货。

如果受邀去韩国人家里做客，按习惯要带一束鲜花或一份小礼物，建议用双手奉上。韩国人通常会用双手接过礼物，但不会当着赠送者的面打开礼物。进到室内前，客人要把鞋子脱掉放在门口。

韩国人不轻易流露自己的感情，忌在公共场所大声说笑。特别是女性，笑的时候会用手帕捂着嘴，防止出声失礼。在韩国，女性十分尊重男性，双方见面的时候，女性总会先向男性行鞠躬礼、致以问候。男女同坐的时候，往往也是男性在上座，女性在下座。

(二)日本

1. 基本情况

日本的正式国名是日本国。日本人口中，大和族约占99%，主要宗教是神道教和佛教，通用语言为日语。

2. 餐饮礼仪

日本人自古以来就以大米为主食，此外，当前日本人的主要粮食还有小麦、大麦、小米、荞麦、糯米、大豆、小豆、玉米、甘薯等。这些主要粮食有的做成蒸饭、煮饭、稀粥、杂烩粥、炒饭、豆沙饭团、粽子等；有的则做成米粉团、年糕、面包、烤饼、面条、馒头等。日本人逢年过节总喜欢吃红豆饭，以示吉祥。他们很喜欢喝酱汤(也叫“味噌汤”)，因为它含有大量的蛋白质和铁质，且容易消化，适合老弱病残者食用，是日本家庭中不可缺少的菜肴之一。

日本的特殊地理环境决定了他们独特的饮食习惯，“日本料理”的最大特点就是以鱼、虾、贝类等海鲜为烹饪主料，或热吃，或冷吃，或生吃，或熟吃。日本人一般较少吃肥肉和猪内脏，有的人不吃羊肉和鸭肉。不论在家中还是在餐馆内，座位都有等级，一般听从主人的安排即可。此外，日本有一种富有参禅味道，用于陶冶情趣的民族习俗——茶道。虽然不少现代日本青年对此已不感兴趣，但茶道作为一种传统艺术仍受到社会的重视。

3. 服饰礼仪

日本人无论是在正式场合还是在非正式场合，都很注重自己的衣着。在正式场合，男性和大多数中青年女性通常都着西服。男性穿西服通常都系领带。和服是日本的传统服装，其特点是采用多层布料组合而成。现代男性除一些特殊职业者外，在公共场所很少穿和服。在日本，女性喜欢描眉，她们普遍爱画略有弯度的细眉，认为这种眉形最具现代女性的气质。

4. 社交礼仪

日本人的名字一般由四个汉字组成。姓氏在前表示家族名称，名字在后表示个人称谓。一般情况下，日本人不喜欢作自我介绍。作为介绍人，通常要说出被介绍人与自己的关系，以及他的称谓和所在单位名称等。

到日本从事商务活动，宜选择2—6月、9—11月，其他时间当地人多休假或忙于过节。日本人在商务活动中很注意名片的作用，他们认为名片表明一个人的社会地位，因此总是随身携带名片。日本商人比较重视建立长期的合作伙伴关系。他们在商务谈判中十分注意维护对方的面子，同时希望对方也这样做。赠送礼品时，日本人非常注重阶层或等级，因此不要给他们赠送太昂贵的礼品，以免他们因此误认为你的身份比他们高。

5. 习俗禁忌

(1)习俗

日本人社交习俗总的特点可以用这样几句话来概括：待人处事彬彬有礼，微笑相迎精神欢喜；见面问好鞠躬行礼，谦让礼貌讲求规矩；语言文明说话客气，交谈乐于轻声细语；白色、黄色受人喜爱，绿色、紫色为民间所忌。

日本人在生活细节上有如下特点。

日本人在社交活动中，爱用自谦语言，并善于贬己怡人。“请多关照”“粗茶淡饭，照顾不周”等，是他们经常使用的客套话。

日本人很重视衣着仪表的美观，在公开场合，一般都要着礼服，以西装套服较为常见。他们最喜爱的服装是和服。

日本人有崇拜、敬仰“7”的风俗，据说这与太阳、月亮、水星、金星、火星、木星、土星给人间带来了光明、温暖和生命有关。

日本人有喝茶的习惯，一般都喜欢喝温茶。斟茶时，他们习惯将斟至八成满视为恭敬客人的表现。饮酒时，他们喜欢主客间相互斟酒，不习惯自斟自饮，即客人在主人为其斟酒后，马上接过酒瓶给主人斟酒，认为这样相互斟酒能表示主客之间的平等与友谊。

日本人不习惯以烟待客。他们自己吸烟时，一般不向客人敬烟。因为吸烟有害健康，不能用来招待亲朋好友。

日本人的等级观念很强，上级和下级之间、长辈和晚辈之间的界限分得很清楚。女性一般对男性极为尊重。

日本人在社会交往中很重视送礼，选择礼品注重实用性，讲究礼品的颜色。他们经常会赠送一些小礼物给亲朋好友。一般在遇吉事送礼中喜用黄白色或红白色，在遇不幸事送礼时惯用黑色、白色或灰色。他们对白色感情较深，视其为纯洁的色彩。日本人还偏爱黄色，认为黄色是阳光的颜色，给人以生存的喜悦和安全感。

日本人喜欢乌龟和鹤等动物，认为这些动物寓意着吉祥和长寿。

樱花是日本的国花，他们喜爱樱花纯洁、清雅和高尚的风姿；喜爱樱花给人们带来美好的春光；喜爱樱花那种毫不迟疑地开落的豪爽性格。他们视樱花为日本民族的骄傲，把樱花作为勤劳、勇敢、智慧的日本人民的象征。

进入日本人的私人住宅前应脱鞋，尤其要注意进入“和室”时不能穿任何鞋子(包括拖鞋)。

(2)禁忌

日本人不喜欢紫色，认为这是悲伤的色调；最忌讳绿色，认为是不祥之色。他们忌9、4等数字；他们还忌讳三人一起合影，认为中间的人被左右两人夹着，是不幸的预兆。日本人讨厌金银色的猫，认为看到这种猫的人会倒霉；他们也不喜欢狐狸。

日本人给服务人员小费会把钱放在信封里或纸巾里，他们认为收现金是一件很尴尬的事情。日本人用筷子很讲究，有八种使用筷子的禁忌，称为“忌八筷”，即忌舔筷、迷筷、移筷、扭筷、插筷、掏筷、跨筷、剔筷。忌用同一双筷子让大家依次夹取食物，也不能把筷子垂直插在米饭中。

二、欧美国家

(一)美国

1. 基本情况

美国的全称是美利坚合众国，主要宗教是基督教新教和天主教。美国的官方语言是英语。美国是世界第一经济大国，又是世界第一贸易大国。和美国人做生意，要注意其商务礼仪和社会习俗。

【扩展阅读 10-2】

美国商务谈判礼仪

美国人十分开朗、充满信心、幽默善谈、追求实效、喜欢冒险。在谈判中，美国人表现得外向、直截了当，而且坚定自信。他们制定谈判目标后坚决执行，非常注重效率，并且愿意采用一揽子谈判方法并达成一揽子谈判交易。他们一般不太重视谈判前人际关系的建立，他们的想法是好的商业关系会带来好的人际关系，而不是先建立个人关系。美国人强烈的个性化特点通过他们的决策过程得到充分体现——个人有权作出决定，但同时他们也强调个人应负的责任。

2. 餐饮礼仪

在餐桌上，美国人有许多习惯和我们不同。中国人请客吃饭时，往往会自谦地表示饭菜做得不好，请客人多多包涵。而美国人却会说“这是我最拿手的菜，希望你们喜欢”一类的话。所以，在美国人家中做客，听到主人自夸饭菜做得好时不必奇怪，而且应该对女主人的手艺多加夸赞。中国人为客人夹菜时，客人总是极力推让，表示客气。在美国，这样的做法是行不通的。主人第一次为你夹菜，你不必客气推让，否则女主人会以为你嫌她的菜做得不好。在餐桌上，女主人是无形中的首脑人物。上菜之后，客人一般要等女主人先动手吃后才开始吃。饭后，也应由女主人领头离席，客人才离席。在饮食方面，要注意餐具应先由最外面的一副刀叉开始使用，食物要用叉子压紧，切成小块才可放入口中，吃食物及喝汤时不可发出声音，喝咖啡的小汤勺是用来搅拌奶品及糖的，切记不可用汤勺来喝咖啡，并避免在餐厅中喧哗。

3. 服饰礼仪

美国人平时对穿着打扮不太讲究。崇尚自然，偏爱宽松，讲究着装体现个性，是美国人穿着打扮的基本特征。他们喜欢 T 恤、运动装等休闲装。想要从服装看出一个美国人的身份地位是很不容易的。衣冠楚楚的美国人在实际生活中也不是没有，但是，要想见到身穿礼服或套装的美国人，大多是在音乐厅、宴会厅或者大公司的写字楼内。虽然美国人的穿着比较随便，但并不等于他们不讲究。在与美国人见面时一定要注意以下几点。

①美国人注意服装的整洁。

②拜访美国人时，进了门一定要脱下帽子和外套，美国人认为这是一种礼貌。

③美国人十分重视着装细节。

④在美国，女性通常不穿黑色皮裙，以免被认为不够庄重。

⑤在美国，女士在正式场合不可以在男士面前随意脱下鞋子或频繁整理裙摆，这些动作可能被误解为举止不够得体。

⑥穿睡衣和拖鞋会客，或是以这身打扮外出，都会被美国人视为不礼貌。

⑦美国人认为，出入公共场合时化浓妆或当众补妆，不但是缺乏教养的表现，而且还有可能令人感到“身份可疑”。

⑧在室内长时间佩戴墨镜的人，往往会被美国人视作“见不得阳光的人”。

4. 社交礼仪

在交际场合，美国人喜欢主动跟别人打招呼，并且乐于主动找人攀谈。初次见面时，美国人的打招呼方式通常很简单，往往以点头、微笑为礼，或者只是向对方“嗨”一声。在非正式场合，美国人甚至连国际上最为通行的握手礼也略去不用了。

美国人的处世风格总体表现为自信、直接、乐观。他们主张充分地享受生活，日常生活以轻松随意、笑面人生为主，还喜欢开各种玩笑。

5. 习俗禁忌

大部分美国人认为，狗是人类最忠实的朋友，因此他们不喜欢吃狗肉的人。

美国人忌用的体态有盯视他人，冲着别人伸舌头，用食指指点交往对象，用食指横在喉头之前等。跟美国人相处时要与之保持适当的距离，一般以50～100厘米为宜。因为美国人认为，个人空间不容冒犯。美国人还忌讳别人问他的年龄。

【应用案例10-2】

谈话风波

一天，刚参加工作不久的李莉被派到外地出差。在卧铺车厢内，她碰到了一位来华旅游的美国姑娘。由于对方首先向李莉打了个招呼，李莉觉得不与人家寒暄几句实在显得不够友善，便操着一口流利的英语，大大方方地与对方聊了起来。

在交谈中，李莉有点没话找话地询问对方：“你今年多大岁数了?”不料人家答非所问地予以搪塞：“你猜猜看?”李莉觉得没趣，转而又问：“到了你这个岁数，我想你一定结婚了吧?”这一回，那位美国姑娘的反应更加令李莉出乎意料，对方居然转过头去，再也不搭理她。一直到分别，她们二人都没再说过一句话。

(二)英国

1. 基本情况

英国的全称是大不列颠及北爱尔兰联合王国，英国现有居民有英格兰人、威尔士人、苏格兰人和北爱尔兰人。主要宗教是基督新教，官方语言是英语。英国曾经一度称霸世界，一部分英国人因此而存在大国民意识，具体表现为带有一种骄傲自得的气质。但是，英国仍保留着岛国的民族特性，比较保守，对新事物总是裹足不前，生性比较怕羞，常给人高傲和难以接近的印象。所以，我们在和英国人交往时，必须小心谨慎，要尊重他们的社交礼仪与文化习俗。

2. 餐饮礼仪

英国人的饮食具有“轻食重饮”的特点，在菜肴上没有多大特色，日常伙食基本没有多大变化。与绝大多数欧美人不同的是，英国人嗜茶如命，最喜欢喝的茶是红茶。在饮茶时，他们会先在茶杯里倒入一些牛奶，然后才依次冲茶、加糖。

英国人早上醒来要赖在床上喝一杯“被窝茶”，上班时间还要专门挤出时间来喝“下午茶”。英国的“下午茶”是午餐与晚餐之间的一顿小吃，也是“以茶会友”的一种社交方式。

英国人的饮食禁忌，主要有不吃狗肉，不吃过咸、过辣或带有黏汁的菜肴。做菜时加入调味品，也是英国人比较忌讳的。

3. 服饰礼仪

英国人在人际交往中十分注重衣着，非常注意体现其“绅士”“淑女”之风。一般男士要穿三件套的深色西服，女士则要穿深色套裙，或者素色的连衣裙。庄重、肃穆的黑色服装，往往是英国人的优先选择。

英国人在正式场合的着装大致有以下四个禁忌：一是忌打条纹领带；二是忌不扣长袖衬衫袖口的扣子；三是忌在正式场合穿凉鞋；四是忌以浅色皮鞋配西服套装。

英国人的穿衣模式受到世界上许多国家的推崇。尽管英国人讲究衣着，但十分节俭，一套衣服一般要穿很多年。在英国，男士一般至少必备两套深色衣服、两三条灰色裤子。现在，英国人的衣着已向多样化、舒适化发展，比较流行的有便装夹克、牛仔服等。

4. 社交礼仪

英国人不善于夸夸其谈，感情不大外露，也不喜欢在公共场合引人注目。因此在交际应酬中，不轻易与别人一见如故，更不会立即推心置腹。英国人在人际交往中崇尚宽容与忍让，与外人交往时，一般都非常善解人意，懂得体谅人、关心人、尊重人。他们特别看重的是，既然要讲究个人自由，那么首先就要宽以待人，对别人的所作所为要学会理解和容忍。

在交际活动中，握手礼是英国人使用最多的见面礼。英国人待人十分礼貌，礼貌用语不离口，交谈时喜欢称呼对方世袭的爵位或荣誉头衔。

5. 习俗禁忌

(1)不能插队

英国人有排队的习惯。你可以看到他们一个挨一个地排队上公共汽车、火车或买报纸。在英国，插队是一种令人不齿的行为。

(2)不能砍价

在英国购物，最忌讳砍价。英国人不喜欢讨价还价，认为这是很丢面子的事情。他们如果认为一件商品的价钱合适就会买下，不合适就会走开。即使你要购买的是一件贵重的艺术品或一批数量很大的商品，也需要小心地与卖方商定价格。

(3)讨厌过问私事

如果您去英国旅游，千万不要问英国人“您去哪儿了”“吃饭了吗”这类问题。这些问题会让中国人感到很热情，却会让英国人感到被冒犯，因为他们讨厌别人过问他们的个人生活。英国人非常不喜欢谈论男士的工资和女士的年龄，甚至他家里的家具值多少钱，这些都是不该问的。在英国，直接询问女士的年龄是很不礼貌的行为，因为她们认为这是个人隐私，而且每个人都想永葆青春，没有比对中年女性说一句“你看上去好年轻”更好的恭维了。

(4)其他忌讳

英国人认为数字13和星期五是不吉利的，尤其忌讳13日与星期五相遇，这个时候，许多人宁愿待在家里不出门。在英国，人们忌讳四人交叉式握手，还忌点烟连点三人，一根火柴点燃第二支烟后应及时熄灭，再用第二根火柴点第三个人的烟才不算失礼。与英国人谈话，若坐着谈应避免两腿分开过宽，更不能跷起二郎腿；若站着谈不可把手插在口袋里。忌当着英国人的面耳语，也不能拍打其肩背。英国人忌用人像作商品包装，也忌用大象图案，因为他们认为大象是蠢笨的象征。英国人讨厌孔雀，认为它是祸鸟，把孔雀开屏视为自我炫耀的表现。他们忌送百合花、菊花，认为百合花和菊花意味着死亡。此外，他们还忌讳当众打喷嚏；忌讳把鞋子放在桌上；忌讳在屋子里撑伞；忌讳从梯子下面走过。

【扩展阅读 10-3】

英国商务谈判礼仪

由于过去的辉煌，英国人往往在谈判中显得傲慢、保守、机械；他们推崇绅士风度，不习惯在公共场合表现自己，且会与他人保持一定的距离；他们从不把个人关系与生意上的关系混淆，认为生意上的事情是第一位的。

在谈判刚开始时，他们倾向于保持沉默，但随着谈判的深入和彼此了解的加深，他们会逐渐地与对方接近。英国人很注重礼节和仪式，其在谈判开始前的相互问候和客气谦让有时可能持续两小时。英国人在谈判中的风格表现为平和、平衡、自信、谨慎，但缺乏灵活性。

（三）法国

1. 基本情况

法国的全称为法兰西共和国。“艺术之邦”“时装王国”“美食王国”等都是世人给予法国的美称。法国的总人口中，约 90%为法兰西人，主要信仰天主教。法国的官方语言是法语，货币为欧元。

2. 餐饮礼仪

作为世界三大烹饪王国之一，法国人十分讲究饮食。在西餐中，法国菜的烹饪技艺和礼仪文化可以说是最讲究的。

法国人爱吃面食，面包的种类很多；他们大多爱吃奶酪；在肉食方面，他们爱吃牛肉、猪肉、鸡肉、鱼子酱、鹅肝，一般较少吃肥肉、宠物、肝脏之外的动物内脏、无鳞鱼和带刺骨的鱼。

法国人特别善饮，他们几乎餐餐必配酒水，而且讲究在餐桌上以不同品种的酒水搭配不同的菜肴；除酒水之外，法国人平时还爱喝生水和咖啡。

法国人用餐时，两手允许放在餐桌上，但不许将两肘支在桌子上。放下刀叉时，他们习惯于将其一半放在碟子上，一半放在餐桌上。

在正式宴会上，则有“交谈重于一切”之说，认为用餐时只吃不谈是不礼貌的。

3. 服饰礼仪

法国人对衣饰的讲究是出了名的。所谓“巴黎式样”，在世人眼中即代表着时尚、流行。

在正式场合：法国人通常要穿西装、套裙或连衣裙，颜色多为蓝色、灰色或黑色，质地则多为纯毛。

出席庆典仪式时：一般要穿礼服。男士所穿的多为配以蝴蝶结的燕尾服，或是黑色西装套装；女士所穿的则多为连衣裙式的单色大礼服或小礼服。对于穿着打扮，法国人认为重在搭配是否得当。在选择发型、手袋、帽子、鞋子、手表、眼镜时，都十分强调要与自己的着装相协调、相一致。

4. 社交礼仪

在待人接物上，法国人与英国人和德国人存在显著差异。主要表现为以下特点。

①爱好社交，善于交际。对于法国人来说，社交是生活的重要内容，没有社交活动的生活是难以想象的。

②诙谐幽默，天性浪漫。法国人在人际交往中大多爽朗热情，善于雄辩，喜欢高谈阔论，好开玩笑，讨厌不爱讲话的人，对愁眉苦脸者难以接受。受传统文化的影响，法国人不仅爱冒险，而且喜欢浪漫的经历。

③渴求自由，纪律性差。法国人是著名的“自由主义者”。“自由、平等、博爱”不仅被法国宪法定为本国的国家箴言，而且在国徽上明文写出。他们虽然讲究法制，但是通常纪律性差，不大喜欢集体行动。与法国人打交道，约会必须事先约定，并且准时赴约，但是也要对他们可能的姗姗来迟有所准备。

④自尊心强，偏爱“国货”。法国的时装、美食和艺术是世人有口皆碑的，在此影响之下，法国人拥有极强的民族自尊心和民族自豪感。在他们看来，法国的一切都是最棒的。与法国人交谈时，如能讲几句法语，一定会使对方热情有加。

⑤有骑士风度，尊重女性。在人际交往中，法国人所采取的礼节主要有握手礼、拥抱礼和吻面礼。

5. 习俗禁忌

法国的国花是鸢尾花。菊花、牡丹、玫瑰、杜鹃、水仙、金盏花和纸花，一般不宜随意送给法国人。

法国的国鸟是公鸡，他们认为它是勇敢、顽强的化身。法国的国石是珍珠。法国人大多喜爱蓝色、白色与红色，他们所忌讳的色彩主要是黄色与墨绿色。另外，法国人十分厌恶核桃，对黑桃图案也极为反感。法国人所忌讳的数字是“13”“星期五”和“666”。给法国人送花的时候，宜送单数，但要避开“1”和“13”这两个数字。

在人际交往之中，法国人对礼物十分看重，但又有特别的讲究。宜选择具有艺术品位和纪念意义的物品，不宜选择刀、剑、剪、餐具或是带有明显的广告标志的物品。男士向关系一般的女士赠送香水，也是不合适的。在接受礼品时若不当着送礼者的面打开礼品包装，则可能被视为不礼貌的表现。

【扩展阅读 10-4】

法国商务谈判礼仪

法国人以热情、乐观、幽默、浪漫的性格特质闻名于世，对本国的文化、美食和时尚充满自豪。他们认为在生意场上友谊是非常重要的，因此，在没有建立起友谊和信任关系之前，他们不会签订重大合同。法国人有很强的民族意识。从他们要求使用法语来进行国际谈判这一点可见一斑。

在谈判前，他们会认真地做好准备工作，但他们经常以较为轻松和随便但富有逻辑性的话题开始对话。法国人认为享受生活与他们的工作同等重要，所以应当注意避免在假期来临时与法国人进行谈判。

三、其他国家

在此，主要介绍一下澳大利亚。

1. 基本情况

澳大利亚是澳大利亚联邦的简称。截至 2024 年 9 月，澳大利亚总人口 2730 万人，其中 51.1％为英国及爱尔兰裔，华裔占 5.5％。主要宗教是基督教。官方语言为英语，汉语为除英语外的第二大使用语言。货币为澳大利亚元。

2. 餐饮礼仪

由于历史的原因，澳大利亚人口中英国移民的后裔占绝大多数，因此澳大利亚人的饮食习惯与英国人差不多。菜要求清淡，不喜欢辣味，有不少的澳大利亚人还不吃味道酸的东西。澳大利亚人喜欢吃新鲜蔬菜、煎蛋、炒蛋、火腿、鱼、虾、牛羊肉等。他们爱喝的饮料有牛奶、咖啡、矿泉水和啤酒。闲暇时光，许多人喜欢到酒吧饮酒谈天，欣赏音乐。对于中餐，澳大利亚人偏爱广东菜。无论吃西餐还是中餐，他们喜欢用很多调味品，在餐桌上自己调味。一般来讲，澳大利亚人不吃狗肉、猫肉、蛇肉，不吃动物的内脏与头、爪。对于加了味精的食物，他们十分厌恶。

用餐时，澳大利亚人通常使用刀叉。澳大利亚人请客都比较简单，一般来说，首先会请客人喝一碗汤，再上一盘主菜，一道甜食或水果，然后来一杯波特甜酒，喝杯咖啡，全过程就算结束了。为了表示对来客的欢迎，澳大利亚人往往会在饭后的水果布丁中放进一些硬币，谁吃到的硬币多预示着谁的运气好。

澳大利亚人喜欢吃烤肉，许多家庭都自备烤炉。如果有人邀请你晚上到他家中做客或吃饭，一般的做法是带一件不太昂贵的礼物，如鲜花、巧克力或者一瓶餐酒。问清楚男主人或者女主人应什么时间到达，并问明穿着要求是正式还是随意。若是相聚，可问明是否应带点自制的食品。吃饭时要注意西方的餐桌礼仪，女主人照例带头开始用餐，先让客人取用主菜，然后自己才用。多数澳大利亚人都率直，如果不喜欢吃某样东西，只需说“不，谢谢你”。如果你喜欢吃传给你的东西，就接过来并说“谢谢”。宴会结束时，男主人或女主人如有疲倦的迹象，则意味着该是告辞的时候了。第二天，打一个电话或寄一张简短的致谢函，表示对昨夜晚餐的赞赏，这会令主人感到欣慰。礼尚往来，如果礼仪周到，应该在几个星期之后回请一次。

3. 服饰礼仪

在澳大利亚，非正式场合的着装要求较为随意，通常穿便服即可，如T恤、短裤、牛仔服或夹克衫等。由于阳光强烈，许多人出门时喜欢戴一顶棒球帽来遮阳。然而在诸如典礼、仪式、宴会、婚礼、剧院等正式场合，着装规范较为严格：男性需要穿西装并佩戴黑色领结；女性多数时候穿裙装，外加西装上衣。值得注意的是，在达尔文市，当地居民的穿着自成一体，他们在正式场合一定要穿衬衫、短裤和长袜，这便是“达尔文装”。

4. 社交礼仪

澳大利亚人在人际交往中有两大基本特点：第一，“亦英亦美”和“以英为主”；第二，兼收并蓄，多姿多彩。作为一个独立国家的人民，澳大利亚人在待人接物方面也有自己的总体特征，主要表现为他们的人情味很浓，待人朴实无华。澳大利亚人普遍乐于同他人交往，并且表现得质朴、开朗、热情。但过分的客套或做作，均会令其不快。与他们交谈时，可以多谈旅行、体育运动以及在澳大利亚的所见所闻。澳大利亚人很讲礼貌，在公共场合从来不大声喧哗。在银行、邮局、公共汽车站等公共场所，都是耐心等待，秩序井然。握手是一种相互打招呼的方式，拥抱和亲吻的情况较为罕见。澳大利亚人的时间观念很强，约会必须事先联系并准时赴约，最合适的礼物是给女主人带上一束鲜花，也可以给男主人送一瓶葡萄酒。

5. 习俗禁忌

澳大利亚人对兔子特别忌讳，认为兔子是一种不吉利的动物，人们看到它都会感到倒霉。

受基督教的影响，澳大利亚人同样对“13”“666”“星期五”普遍反感。同澳大利亚人打交道，还应注意以下四点。

①澳大利亚人不喜欢将本国与英国处处联系在一起。

②澳大利亚人不喜欢听“外国”和“外国人”这一类称呼。

③澳大利亚人对公共场合的噪声极其厌恶。

④在澳大利亚，基督徒有“周日做礼拜”的习俗。

习题与实训

一、不定项选择题

1. 在德国与德国客户共进一餐后，如果事先没有声明谁做东，那么餐费的结算应该是(　　)。

A. 各付各的，AA 制　　B. 谁有钱谁付

C. 客随主便　　D. 主随客便

2. 公司准备送给英国某公司的负责人一份刺绣礼物，那么最好选择的图案是(　　)。

A. 京剧脸谱　　B. 大象　　C. 孔雀　　D. 百合花

3. 在与西方人交谈时，下列话题中不忌谈的是(　　)。

A. 政治、宗教　　B. 天气　　C. 年龄、家庭　　D. 个人隐私

4. 商务涉外礼仪原则包括(　　)。

A. 入乡随俗原则　　B. 维护形象原则

C. 尊重个人隐私原则　　D. 女士优先原则

E. 以左为尊原则

5. 美国人的饮食习惯因地区而异，总体特征是(　　)。

A. 喜食辛辣　　B. 喜食“生”“冷”“淡”

C. 肥浓　　D. 不爱吃酸

二、简答题

1. 涉外礼仪原则都有哪些?

2. 有哪些具体问题属于隐私?

3. 列举主要国家的饮食礼仪和习俗禁忌。

三、案例分析

国内某家公司准备在接待来华的意大利客人时赠送每人一件小礼品。于是，该公司在杭州一家知名厂家定制了一批真丝手帕。每块手帕上都绣着花草图案，十分美观大方。手帕装在特制的纸盒内，盒上印有旅行社社徽，显得正规又体面。中国丝织品闻名于世，料想会受到客人的喜爱。

该公司接待人员带着盒装的真丝手帕到机场迎接来自意大利的游客。欢迎致辞热情、得体。在车上，他代表旅行社赠送给每位客人两盒包装精美的手帕作为礼品。

没想到车上一片哗然，客人们议论纷纷，显出很不高兴的样子。特别是一位夫人，

大声叫喊，表现得极为气愤，还有些伤感。接待人员心慌了，好心好意送人家礼物，不但得不到感谢，还出现这般景象。我们总以为礼多人不怪，这些外国人为什么不满意呢？

结合以上案例，分析外国旅客收到礼品后为什么反而不高兴，甚至感到气愤和伤感。

四、实训题

让学生进行各国禁忌礼仪的表演：以 2～4 名学生为一组，并指定某一特定国家，让学生将该国的一些禁忌事项融入所表演的商务活动中。表演结束后，由其他组成员指出表演者在该表演中犯了哪些禁忌。

参考文献

[1]金正昆. 商务礼仪[M]. 北京：北京大学出版社，2004.

[2]钟晓红，钟萍，鄢华平. 现代商务礼仪[M]. 天津：天津大学出版社，2009.

[3]黄琳. 商务礼仪[M]. 5版. 北京：机械工业出版社，2024.

[4]姜红，侯新冬. 商务礼仪[M]. 上海：复旦大学出版社，2009.

[5]李兰英，肖云林. 商务礼仪[M]. 上海：上海财经大学出版社，2007.

[6]李荣建，孙东亮. 旅游服务礼仪教程[M]. 北京：中国传媒大学出版社，2010.

[7]杜汉明，刘巧兰. 商务礼仪——理论、实务、案例、实训[M]. 3版. 北京：高等教育出版社，2009.

[8]周朝霞. 商务礼仪[M]. 4版. 北京：中国人民大学出版社，2019.

[9]罗宇. 商务礼仪实用手册[M]. 北京：人民邮电出版社，2008.

[10]吴景禄，安群. 实用公关礼仪[M]. 北京：北京交通大学出版社，2007.

[11]覃常员，张幸花. 现代商务礼仪[M]. 北京：中国农业大学出版社，北京大学出版社，2009.

[12]陈福义，覃业银. 礼仪实训教程[M]. 北京：中国旅游出版社，2008.

[13]蔡践. 礼仪大全：现代文明人必备的礼仪指南[M]. 北京：当代世界出版社，2007.

[14]尹喜艳，阎伟. 商务礼仪[M]. 北京：北京大学出版社，2021.

[15]何伟祥. 公关礼仪[M]. 4版. 大连：东北财经大学出版社，2019.

[16]马飞. 商务礼仪规范手册[M]. 北京：金城出版社，2009.

[17]吕艳芝，徐克茹. 商务礼仪标准培训[M]. 4版. 北京：中国纺织出版社，2019.

[18]金正昆. 礼仪金说：金正昆教你学礼仪[M]. 西安：陕西师范大学出版社，2006.